本学术著作获江西理工大学优秀学术著作出版基金、江西省高校人文社会科学研究项目资助

制度环境演化与中国特色社会组织发展研究

邓亦林 著

中国社会科学出版社

图书在版编目(CIP)数据

制度环境演化与中国特色社会组织发展研究 / 邓亦林著 . —北京：中国社会科学出版社，2017.5

ISBN 978-7-5203-0945-5

Ⅰ.①制… Ⅱ.①邓… Ⅲ.①社会组织管理－研究－中国 Ⅳ.①D669.3

中国版本图书馆 CIP 数据核字 (2017) 第 224750 号

出 版 人	赵剑英
责任编辑	梁剑琴
责任校对	王　龙
责任印制	李寡寡

出　　版	中国社会科学出版社
社　　址	北京鼓楼西大街甲 158 号
邮　　编	100720
网　　址	http://www.csspw.cn
发 行 部	010-84083685
门 市 部	010-84029450
经　　销	新华书店及其他书店

印刷装订	北京君升印刷有限公司
版　　次	2017 年 5 月第 1 版
印　　次	2017 年 5 月第 1 次印刷

开　　本	710×1000　1/16
印　　张	17.25
插　　页	2
字　　数	249 千字
定　　价	69.00 元

凡购买中国社会科学出版社图书，如有质量问题请与本社营销中心联系调换
电话：010-84083683
版权所有　侵权必究

摘　　要

中国特色社会组织从哪里来，又将去往何方？对这一问题的思索，促使我们有必要尝试将制度分析方法引入中国特色社会组织的研究视阈，并以此为基本分析方法，对制度环境的能动主体、制度环境要素进行系统阐释，从而为研究建立一个以政党—意识形态、政府—法律法规、社会—公民文化为基本内容的社会组织发展制度环境理论分析框架。

从制度环境这一视角出发，立足中国国情、历史、文化，坚持马克思主义的立场、观点和方法，运用辩证唯物主义与历史唯物主义的基本观点去分析中国特色社会组织发展的具体实践，探寻当代中国制度环境演化与社会组织演变的历史脉络，全面展示制度环境演化的历史进程，揭示其演进机理与演进趋势，从理论上对中国特色社会组织发展的历史必然性进行诠释，从而为中国特色社会组织发展制度环境优化进行前瞻性分析。

中国特色社会组织发展的现存制度环境，有其历史演化进程可寻。通过对改革开放前（1949—1978年）、改革开放初期（1978—1992年）、建立市场经济体制时期（1992—2002年）、完善市场经济体制时期（2002年—　）四个不同的历史时期中国特色社会组织发展状况进行系统的历史考察，客观分析和反映中国特色社会组织制度环境演化过程中的事实，探寻蕴藏其背后的规律，由此揭示出当代中国社会组织制度环境依循总体型制度环境→依附型制度环境→分离型制度环境→协同型制度环境的轨迹演进；与之相呼应，社会组织也朝着准政府化→功能化→专业化→自主化的角色演变。正是制度环境的不断演化，最终形塑中国特色社会组织的现有基本特征。

　　社会组织制度环境演化历程表明，制度环境总体朝着有利于社会组织发展的方向迈进。但是，政党—意识形态方面存在的社会组织定位模糊、选择性放权、制度化政治参与渠道匮乏，政府—法律法规方面存在的法律制度供给不足、双重管理体制困扰、登记政策差别化，社会—公民文化方面存在的传统价值观念制约、社会信任机制缺失、公民参与度不高等诸多制度困境，反映出社会组织发展与制度需求之间的矛盾依然十分突出，致使社会组织面临合法性支持不足、角色定位偏离、公信力不足、策略选择错位等种种发展困境，社会组织发展与经济社会发展程度相比明显滞后，社会组织参与社会治理无论是广度还是深度都十分有限。

　　制度环境既是中国特色孕育之结果，是中国特色彰显之要素，也是中国特色塑造之必然。中国特色社会组织发展，是中国化马克思主义的新命题，也是坚持与发展中国特色社会主义事业的应有之义。以中国特色社会组织发展为价值取向，以建构政党—政府—社会组织新型合作伙伴关系为具体目标，以培育与规制为基本任务，通过完善社会组织法律体系、进行社会组织管理体制改革、建立枢纽型服务机制、完善社会组织监管体系、引导社会组织有序政治参与、注重社会组织能力建设、加强公共精神培育，进行综合配套的制度环境优化，实现马克思主义中国化新成果与中国特色社会组织建设新进展双向互动、同步发展，自是本书关怀所在。

　　关键词：社会组织；中国特色；制度环境；演化

目　录

导论 …………………………………………………………… (1)
 一　问题缘起 ……………………………………………… (1)
 二　国内外研究现状 ……………………………………… (7)
 三　研究思路与框架 ……………………………………… (26)
 四　研究方法 ……………………………………………… (27)
 五　创新尝试 ……………………………………………… (31)
第一章　中国特色社会组织与制度环境概述 ………………… (33)
 第一节　相关概念界定 …………………………………… (33)
  一　社会组织 …………………………………………… (33)
  二　中国特色社会组织 ………………………………… (36)
  三　制度环境 …………………………………………… (38)
 第二节　制度环境的能动者 ……………………………… (43)
  一　政党 ………………………………………………… (43)
  二　政府 ………………………………………………… (45)
  三　社会 ………………………………………………… (46)
 第三节　制度环境与社会组织关系 ……………………… (47)
  一　制度环境要素 ……………………………………… (47)
  二　制度环境对社会组织发展的影响 ………………… (50)
 第四节　社会组织发展制度环境分析框架 ……………… (53)
  一　政党—意识形态 …………………………………… (53)
  二　政府—法律法规 …………………………………… (55)
  三　社会—公民文化 …………………………………… (55)

第二章 总体型制度环境与社会组织准政府化（1949—1978年） ………………………………………………………………（58）

第一节 1949—1978年中国社会组织发展 ………………………（58）
一　社会组织的创建 …………………………………………（59）
二　法律法规的奠基 …………………………………………（60）
三　社会组织的清理整顿 ……………………………………（61）
四　单位体制的建立 …………………………………………（63）

第二节 总体型制度环境 …………………………………………（65）
一　政党—政府—社会高度同构 ……………………………（65）
二　社会组织合法性的重建 …………………………………（67）
三　社会组织自治性的丧失：以工会角色之争为例 ………（70）

第三节 总体型制度环境下社会组织准政府化 …………………（75）
一　党的全方位领导 …………………………………………（75）
二　政府系统的延伸 …………………………………………（76）
三　职能的偏移 ………………………………………………（79）
四　资源的完全供给 …………………………………………（82）

第三章 依附型制度环境与社会组织功能化（1978—1992年） ………………………………………………………………（84）

第一节 1978—1992年中国社会组织发展 ………………………（84）
一　社会组织的恢复发展 ……………………………………（85）
二　新社会组织的蓬勃发展 …………………………………（87）
三　社会组织治理法律框架的初步形成 ……………………（92）
四　社会组织的清理整顿 ……………………………………（93）

第二节 依附型制度环境 …………………………………………（95）
一　党的政策型领导 …………………………………………（95）
二　政府的管控策略 …………………………………………（97）
三　政府主导发展取向 ………………………………………（100）

第三节 依附型制度环境下社会组织功能化 ……………………（102）
一　助手角色的定位 …………………………………………（102）

二　政府职能转移的承接者 …………………………………（103）
　　三　行政资源的输送 ………………………………………（104）
　　四　社会组织功能化的一个样本：工商联的逐渐复归 ……（105）

第四章　分离型制度环境与社会组织专业化（1992—
　　　　2002年）……………………………………………（111）
　第一节　1992—2002年中国社会组织发展 ……………………（111）
　　一　社会组织规范发展 ……………………………………（112）
　　二　非政府组织思想广泛传播 ……………………………（113）
　　三　基金会缓慢发展 ………………………………………（115）
　　四　民办非企业单位兴起 …………………………………（116）
　　五　社区志愿组织涌现 ……………………………………（117）
　第二节　分离型制度环境 ………………………………………（118）
　　一　政社分开原则的明晰 …………………………………（119）
　　二　培育初露端倪 …………………………………………（121）
　　三　规制渐成体系 …………………………………………（124）
　　四　公民结社热情激发 ……………………………………（128）
　第三节　分离型制度环境下的社会组织专业化 ………………（130）
　　一　社会组织民间化 ………………………………………（130）
　　二　社会组织成为党建新领域 ……………………………（132）
　　三　社会组织的多元发展 …………………………………（133）

第五章　协同型制度环境与社会组织自主化
　　　　（2002年—　）………………………………………（135）
　第一节　2002年以来中国社会组织发展 ………………………（135）
　　一　社会团体发展 …………………………………………（136）
　　二　基金会发展 ……………………………………………（137）
　　三　民办非企业单位发展 …………………………………（138）
　第二节　协同型制度环境 ………………………………………（140）
　　一　社会组织治理主体地位确认 …………………………（141）
　　二　社会组织培育体系化 …………………………………（146）

三　社会组织管理体制创新 …………………………………（152）
　第三节　协同型制度环境下社会组织自主化 ………………（154）
　　一　社会组织党建力度加大 …………………………………（154）
　　二　党政机关与社会组织脱钩 ………………………………（157）
　　三　社会组织主体性彰显 ……………………………………（159）

第六章　中国特色社会组织发展的制度困境 ……………………（165）
　第一节　政党—意识形态困境 ………………………………（165）
　　一　社会组织定位模糊 ………………………………………（165）
　　二　选择性放权 ………………………………………………（167）
　　三　制度化政治参与渠道匮乏 ………………………………（169）
　第二节　政府—法律法规困境 ………………………………（171）
　　一　法律制度供给不足 ………………………………………（171）
　　二　双重管理体制困扰 ………………………………………（173）
　　三　登记政策差别化 …………………………………………（174）
　第三节　社会—公民文化困境 ………………………………（177）
　　一　传统价值观念制约 ………………………………………（178）
　　二　社会信任机制缺失 ………………………………………（182）
　　三　公民参与度不高 …………………………………………（184）
　第四节　中国特色社会组织发展困境 ………………………（186）
　　一　合法性支持不足 …………………………………………（186）
　　二　角色定位失序 ……………………………………………（187）
　　三　公信力不足 ………………………………………………（190）
　　四　策略选择错位 ……………………………………………（191）

第七章　优化中国特色社会组织发展制度环境 …………………（195）
　第一节　中国特色社会组织的理论阐释 ……………………（195）
　　一　马克思共同体思想的时代表达 …………………………（196）
　　二　协同共治的秩序力量 ……………………………………（197）
　　三　中国特色话语体系的重要载体 …………………………（199）

第二节 优化中国特色社会组织发展制度环境的基本
　　　思路 …………………………………………………（200）
　一 理论创新：制度环境构建的根本动力 ……………（200）
　二 培育与规制：制度环境构建的双重任务 …………（210）
　三 新型合作伙伴关系：制度环境构建的目标导向 ……（216）
第三节 优化中国特色社会组织发展制度环境的具体
　　　对策 …………………………………………………（222）
　一 完善社会组织法律体系 ……………………………（222）
　二 进行社会组织管理体制改革 ………………………（224）
　三 建立枢纽型服务机制 ………………………………（224）
　四 完善社会组织监管体系 ……………………………（225）
　五 引导社会组织有序政治参与 ………………………（226）
　六 注重社会组织能力建设 ……………………………（228）
　七 加强公共精神培育 …………………………………（229）

结语 ……………………………………………………（231）

参考文献 ………………………………………………（233）

后记 ……………………………………………………（262）

导 论

社会组织已成为遍及全球的社会现象。社会组织兴起是经济和社会发展的产物，是社会文明与进步的标志。现代政治学、社会学认为，社会组织与政府、企业是当代社会的三大支柱，是推进社会和谐的重要力量。推进社会创新，促进中国特色社会组织发展，是构建社会主义和谐社会的客观需要，也是推进国家治理体系和治理能力现代化的迫切需求。

一 问题缘起

（一）研究背景

作为一种组织形态，社会组织并非当今社会特有现象，而是具有较为悠久的历史，"从历史上看，行业性社团、慈善机构等民间组织早已有之，在各国工商业发展史上发挥过重要作用"①。但社会组织作为全球范围内"一场有组织的志愿运动和创建各种非赢利的及非政府的组织运动"②，进而演化成为政府和企业两大类组织之外的"第三域"，则是20世纪七八十年代以后的事情。即便是在有着"非营利活动的温床"之称的美国，③ 也有足够的证据表明，社会组织的迅猛发展发生在20世纪60年代以后。萨拉蒙项目组1982年对美国16个社区社会组织

---

① 林兆木：《发挥各类社会组织在促进社会和谐中的作用》，《党建研究》2006年第12期。

② ［美］萨拉蒙：《第三域的兴起》，于海译，《社会》1998年第2期。

③ 参见［美］萨拉蒙等《全球公民社会：非营利部门视界》，贾西津等译，社会科学文献出版社2007年版，第220页。

的一项调查显示，65%的社会组织是在20世纪60年代创立的。[①] 斯塔夫里阿诺斯（Stavrianos, L. S.）在其著作《全球通史：从史前史到21世纪》引述的案例中，从社会组织成员数量的变化印证了20世纪七八十年代美国社会组织的发展状况，"70年代其成员数目是500万—800万，80年代其数目达到了1200万—1800万"[②]。20世纪70年代以来，伴随着政府失灵、市场失灵与契约失灵问题的凸显，促使人们在政府与市场之外高度关注社会组织的重要作用，积极寻求国家治理与社会治理的新路径，引发了"全球社团革命"，从而使得社会组织发展浪潮在世界各地蓬勃兴起。这也正如萨拉蒙所描绘的那样："在世界的每个角落都呈现出大量的有组织的私人活动和自愿活动的高潮。"[③]

与"全球社团革命"相呼应，中国也渐生社会组织的繁荣景象。改革开放以来，适应经济社会发展的需要，中国历经了巨大的社会变迁，国家、社会与市场三大部门开始出现分化，现代社会的制度框架初步建立，公民身份与权利意识日渐显现，社会力量逐渐积聚，公民有了日益广阔的结社空间，社会组织发展的动力机制渐次生成，由此推动了中国社会组织的爆发式增长，社会组织在公益慈善、社会救助、扶贫开发、教育培训、医疗卫生、环境保护、科学研究、社区建设、行业发展等方面越来越发挥其重要作用，业已成为当今中国社会一支非常重要的力量。据民政部发布的《2014年社会服务发展统计公报》显示，截至2014年年底，全国共有社会组织60.6万个，吸纳社会各类人员就业682.3万人，形成固定资产1560.6亿元。[④]

[①] 参见［美］萨拉蒙《非营利部门的兴起》，载何增科主编《公民社会与第三部门》，社会科学文献出版社2000年版，第245页。

[②] ［美］斯塔夫里阿诺斯：《全球通史：从史前史到21世纪》，董书慧等译，北京大学出版社2005年版，第793页。

[③] ［美］萨拉蒙等：《全球公民社会：非营利部门视界》，贾西津等译，社会科学文献出版社2007年版，第4页。

[④] 参见中华人民共和国民政部《中国民政统计年鉴：中国社会服务统计资料（2015）》，中国统计出版社2015年版，第13页。

社会组织作为第三域在世界范围内的兴起，绝非偶然，而是与特定的社会历史条件密切相关。首先，第二次世界大战后，虽然经历了漫长的"冷战"时期，但和平与发展仍是主基调，使各国经济社会发展迎来了一个相对和平的环境，经济社会的发展，为社会组织的兴起提供了物质基础。这也正如恩格斯所说的那样："劳动的发展必然促使社会成员更紧密地互相结合起来，因为它使互相支持和共同协作的场合增多了，并且使每个人都清楚地意识到这种共同协作的好处。"① 其次，技术的进步为社会组织的兴起提供了技术条件。梅罗维茨（Joshua Meyrowitz）的《消失的地域》（No Sense of Place, 1986）和吉登斯（Anthony Giddens）《现代性的后果》（The Consequences of Modernity, 1990）都不约而同地将视角转移到了信息技术进步对直接互动的结构转变的影响。梅罗维茨不无惊讶地发现："群体身份、社会化、等级制度，过去依赖于特定的物质地点以及其中可获取的特殊经验，现在这些方面已经被电子媒介改变了。"② 而吉登斯更是不无深刻地指出："现代性以前所未有的方式，把我们抛离了所有类型的社会秩序的轨道，从而形成了其生活形态。"③ 最后，市场失灵与政府失灵为社会组织发展提供了实践基础。市场经济独特的激励、配置和约束效率，使之成为"人类迄今为止最具效率和活力的经济运行机制和资源配置手段"④。在市场经济发展的初期阶段，古典经济学的代表人物亚当·斯密（Adam Smith）极度排斥政府干预，强调政府担当"守夜人"角色，市场以"看不见的手"的方式对经济活动进行自我调节。然而，一再爆发的经济危机使市场的缺陷暴露无遗，市场失灵引致政府部分甚至是全部地替代市场。苏联模式提供的就是一种政府完全替

---

① 《马克思恩格斯选集》第4卷，人民出版社1995年版，第376页。
② [美]梅罗维茨：《消失的地域：电子媒介对社会行为的影响》，肖志军译，清华大学出版社2002年版，第120页。
③ [英]吉登斯：《现代性的后果》，田禾译，译林出版社2000年版，第4页。
④ 叶常林等：《非政府组织前沿问题研究》，中国科学技术大学出版社2009年版，第8页。

代市场的计划经济运行机制，而更多的西方国家则从罗斯福新政和凯恩斯主义的"处方"那里得到启发，人们相信政府的干预能够驯服不羁的市场这匹"野马"。无论是苏联模式还是国家资本主义方式，都一度创造了经济发展的奇迹，人们相信："没有国家的市场将导致二元的，甚至四分五裂的社会，它不仅会埋葬市场经济，使市场成为万恶之源，而且还会使自由遭到毁灭。"[①] 政府完全替代或是部分地替代市场的弊病又随着福利国家危机和世界性的贫困问题、环境危机，以及苏联解体和东欧剧变等危机迭起而逐渐显现，它们从不同的维度诠释了政府失灵的客观存在。市场失灵和政府失灵的同时存在，使得人们进一步认识到政府和市场在提供公共产品上的局限性，因而人们期冀通过社会组织的发展这一"第三条道路"来弥补政府失灵与市场失灵的缺陷，这也就为社会组织的兴起提供了制度空间。社会组织作为一种在政府与市场之间调节社会发展的组织制度创新，越来越成为不同国家和地区的共同选择。

（二）研究假设

中国特色社会组织的勃兴，虽是近些年的社会现象，但中国特色社会组织的发展，也有着较为漫长的历史可寻。在漫长的历史进程中，中国特色社会组织的样态经受多重合力的作用，学界从社团革命、政府失灵/市场失灵、治理等视角已给予有见地的研究和探索，但从制度环境视角的讨论却稍显匮乏。当下中国特色社会组织发展的制度环境，究竟是如何形成的？其背后是否有规律可循？中国特色社会组织发展的未来趋向又将如何？正是这样一些问题，驱使我们有必要从制度环境这一视角探寻中国特色社会组织发展规律，进而揭示当代中国制度环境演进与中国特色社会组织演变之间的关联。因此，本书将研究主题确定为：制度环境演化与中国特色社会组织发展研究。而本选题的研究，将基于以下几个方面的研究假设：

---

① ［法］勒努阿：《没有国家的市场》，李其庆编译，《国外理论动态》1992年第41期。

1. 中国特色社会组织演变与中国特殊的制度环境演化紧密相关。制度环境对中国特色社会组织发展至关重要。制度环境对社会组织发展具有重要的促进和约束作用。中国特色社会组织的发展，不是纯粹自然演进的结果，同样也不是效仿西方的结果。中国特色社会组织的产生、运作、活动及其在社会生活中的地位作用，无不深受中国特有的制度环境的影响。正是制度环境的演化，不断形塑中国特色社会组织，使社会组织具有强烈的中国特色。新中国成立以来，社会组织的发展始终伴随着其制度环境的变迁而不断演变。改革开放前，在与计划经济体制相适应的全能主义政治形态下，执政党和政府成为社会治理主体，社会组织发展受到严重抑制。改革开放以来，随着社会主义市场经济体制的确立，以及政治环境、社会生活、文化观念的变化，社会组织发展的制度环境有了较大的变化，党对社会组织发展日益重视，政府也不断出台相关法律法规，逐步将社会组织管理纳入规范化、科学化的轨道。

2. 中国特色社会组织发展的制度环境演化有其内在的规律性。中国特色社会组织，不是一个静态的实体，而是动态发展着的。社会组织在不同的历史时期既有不同的名称，更因其不同的制度环境，有了不同的性质、不同的地位，担负着不同的角色，发挥着不同的作用。正如美国学者斯科特（W. Richard Scott）所说："制度理论为我们观察当代社会中的组织提供了最有前景和最具创造性的透镜。"[1] 运用制度组织理论来检视当代中国社会组织发展并探索中国特色社会组织发展规律，亦不失为一条现实路向。因此，很有必要通过对中国特色社会组织发展的制度环境演化及其演化机制进行阐释，探寻其内在的规律性，进而为优化中国社会组织发展制度环境找到一把钥匙，由此促进中国特色社会组织的发展，推进社会主义和谐社会建设进程。

---

[1] ［美］斯科特：《制度与组织：思想观念与物质利益》，姚伟、王黎芳译，中国人民大学出版社2010年版，前言第2页。

3. 中国特色社会组织的创新发展需要构建中国特色社会组织制度环境。制度环境演化与社会组织演变的历程表明，中国特色社会组织发展的过程，即是一个制度创新的过程。当下，中国特色社会组织发展现存的制度环境总体上与其发展状况相适应。但是，中国特色社会组织制度环境与其发展的制度需求之间存在鸿沟，现存制度环境在许多方面已难以适应它进一步生长的需要，其中有些制度性因素已经成为制约社会组织发展的瓶颈，必须进行相应的改革。

(三) 研究价值

运用马克思主义的立场、观点和方法，系统分析制度环境演化对中国特色社会组织演变所产生的种种影响，并探讨中国特色社会组织制度环境优化的可能路径，具有重要的学理价值和实践价值。

1. 有助于深化马克思主义市民社会理论研究。从马克思的市民社会理论，到列宁的社会建设思想，再到中国化马克思主义的社会建设理论，都十分重视通过社会组织的建设，从而为人的自由全面发展奠定组织基础和制度基础。中国特色社会组织发展问题，既来源于中国特色社会主义建设的伟大历史实践，同时也是马克思主义市民社会理论的一大新课题。从党的十七大提出"社会组织建设与管理"新命题，到党的十八届三中全会强调要"激发社会组织活力"，无不深刻表明党和国家对社会组织发展问题的高度重视。因此，运用马克思主义基本原理，从学理上对中国特色社会组织发展的理论与实践进行系统研究，将进一步拓展和深化马克思主义市民社会理论研究。

2. 有助于推进中国特色社会组织建设理论创新。近年来，社会组织发展问题引起了包括政治学、社会学、管理学、经济学等诸多学科学者的高度关注，本书运用制度分析、历史分析、逻辑分析、规范分析等方法，系统分析当代中国社会组织发展制度环境的能动者及其要素，系统考察当代中国社会组织发展制度环境的演化过程，揭示其演化规律，进而探究制度环境优化之可能路径，这是一种新的研究尝试，具有理论上的探索意义，能够为中国特色社会组织管理体制改革提供理论依据。

3. 能够为推进国家治理体系与治理能力现代化提供决策参考。实现中华民族伟大复兴的中国梦，迫切要求国家治理体系与治理能力现代化。社会组织是国家多元治理主体当中非常重要的一员，是社会主义核心价值观的倡导者、践行者和推动者。社会组织作为公民重要的利益表达机制，对于调节社会利益、化解社会矛盾、促进社会和解、凝聚社会合力以及促进经济社会协调发展具有十分重要的作用。国家治理体系与治理能力现代化要求更加重视社会组织作用发挥，引导社会组织有序政治参与，进而达致政党、政府和社会三方面共同协作，相互配合。因而，开展中国特色社会组织相关研究，提出构建政党、政府与社会组织之间的新型合作伙伴关系的建构路径，可资借鉴与决策参考。

二 国内外研究现状

20世纪80年代西方公民社会理论研究的复兴，渐次引发了国内外不少学者对于社会组织研究的兴趣，相关研究成果层见叠出，涉及政治学、社会学、管理学、经济学、社会学等诸多领域。

（一）国外研究现状

由于西方国家有着长期的市民社会历史，社会自主空间发育较早，因而国外对于社会组织的研究也起步较早，相关研究相对较为成熟，有一批较有影响的学者，取得了不少富有影响力的研究成果。法国著名历史学家、政治学家、社会学家托克维尔（Alexis-Charles-Henri Clérel de Tocqueville）通过1831年5月—1832年2月对美国的考察，发现结社权自从英国输入以后，便一直长存，并成为"美国人的习惯和气尚"[①]，"美国人不论年龄多大，不论处于什么地位，不论志趣是什么，无不时时在组织社团"[②]。在他看来，"使结社的艺术随着

[①] [法]托克维尔：《论美国的民主》（上卷），董果良译，商务印书馆2011年版，第216页。

[②] [法]托克维尔：《论美国的民主》（下卷），董果良译，商务印书馆2011年版，第635页。

身份平等的扩大而正比地发展和完善",是规制人类社会的一切法则中"最正确和最明晰的"。① 德国当代最重要的哲学家之一、西方马克思主义重要流派法兰克福学派第二代的代表人物哈贝马斯（Jürgen Habermas）则注意到，自愿基础上组成的那些非政府性和非营利性的组织，"包括教会、文化团体和学会，还包括了独立的传媒、运动和娱乐协会、辩论俱乐部、市民论坛和市民协会，此外还包括职业团体、政治党派、工会和其他组织等"②，是公共民意表达的领域，由此而成为市民社会的核心机制。

对于社会组织的产生逻辑，国外有不少学者进行了研究，并形成了几种具有代表性的解释模式：如美国经济学家韦斯布罗德提出市场失灵和政府失灵理论（market failure/government failure theory），认为社会组织产生的逻辑是基于弥补政府与市场在提供公共物品上的局限性的需要（Burton Weisbrod, 1978）；美国经济学家汉斯曼提出契约失灵理论（contract failure theory），认为一些领域公共物品提供生产者与消费者之间的信息不对称致使契约失灵现象产生，社会组织的"非分配约束"（nondistribution constraint）成为弥补这一失灵的有效机制（Herry B. Hansmann, 1980）；美国约翰·霍普金斯大学教授萨拉蒙提出第三方管理理论（the third-party government），又称志愿失灵理论（voluntary failure theory），萨拉蒙通过对美国进行实证分析，认识到社会组织并不单纯是作为政府和市场的替代性满足机制出现在政府、市场或契约失灵的地方，在很多政府与市场运行较好的领域，同样活跃着社会组织的身影，而在志愿失灵的地方，政府反倒成为替代社会组织的有效机制，由此，他认为政府与社会组织之间需要相互依赖和合作（Lester M. Salamon, 1981）。

有不少学者将其研究视角专注于社会组织的管理及运营。如科特

---

① ［法］托克维尔：《论美国的民主》（下卷），董果良译，商务印书馆2011年版，第640页。

② ［德］哈贝马斯：《公共领域的结构转型》，曹卫东等译，学林出版社1999年版，第29页。

勒等人从培养目标顾客导向的观念、战略营销计划与组织、设计营销组合、开发资源等方面系统地阐述了社会组织战略营销（Philip Kotler, 2003）；赫茨琳杰等人提出社会组织的非营利性与营利精神和商业行为并行不悖，但社会组织的管理重在效率的提高和效用的最大化（Regina Herzlinger, 2000）；莱特则提出推动社会组织持续创新需要做到能够驾驭外部环境、挑战主流思想和促进公共利益（Paul C. Light, 2004）。美国学者乔丹等人则通过政治学分析的方法对社会组织问责进行了开拓性的探索，提出了社会组织问责的基本理论框架（Lisa Jordan, 2008）。

　　国外学界对社会组织的研究还表现出这样几种理论旨趣。一是公民社会理论旨趣。西方有着公民社会理论的传统。作为一种理论范式，西方公民社会理论自17世纪形成后曾经流行了几近两个世纪，但此后逐渐淡出政治理论研究的论域，20世纪70年代后期之后一些西方左翼学者和东欧异见人士将对民主的追求诉诸公民社会理论，这一被学界淡忘的理论再度开始复兴并逐渐成为西方政治理论研究的主流话语，公民社会理论亦开始从传统的政治哲学的规范研究转入从政治社会学层面对公民社会实体进行实证研究，如美国哲学家柯亨和阿拉托构建了三分法公民社会理论模型，认为公民社会是介于经济与国家之间的一个社会相互作用的领域，包括以家庭为主体的私人领域、以社会组织为主体的团体领域，以及社会运动和公共沟通形式（Jean Cohen & Andrew Arato, 1992）；英国威斯敏斯特大学政治学教授约翰·基恩强调这些国家体系之外运作的、非营利性的社会组织是公民社会的载体（John Keane, 1988）。二是治理理论旨趣。20世纪80年代之后，不少国家与地区出于重新配置公共权力的需要，开始尝试通过向社会组织等开放权力的方式，以提高国家管理的弹性和韧性。这一潮流也引发了学界的持续强烈关怀，使得治理理论成为新近20年来国际社会科学的一种新的研究趋向。治理理论强调治理主体的多元性以及多元主体之间的相互合作，如萨瓦斯从新公共管理运动的视角出发，认为公共服务的供给由政府转向社会组织等民营部门，已经成为当今世界各国行政管理改革的主流趋势,公共服务的民营化不仅是一个管理工具,更是一个社会治理的基本战略(E. S. Savas,2002)。三是社会资本理论旨趣。社会资本之于社会组织,是那些可通过促进协调行动而提高社会效能的特征——社会网络、互惠性规范和由此产生的信任。布迪厄(Pierre Bourdieu)最早在社会学领域对社会资本进行分析,此后,社会资本理论在林南(Nan Lin)、科尔曼(James Coleman)等人那里得到了发展。哈佛大学肯尼迪政府学院公共政策学教授帕特南(Robert D. Putnam)在其成名之作《使民主运转起来》中,运用社会资本理论这一分析框架,通过对意大利的实证分析,注意到"公开精神发达的地区有着这样一些特征:地方组织网络密集,公民积极参与共同体事物,政治模式是平等的,人们相互信任,遵纪守法。而在公开精神不发达地区,政治和社会参与采取的是垂直组织形式,互相猜疑和腐败被视为惯例,人们极少参与公民组织,违法乱纪司空见惯"[①]。之后,他又用这一分析框架去观察美国的社区发展状况,发现公民参与社会组织的热情急剧下降引发社会资本流失,使得公众社区参与度持续衰退。

　　社会组织发展国际比较研究方面,费希尔对发展中国家社会组织与政府的关系进行了系统分析,认为社会组织所扮演的角色越加重要,尤其是在消灭人类的三大灾难——人口剧增、环境恶化与贫困方面具有独特贡献,由此,她勾勒出了一个市场、政府和公民社会三足鼎立的未来社会图景(Julie Fisher,2002)。萨拉蒙更是长期在这一领域进行耕耘,如萨拉蒙等人在《全球公民社会:非营利部门视界》中,通过对比利时、芬兰、法国等22个国家社会组织的范围、规模、结构和资金等进行了较为系统的比较研究,并且得出结论,认为"非营利部门是世界上超乎人们预料的非常重要的经济力量,非营利部门在不同国家表现出巨大的规模差异和构成差异;私人慈善事业对非营

---

① [美]帕特南:《使民主运转起来》,王列、赖海榕译,江西人民出版社2001年版,第214页。

利部门的资助方面比会费或公共部门支持都扮演着更重要的角色；非营利部门近些年来在大多数国家都取得了长足的发展"①。

这些研究成果尽管视角各不相同，且存在不少局限，但对于中国特色社会组织研究无疑极具启迪意义。而且，也有一些学者将研究视域直接投向了中国。如英国学者怀特20世纪90年代初即对中国社会组织现象进行了研究，他通过对浙江省萧山地区社会组织进行实证研究后指出，与改革开放引发的经济社会发展相契合，在国家与市场之间，一种非政府性的、非营利性的社会组织正在出现（Gordon White, 1993）；美籍华人学者裴敏欣根据中国登记注册社会组织相关数据对新中国成立后的社会组织发展轨迹和特征进行了实证分析，认为改革开放以后社会组织的涌现，改变了国家与社会关系的格局，但仍具有明显的国家法团主义特征，而并非意味着完全自主性的市民社会的出现（Minxin Pei, 1998）；日本学者夫马进则专门对中国明清至民国时期的善会善堂的历史演变进行了研究（夫马进，2005）。

（二）国内研究现状

国内学界对于社会组织的研究，始于20世纪90年代。近20年来，伴随着实践层面中国特色社会组织的蓬勃发展，社会组织研究经历了从最初的西方理论引介，到以西方理论观照中国社会组织发展，再到本土理论逐渐崛起的过程。作为新的研究热点，已有不少学者对中国特色社会组织从历史溯源、基础理论、内部治理、党和政府与社会组织关系等方面进行了较为系统全面的研究，提出了诸多有益见解，对于构建中国特色社会组织理论体系，推动中国特色社会组织发展起到了十分重要的作用。

中国社会组织发展史研究。社会组织研究的兴起，一些学者从历史文化传统这一视角出发，追溯中国社会组织发展的历史脉络，对中国社会组织发展作了一定的历史分析，如《中国社团史》（王世刚，

---

① ［美］萨拉蒙等：《全球公民社会：非营利部门视界》，贾西津等译，社会科学文献出版社2007年版，第2页。

1994)、《中国的社与会》（陈宝良，1996）、《中国社团发展史》（中国社团研究会，2001）。有的学者还较为系统地梳理了改革开放以后社会组织发展的演进过程，如《中国民间组织：走向公民社会30年（1978—2008）》（王名，2008）、《中国民间组织大事记：1978—2008》（吴玉章，2010）。有的学者还就历史上出现的某一类型的社会组织现象进行了专门研究，如《明末清初文人结社研究》（何宗美，2003）、《中国会馆史》（王日根，2007）、《近代中国商会、行会及商团新论》（朱英，2008）。

域外经验引介及国际比较研究。中国特色社会组织的发展，离不开吸收借鉴世界文明的先进成果。基于对中国特色社会组织发展的期待，国内不少学者就国外社会组织的发展经验进行了引介，并开展了相关的国际比较研究，对中国特色社会组织的理论与实践发展起到了十分重要的作用。在域外经验引介方面，如《发达国家非政府组织管理制度》（吴忠泽等，2001）、《全球化下的社会变迁与非政府组织（NGO）》（范丽珠，2003）、《德国非营利组织》（王名等，2005）、《国际政治领域中的非政府组织：一种互动关系的分析》（刘贞晔，2005）、《英国非营利组织》（王名等，2009）、《澳大利亚非营利组织》（廖鸿等，2011）；国际比较研究方面，如《多元与统一：第三部门国际比较研究》（王绍光，1999）、《中外非政府组织管理体制比较》（褚松燕，2008）、《非政府组织的发展与管理：中国和加拿大比较研究》（顾建键，2009）。

中国特色社会组织理论构建。社会组织发展的历史溯源及西方经验引介，尤其是中国特色社会组织的发展，推动了中国特色社会组织理论的构建，尤其是在基础理论研究方面，著述颇丰，如《中国社团改革：从政府选择到社会选择》（王名、刘国翰、何建宇，2001）、《现代非营利组织研究》（郭国情，2001）、《民间组织通论》（王名等，2004）、《非政府组织的理论阐释：兼论我国现行非政府组织法律的冲突与选择》（王建芹，2005）、《民间组织的发育与社会重建》（陶传进，2008）、《中国公民社会组织发展研究》（张勤，2008）、

《非政府组织前沿问题研究》（叶常林等，2009）、《非营利组织前沿问题研究》（卢宪英等，2010），主要涉及社会组织的内涵、属性、分类及其功能与作用等。有的学者从全球化、市场经济、和谐社会构建、政府机构改革、可持续发展、人权发展等宏观领域观照社会组织发展，从不同的维度诠释了中国特色社会组织发展的动力机制，如《非政府组织与可持续发展》（赵黎青，1998）、《市场经济与非营利组织研究》（陈晓春，2001）、《全球化下非政府组织之研究》（沈中元，2003）、《非营利组织与中国社会的发展》（文军、王世军，2004）《人权的发展与非政府组织》（林伯承，2005）、《政府改革与第三部门发展》（吴锦良，2009）。

还有许多著述涉及社会组织的内部治理，如《非营利组织会计准则理论框架》（荆新，1997）、《非营利组织评估》（邓国胜，2001）、《非营利组织管理概论》（王名，2002）、《非营利组织战略管理》（黄浩明，2003）、《非营利组织治理结构》（刘春湘，2007）、《中国非政府组织发展与管理》（马庆钰，2007）、《非营利组织绩效三维评价体系研究》（张玉周，2009）、《非政府组织"第三次分配"的财税激励制度研究》（周旭亮，2011）。还有一些学者就社会组织的某一类型进行专门研究，如《转型时期的行业协会：角色、功能与管理体制》（贾西津等，2004）、《商会的性质、演进与制度安排》（刘华光，2009）、《中国基金会发展解析》（葛道顺等，2009）、《社会团体导论》（徐家良，2011）、《论基金会：中国基金会转型研究》（徐宇珊，2010），因非本书研究旨趣重点所在，故在此不作赘述。

根据本书主题，现择其要将国内研究状况梳理为以下几个方面。

1. 中国特色社会组织基本属性研究

对于社会组织的基本属性，国内外学者进行了不少研究分析，较为流行的是美国约翰·霍普金斯大学萨拉蒙教授提出的"五特征说"，即社会组织应具备组织性、私立性、非利润分配性、自治性和志愿性五个基本属性，这也被用于萨拉蒙教授主持的对全球40多个国家非营利组织开展的国际比较研究项目。[①] 其中，组织性、非利润分配性为众所公认，但对其他特征，一些学者根据其适用性进行了一定的修正，如日本的重富真一结合亚洲国家国情提出非政府性、非营利性、自发性、持续性/形式性、利他性、慈善性"六特征说"。[②] 但总体而言，学者们对社会组织基本属性的认识大同小异。如陆明远认为，萨拉蒙"五特征说"揭示了社会组织作为一个整体的普遍性。[③]

但具体到中国的社会组织，因为与西方国家相比，中国的社会组织无论是其结构还是功能都还没有定型，具有强烈的过渡色彩。[④] 因此，国内学者普遍认为应该做进一步的界定。有的学者认为中国社会组织总体上具备了公益性特征，如王绍光认为，社会组织关注的必须是与公共福利相关的问题，如性别平等、医疗卫生、农业发展、环保等，因而具有公益性特点（王绍光，1999）；王名等人也认为中国社会组织总体上已经具备公益性特征（王名，2004）。有不少学者认为中国社会组织具有强烈的中介性特征，如有学者认为，我国社会组织的根本属性应该是中介部门，即充当政府和大众之间、企业与公民之间、企业与政府之间的中介（盛红生、贺兵，2004）；有学者指出，社会组织本身就是介于政府与市场之间的一种制度安排，与政府、企业具有价值互补关系（刘祖云，2008）。有一些学者则强调社会组织的专业性，如陆明远认为，社会组织的专业性取决于两个方面的因素，一是在服务上具有较强的具体性、针对性，二是社会组织从事领域广泛，每个领域都与一定数量的民众切身利益息息相关，因此，社会组织提供的服务必须是及时有效的（陆明远，2010）；有学者认为

[①] 参见［美］萨拉蒙等《全球公民社会：非营利部门国际指数》，陈一梅等译，北京大学出版社2007年版，第12—13页。

[②] ［日］重富真一：《アジアの国家とNGO》，明石书店2001年版，第17—19页。

[③] 参见陆明远《培育与规制：中国政府的社会管理模式研究》，天津人民出版社2010年版，第64—68页。

[④] 参见俞可平《中国公民社会：概念、分类与制度环境》，《中国社会科学》2006年第1期。

社会组织弥补政府与市场不足的优势特长即在于及时提供专业服务（崔萍，2008）。而且，还有不少学者从中国社会组织的现状出发，认为中国社会组织还存在自治性、志愿性不足等问题。在自治性方面，普遍认为中国社会组织是以依附式自主的方式存在，如俞可平认为，中国的社会组织绝大多数是由政府创建，并受政府主导，具有明显的官民双重性（俞可平，2002）；有的学者认为，中国社会组织的显著特征是"政府主导"和"官民二重性"（郁建兴、吴宇，2003）；还有的学者认为应摆脱独立性即自主性、依附即非自主的思维定式，认识到中国社会组织是在以政府逻辑为主导的多层次制度逻辑共同作用下的依附式自主（王诗宗、宋程成，2013）。在志愿性方面，俞可平从实证角度认为，中国的社会组织，就其成员加入组织及参与活动的自愿性而言，都存在不少其成员必须遵守的强制性义务，因而与志愿性还存在不少距离（俞可平，2002）；还有的学者在集中讨论欧美等发达国家非营利组织的"去志愿化"现象基础上，提出我国的社会组织也在不同程度上存在"去志愿化"的倾向（叶常林等，2009）。

2. 中国特色社会组织的分类研究

中国特色社会组织的科学分类，是中国特色社会组织管理实践和理论研究的一项基础性工作。对中国特色社会组织的分类方法，目前主要有三种。

（1）借鉴分类法。国内一些学者把联合国国际标准产业分类体系（ISIC）、欧共体经济活动产业分类体系（NACE）、北美产业分类体系（NAICS）当作社会组织国际分类的样板。而后，清华大学NGO研究所采用美国霍普金斯大学非营利组织比较研究中心制定的非营利组织国际分类体系（ICNPO）将我国的社会组织分成12大类27小类：文体类、教育类、卫生保健类、社会服务和救助类、生态环境保护类、社区服务类、咨询类、公益基金及志愿服务类、国际交流及援助类、宗教类、行业类和其他（邓国胜，2001）。

（2）实证分类法。我国的社会组织登记管理制度依法将社会组织划分为三大类：第一类是社会团体，即"中国公民自愿组成，为实现会员共同意愿，按照其章程开展活动的非营利性社会组织"，包括行业性社团、学术性社团、专业性社团和联合性社团；第二类是民办非企业单位，即"企业事业单位、社会团体和其他社会力量以及公民个人利用非国有资产举办的，从事非营利性社会服务活动的社会组织"，分为教育、卫生、科技、文化、劳动、民政、体育、中介服务和法律服务等十大类；第三类是基金会，即利用自然人、法人或者其他组织捐赠的财产，以从事公益事业为目的非营利法人，包括公募基金会和非公募基金会。自2006年以来，民政部在借鉴和参考联合国推荐的国际分类体系的基础上，结合我国社会组织发展的特点，从社会组织的活动领域视角，对社会组织的分类进行了重新调整。这一分类方法在2007年基本定型，即将社会组织划分为工商服务业、农业及农村发展、科学研究、教育、卫生、文化、体育、生态环境、社会服务、法律、宗教、职业及从业者组织、国际及涉外组织、其他等14类。[①]

（3）规范分类法。国内规范视角的分类方法，亦是众说纷纭。俞可平提出从学术研究和行政管理两种角度对社会组织进行分类的思路。他认为，从学术研究的角度看，应根据社会组织的本质特征将其分为：行业组织、慈善性机构、学术团体、政治团体、社区组织、社会服务组织、公民互助组织、同人组织、非营利性咨询服务组织；而从行政管理的角度，综合考虑其法律地位、利益导向、活动内容，将其分为群众团体或人民团体、自治团体、行业团体、学术团体、社区团体、社会团体、公益性基金会（俞可平，2006）。王名依据社会组织的构成和制度特征将社会组织分为会员制组织和非会员制组织，其中会员制组织包括公益型组织（免登记公益性社会团体、公益性社会团体）和互益型组织（互益性社会团体、互益性经济团体），非会员

[①] 民政部办公厅：《关于修改民政事业统计台账民间组织分类的通知》，载国家民间组织管理局《社会组织管理政策法规选编》，华龄出版社2010年版，第79—81页。

制组织包括基金型组织（慈善募捐协会、公募基金会、非公募基金会）和实体型组织（民办非企业单位、事业单位）（王名，2010）。有的学者则依据其所体现的公益属性的类型，将社会组织分为互益性组织和公益性组织，其中互益性组织包括经济性互益组织（如会员制的行业协会、商会职业团体、工会等）与社会性互益组织（如会员制的学会、同乡会联谊会、兴趣组织等），公益性组织包括会员制公益组织（团体会员组织、个人会员组织）与非会员制公益组织（民办非企业单位等实体型组织、基金会组织）（程玥、马庆钰，2008）。王绍光则依据其法律地位状况将社会组织分为注册团体、准政府组织、草根和虚拟组织三类（王绍光，2004）。还有的学者根据社会组织与政府的关系，将其分为官办、半官办、民办三类；有的根据组织结构的松紧程度，将其分为松散型、紧密型、金字塔形、网络型等。

关于人民团体是否属于社会组织的问题，学界也有所涉及。如李源睃、周红云等人认为中国的社会组织包括人民团体。[①] 实际上，人民团体的社会组织属性在国际上得到了一定的认可。一般认为，联合国经社理事会"咨商地位"是一个非政府组织得到国际承认的重要标志。[②] 据不完全统计，自1995年中华全国妇女联合会首次获得联合国经社理事会咨商地位外，截至2014年，中国超过30个社会组织具

---

① 参阅［韩］李源睃《中国特色的非政府组织：挑战与应对》，《世界经济与政治》2008年第9期；周红云《中国社会组织管理体制改革：基于治理与善治的视角》，《马克思主义与现实》2010年第5期。

② 联合国通过其经社理事会以授予联合国经社理事会"咨商地位"的方式，承认国际上的重要的非政府组织，同各类非政府组织建立工作关系，并发挥这些组织在国际事务中的作用。根据联合国经社理事会1996年31号决议第3部分，授予非政府组织的咨商地位有三种不同情况：全面咨商地位、特别咨商地位和花名册咨商地位。全面咨商地位只授予全球性或区域性、业务范围涉及多领域的社会组织；特别咨商地位面向的是某一特定领域的社会组织；花名册咨商地位授予边缘组织。

有联合国经社理事会咨商地位（见表0-1）。①

表0-1　中国获得联合国经社理事会咨商地位社会组织

年份	社会组织名称
1995	中华全国妇女联合会
1998	中国残疾人联合会 中国人权研究会
2000	中国联合国协会 中国光彩事业促进会 中国女企业家协会
2001	中国人民对外友好协会
2002	中国人民争取和平与裁军协会
2003	中国国际交流协会 中国绿化基金会
2004	中国科学技术协会 中国可持续发展研究会 中国关爱协会
2005	中国军控与裁军协会 中国计划生育协会 中国环境保护基金会
2006	中国国际跨国公司研究会 中国教育国际交流协会
2007	中国国际民间组织合作促进会 中国国际公共关系协会
2008	中国民间组织国际交流促进会
2009	中国环保联合会
2010	中国青年志愿者协会 中华职业教育社

---

① 其中中国残疾人联合会（1998年）、中国人权研究会（1998年）、中国光彩事业促进会（2000年）、中国人民争取和平与裁军协会（2002年）、中国可持续发展研究会（2004年）、中国计划生育协会（2005年）、中国环保联合会（2009年）、中国青年志愿者协会（2010年）、北京致诚农民工法律援助与研究中心（2011年）、中华能源基金委员会（2011年）、北京青少年法律援助与研究中心（2011年）、中国职业教育协会（2011年）、中国宋庆龄基金会（2013年）及爱德基金会（2014年）等14个社会组织获得"特别咨商地位"。

续表

年份	社会组织名称
2011	中国扶贫基金会 北京致诚农民工法律援助与研究中心 中华能源基金委员会 北京青少年法律援助与研究中心 中国职业教育协会
2013	中国宋庆龄基金会
2014	爱德基金会

资料来源：根据相关新闻资料整理。

3. 中国特色社会组织的功能研究

中国特色社会组织究竟有哪些功能？能在哪些方面发挥作用？国内学者也多有论述，主要涉及社会组织的社会功能、经济功能、政治功能、文化功能、外交功能。社会功能方面，有的学者重点从其第三部门属性这一角度出发，认为"作为一种在公共部门和私人市场部门之间调节社会发展的组织制度设计，社会组织往往因其特殊的第三部门属性，而在社会管理中承担着资源动员、社会服务、社会治理和政策倡导等功能"（王名，2010）；而有的学者强调社会组织利益协调、社会监督、维护社会公平等方面的功能，认为社会组织在利益协调、促进社会和谐发展方面发挥着政府和企业难以企及的作用（肖玉明，2006）。政治功能方面，社会组织的非政府性并非意味着其政治功能式微，有的学者就洞见到社会组织具有潜在的政治性，而且在其发挥政治功能时具有两面性和不确定性（白平则，2011）；一些学者认为社会组织的政治功能发挥在合适的政治条件下能够扮演重要的政治角色（唐晋，2009）；有的学者进一步指出社会组织的政治功能主要体现在政治沟通、影响政府决策、监督政府、民主自治（赵子陆，2007）和"弥补政府失灵的不足，分担政府社会管理责任""促进政府职能转变，推动政治体制改革"（卫欢，2011）等方面。经济功能方面，康晓光认为，社会组织能够弥补市场失灵，并在行业可持续发展中起到"催化剂"和"助推器"作用（康晓光，2011）；有学者认为社会组织能够提供就业的帮助和劳动岗位、救灾、促使财富的第三次分配和流动,在规范市场秩序、推动行业创新、协调成员利益、建立行业秩序、制订行业标准、确保行业信誉等方面发挥了很重要的作用(胡守钧,2010)。文化功能方面,有学者注意到,社会组织在社会主义文化大发展大繁荣方面也起到了重要的推动作用。如有学者提出,社会组织以各种直接或间接的方式完成公民的人格素养与培育公民特质的社会化工程,对培育现代公民素质起到了积极有效的推动作用(吴涛,2008);有学者认为,知识创造和传播的文化领域是社会组织发挥作用的主战场,社会组织不仅继承中华传统文化,更是在各种创造文化活动中实现社会组织的各种功能(胡仙芝,2010);郑杭生认为,社会组织是社会的润滑剂和黏合剂,道德建设是社会组织的两个本质功能之一(郑杭生,2012)。外交功能方面,有学者认为中国社会组织充分发育并积极参与民间外交,不仅可以提升民主治理的国际形象,还可以推动与外部世界的沟通与理解,因为社会组织往往比政府外交更能超越意识形态羁绊和国家利益界限,能够更好地推动中国与世界交流的发展(李庆四,2009);有学者看到,社会组织业已成为党和政府在国际人道救助以及外交方面的有力助手(葛道顺,2011)。

上述研究皆注重强调中国特色社会组织的正面、积极意义。也有学者认为,社会组织是一把"双刃剑",应予辩证分析,如有学者认为,过于关注其日益凸显的正向功能,形成了一种对社会组织的"视域偏好"(齐久恒,2012)。但也有学者认为应当摒弃传统社会所固有的关于社会组织双刃剑的观点,建立和完善现代社会所具有的政府、企业和社会组织的合作伙伴关系(葛道顺,2011)。

4. 社会组织与政党、政府关系研究

就中国特色社会组织与政党、政府的关系,有不少学者表现出了浓厚的研究兴趣。与西方社会组织理论基本上相适应,大都基于国家与社会二分或国家—市场—社会三分基础上展开论述,且表现出了不同的研究倾向。如有的学者以市民社会理论观照中国特色社会组织的发展,认为改革开放后国家经济领域与社会生活领域的退守、市场经济的深入发展以及一些领域契约性关系的确立、社会组织大量出现带来市民社会力量壮大和合法化等因素的出现，表明中国已经浮现市民社会的雏形（邓正来，2008）；有的学者以法团主义理论观照中国特色社会组织的发展，认为中国特色社会组织是在强大的国家主义遗产这一体系基础上发展起来的，虽然公民自发组建社会组织的法治渠道已经建立，国家对社会组织无所不在的穿透和无所不能的控制也已经不复存在，但中国现有的社会组织治理体系仍处在国家法团主义的制度框架内，由此提出中国国家与社会关系的建构将会是"一个国家与社会相互增权的局面"（顾昕、王旭，2005）；有的学者以新公共管理理念观照中国特色社会组织发展，赋予社会组织治理主体的价值期许，希冀打造形成政党或政府与社会组织之间的良性互动关系，形成"善治"局面（俞可平，2000）；或是超越自治和控制张力基础上构建"合作型"社会管理模式（陈华，2011）。也有不少学者直接探讨政党或政府与社会组织之间的关系，如有学者认为，党与社会组织的关系是党与社会的基本关系之一，是党的执政理论的重要组成部分，并提出了党对社会组织政治上的领导原则、党组织与社会组织法律上的平等原则、党与社会组织关系定位上的适度原则三个理性构建党与社会组织的关系的基本原则（周浩集，2010）；有的学者通过对中国特色社会组织发展历程的回顾，认为社会组织与政府互动过程中政府居于主导或引领地位，政府与社会组织合作的理想机制，应是朝着更具市民社会元素方向变迁（张钟汝、范明林，2010）；有的学者认为改变以往主导性的政府—社会组织关系，关键在于结合社会转型整体性、渐进性特征，构建合作主义的政府—社会组织关系（陆明远，2010）；还有的学者以田野观察的方法对福街商会进行研究，揭示了社会组织与地方政府协商与对话互动机制的形成（陶庆，2006）。

5. 中国特色社会组织制度环境研究

"制度环境"是新制度经济学的一个重要概念。新制度经济学家诺斯（Douglass North）和戴维斯（Lance Davis）在经济分析中引入"制度环境"这一概念，意指与经济活动密切相关的一系列基本政治、社会和法律基础规则。在中国社会组织发展状况的实证分析上，有不少学者将这一概念又嫁接过来，以在一个相对宏观的视阈中去观察中国特色社会组织发展的总体环境，从中发现其激励因素和约束因素，进而为中国特色社会组织发展引路。现有相关研究大体包括以下方面。

其一，对社会组织制度环境的基本范畴作了界定。如有学者从国家的制度供给视角出发，认为社会组织制度环境是"国家用以规范和制约民间组织活动的所有正式的或非正式的准则"，包括宪法、法律、行政法规、党的政策、非正式制度五个方面（俞可平，2006）；而有的学者则认为制度供给不全部来自国家层面，所有影响公民结社行为和社会组织活动的各种正式的和非正式的规则都可纳入其中（何增科，2006）。

其二，就制度环境与社会组织发展的关系进行了论述。如有学者认为，社会组织的成就与问题都与制度环境有着密切的关系（王世谊，2007）；有的学者认为社会组织处于制度环境的包围之中，社会组织的每一步发展都必须受到制度环境直接或间接的影响（俞可平，2006）；有学者通过对社会组织参与灾害救助进行实证分析，指出社会组织作用发挥制度因素占据主要位置（贺枭，2009）；有的学者则认为制度环境具有决定性的作用，促进抑或阻碍社会组织发展，其根本症结即在制度环境是否合适（何增科，2006）。

其三，就中国社会组织制度环境现状进行了分析。如有学者指出现存制度环境既存在有利于社会组织发展的制度性因素，也存在诸如双重许可制度、双重管理体制、年度检查制度、请示报告制度等不少制度性障碍，而且正是这些制度性障碍使得中国社会组织发展具有明显的过渡时期组织特征（何增科，2006）；有学者认为，中国社会组织制度环境通常是市场管理逻辑和社会服务逻辑这两种矛盾性的制度逻辑同时构成社会组织运行的合法性约束，由此导致社会组织结构运行和服务提供上的偏离（邓锁，2005）；有学者将中国社会组织制度环境现状界定为"非协调性"（田凯，2004）或是"非均衡状态"（韩玲梅，2007）；还有学者认为中国社会组织制度环境的演化表现为典型的自上而下路径依赖特征,对政治权利形成严重的依赖关系(马青艳、周庆华,2005)。在具体阐述中国特色社会组织制度环境时,目前较多的学者主要是从法律制度和管理体制等方面进行分析,且着眼点多在于揭示影响社会组织发展的制约因素,如有学者指出社会组织法制建设远滞后于社会组织的迅速发展,而且,现有相关法律制度的"不准确、过分限制、荒谬与不可预期性"是阻碍社会组织发展的主要原因(蔡磊,2005);有学者认为现有法律并未给社会组织应有的预留空间和法律地位,加之监管体系的失范,严重影响其合法地位获取、合法权利行使和日常规范运行(石国亮,2011);有学者就社会组织管理体制的历史变迁进行了一定探讨,认为管理体制变迁表现为强制性制度变迁,这一变迁总体保持与社会组织蓬勃发展相适应的态势,其内在逻辑是基于发展型、控制型、规范型三种不同的战略选择,三者互动博弈,由此推进社会组织管理体制的不断创新(王名、孙伟林,2011);有学者认为,社会组织管理基本制度体系已经初步确立,但呈现出"重义务,轻权利;重原则,轻程序;重防范,轻培育;重管制,轻服务;重准入,轻监管"的特点(褚松燕,2008);有学者认为社会组织管理体制"存在体制性缺陷和机制性缺陷"(白景坤,2010),"忽视了对社会组织的培育和扶持"(战建华,2009)。

其四,就如何建构中国特色社会组织制度环境进行了探讨。如有学者期待中国特色社会组织制度环境创新是在稳定的法律制度上形成政府、民间主导的"混合型"路径依赖模式(马青艳、周庆华,2005);有学者提出制度环境的构建应着眼于中国特色社会组织的可持续发展,既要注重健全法制、改进管理,也要完善内部治理,做到管理科学、产权明晰、组织完善(陈晓春等,2010);有的学者提出积极借助制度环境中的激励因素,引导道德、习俗、意识形态等规范性行为准则的渐进式变革(黄粹,2011);有学者强调执政党文化认同的重要性,提出应通过公民文化的培育达至执政党对社会组织的文化认同(石国亮,2011);有的学者还在比较研究的基础上注意到中国当下非法人社团法律制度的缺失,造成一些非法人社会组织的合法性危机和影响了社会组织的正常运行,由此建议加快非法人社团立法,使现有的这些非法人社会组织能够成为"适格民事主体"(杨正喜、唐鸣,2007)。

中国特色社会组织研究方兴未艾。中国特色社会组织研究状况表明,对中国特色社会组织的认识,是在不同理论观点的争鸣中,在研究中国社会组织发展实际问题的探索中渐次深入、逐步提升的。现有研究所累积的丰硕成果,是中国特色社会组织发展理论探索的重要成果,为构建中国特色社会组织理论体系提供了十分宝贵且十分丰富的理论资源,为进一步深入的系统性研究打下了很好的基础。但毋庸讳言,基于中国特色社会组织发展的阶段性特征,中国特色社会组织理论体系的构建,依然将是一个十分漫长的探索过程。就此,我们认为,中国特色社会组织理论研究的进一步拓展与深入,尚需在以下几个方面继续努力。

一是坚持以马克思主义指导中国特色社会组织研究。社会组织的发展,并非是天然的社会的产物。中国社会组织的发展,从其理论溯源上来说,受到多种理论的影响,正在经受多重理论的塑造。中国特色社会组织的发展,是中国特色社会主义社会建设的重要内容。因此,中国特色社会组织研究,必须超越自由主义与国家主义研究范式,坚持以马克思主义为指导,坚持科学社会主义基本原则与价值取向,用马克思主义的立场观点方法去认识问题、分析问题和解决问题,使之成为建构中国特色社会组织理论体系的理论支撑和方法论基础。中国特色社会组织研究,理应回应中国特色社会组织发展实践的理论需要,从新形势下中国特色社会主义事业发展全局的高度,从马克思主义理论宝库中挖掘马克思主义共同体思想、马克思主义市民社会理论、马克思主义国家学说、马克思主义政党学说、马克思主义群众观点等丰富资源,对中国特色社会组织发展中的诸多重大现实问题作出准确而又符合时代要求的新阐发,破解当下中国特色社会组织发展中的理论困境,加深对中国特色社会组织发展演进规律的认识。

二是不断深化中国特色社会组织的本土化研究。中国特色社会组织的发展，需要中国特色社会组织理论体系的同步构建及不断创新。然而，当下不少学者依旧习惯于以西方的经验和理论框架为依据，援用结社自由理论、政府失灵理论、市场失灵理论、合约失灵理论等，试图从中国社会组织发展的历史和现状中发现或希望发现类似的现象，并认定中国社会组织发展必然要从西方社会组织发展模式寻求路径。然而，这些分析框架对于中国社会组织发展的理论阐释缺乏足够的说服力，往往"水土不服"。"世界历史发展的一般规律，不仅丝毫不排斥个别发展阶段在发展的形式或顺序上表现出特殊性，反而是以此为前提的。"① 中国特色社会组织理论研究状况表明，对中国特色社会组织发展的理论探讨，只有立足于中国的国情、历史、文化，才会有生命力。因而，除了继续深化中国特色社会组织基础理论的本土化研究外，还应在宏观、中观、微观层面全方位展开中国特色社会组织的经验研究和实证研究，构建中国特色社会组织研究的话语体系，从而最终在国际社会组织研究中争得一席之地。

三是注重借鉴世界理论创新先进成果。坚持以马克思主义指导中国特色社会组织研究，不断深化中国特色社会组织的本土化研究，并非排斥大胆吸收和借鉴当今世界各国相关的理论创新成果。中国特色社会组织是中国特定的制度环境的产物，中国特色社会组织的发展，也不能离开中国特定的历史环境、现实环境去探讨。但是，在全球化的背景下，中国特色社会组织的发展，与全球社团革命与公共管理理论创新也有着莫大的关系。中国特色社会组织研究，需要有博大的胸怀、开阔的视野、探索的勇气，去关注、借鉴和吸收世界相关理论创新的先进成果，为中国特色社会组织的发展寻求科学的理论支撑。

四是纵深拓展中国特色社会组织制度环境研究。制度环境是透视中国特色社会组织发展现实困境的一把钥匙。因为制度环境是经济基础与上层建筑关系在社会组织领域内的折射，表征着国家与社会组织

---

① 《列宁选集》第4卷，人民出版社1995年版，第776页。

关系状况。近几年来，相关研究学界已有所涉及，这为进行系统性的研究打下了很好的基础。但是，总体来看，目前学界对中国特色社会组织发展制度环境的研究，仍主要存在以下几个方面的不足。第一，在制度环境要素方面，往往关注法律制度及管理体制对社会组织发展的影响，而忽视从意识形态、公民文化等方面进一步挖掘制约社会组织发展的深层次原因。第二，有些学者注意到了制度环境对社会组织发展的重要影响，已开展研究并取得了不少成果，但系统性不强，尚待进一步系统深入研究。通过系统深入研究社会组织发展的制度环境，能够真正发现社会组织扎根于中国实际的现实生态，能够把握其在中国特色社会主义社会建设中的基本功能与作用机制，从而客观地解释其植根于国家治理体系与治理能力现代化中的历史必然性。第三，忽视制度能动者的多样性，现有研究强调作为国家形式存在的政府的作用，忽视了作为中国特色社会主义民主政治结构中的执政党对制度环境创设的影响，也把社会公民与社会组织本身作为制度环境的被动角色，较少把社会公民与社会组织本身作为与制度环境互动的主体，正视其在塑造社会组织发展制度环境方面的重要推动作用。第四，现有研究往往以共时性的观察视角关注社会组织的现存制度环境，分析既存制度环境如何影响社会组织发展，却忽视了以一种历时性的观察视角去关注社会组织制度环境的演化，以更加全面展示社会组织发展制度环境的演化过程，并在此基础上揭示制度环境的演化机理及其演进趋势，从而为新时期中国特色社会组织发展的制度环境优化提供可能路径。

三 研究思路与框架

中国特色社会组织发展的现存制度环境，有其历史演化进程可寻。正是制度环境的不断演化，最终形塑了中国特色社会组织的现有基本特征。本书尝试在全面展示当代中国社会组织制度环境演化全貌的基础上，揭示其发展的历史规律，进而为中国特色社会组织制度环境之优化提供可能路径。正基于此，本书从研究内容来看，包括导论在内全书共有 8 章；从其框架结构来看，将主要从以下五个部分展开。

第一部分：导论。主要提出本书的研究背景、选题的意义、国内外研究现状、基本框架、研究方法、可能的创新点。

第二部分：分析框架。在本书的第 1 章，将通过分析其具体内涵，对社会组织、中国特色社会组织、制度环境等基本概念进行界定，并对制度环境的能动主体、制度环境要素、制度环境与社会组织之间的关联进行系统阐释，从而为研究提出一个社会组织发展制度环境的理论分析框架，同时为研究提供相应的概念基础。

第三部分：历史考察。在本书的第 2—5 章，将在对当代中国按照改革开放前（1949—1978 年）、改革开放初期（1978—1992 年）、建立市场经济体制时期（1992—2002 年）、完善市场经济体制时期（2002 年至今）四个历史时期进行历史分期的基础上，对社会组织发展、社会组织制度环境演化以及不同制度环境下社会组织的演变进行历史考察与分析，从而为当下中国特色社会组织制度困境分析及制度环境优化的理论建构奠定基础。

第四部分：制度困境。在本书的第 6 章，将对中国特色社会组织发展的制度困境进行系统的理论分析，呈现制度困境下中国特色社会组织发展的种种样态，从而为优化中国特色社会组织制度环境做到"对症下药"。

第五部分：理论建构。在本书的第 7 章，将对中国特色社会组织发展制度环境优化进行理论建构，对中国特色社会组织进行必要的理论阐释，从制度环境构建的根本动力、双重任务、目标导向等方面提出制度环境优化的基本思路，并据此提出优化中国特色社会组织制度环境优化的具体对策。

本书具体研究思路和基本框架如图 0-1 所示。

四 研究方法

中国特色社会组织发展制度环境的演化是一个社会权力多元主体参与的复杂的客观的历史进程。因此，本书将在辩证唯物主义与历史

```
                    ┌─────────┐
                    │  导  论  │
                    └────┬────┘
                         │           ┌──────────────┐
                         │      ┌────│ 政党—意识形态 │
                    ┌────┴────┐ │    ├──────────────┤
                    │ 分析框架 ├─┼────│ 政府—法律法规 │
                    └────┬────┘ │    ├──────────────┤
                         │      └────│ 社会—公民文化 │
                         │           └──────────────┘
                         │      ┌──────────────────────────────────────┐
                         │   ┌──│ 总体型制度环境与社会组织准政府化（1949—1978年）│
                    ┌────┴────┐│  ├──────────────────────────────────────┤
                    │ 历史考察 ├┤  │ 依附型制度环境与社会组织功能化（1978—1992年）│
                    └────┬────┘│  ├──────────────────────────────────────┤
                         │     ├──│ 分离型制度环境与社会组织专业化（1992—2002年）│
                         │     │  ├──────────────────────────────────────┤
                         │     └──│ 协同型制度环境与社会组织自主化（2002年至今）│
                         │        └──────────────────────────────────────┘
                         │        ┌───────────────┐
                         │     ┌──│ 政党—意识形态困境 │──┐   ┌────────┐
                    ┌────┴────┐│  ├───────────────┤  │   │中国特色│
                    │ 制度困境 ├┼──│ 政府—法律法规困境 │──┼───│社会组织│
                    └────┬────┘│  ├───────────────┤  │   │发展困境│
                         │     └──│ 社会—公民文化困境 │──┘   └────────┘
                         │        └───────────────┘
                         │        ┌─────────────────────┐
                         │     ┌──│ 中国特色社会组织的理论阐释 │
                    ┌────┴────┐│  ├─────────────────────┤
                    │ 理论建构 ├┼──│ 制度环境优化的基本思路    │
                    └─────────┘│  ├─────────────────────┤
                               └──│ 制度环境优化的具体对策    │
                                  └─────────────────────┘
```

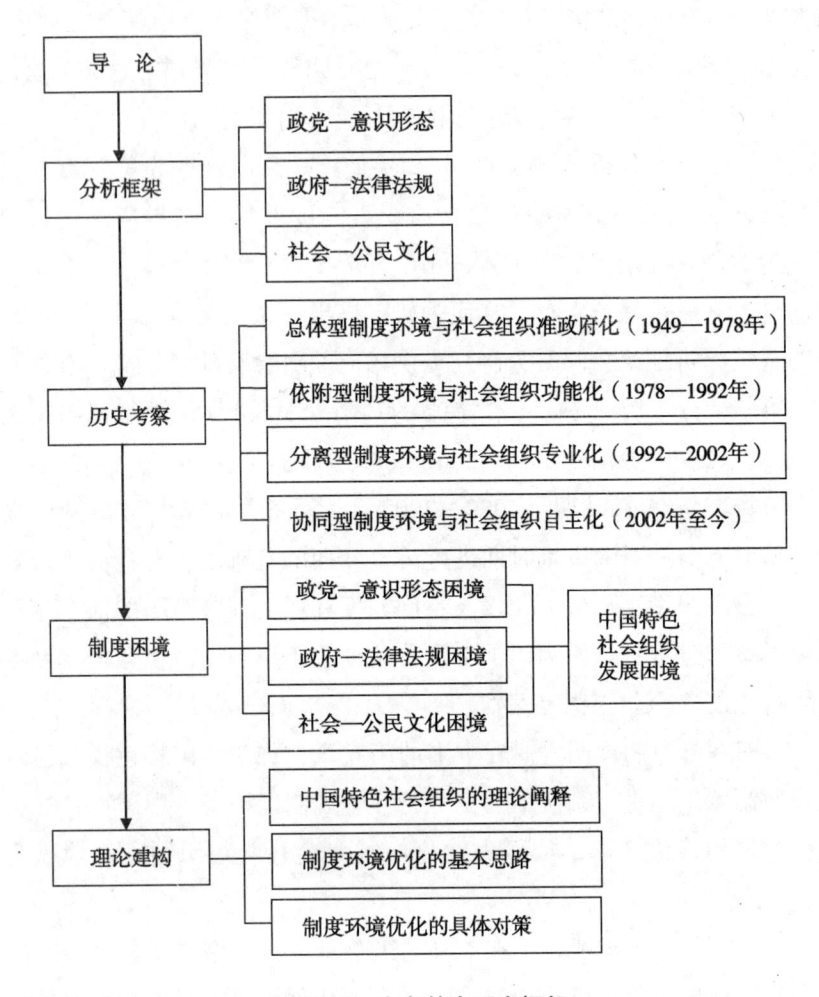

图 0-1　本书基本研究框架

唯物主义的指导下，运用哲学、政治学、社会学、经济学、管理学等有关知识，以制度分析和历史分析为基本分析方法，综合运用逻辑分析、规范分析、实证分析等方法，对新中国成立以来中国特色社会组织发展制度环境演化过程及演进趋势进行分析。

（一）制度分析法

制度现象的关注由来已久，在许多社会科学学科中，"制度设施的重要性从未受到怀疑，且一直是研究的中心问题"①。但作为一种研究范式的萌芽，却是在19世纪晚期，美国经济学家康芒斯（John Commons）从法律分析中借用了"交易"概念作为经济学的分析单位，认为交易是"稀缺世界的行为机制和规则"②，这也就把制度纳入了经济学分析范畴。到了20世纪四五十年代，早期的制度理论家开始注意到组织实体的存在及其重要性，并将制度理论运用到组织研究之中。如塞尔兹尼克（Philip Selznick）在1949年发表其成名作《TVA与基层结构》（*TVA and Grassroots*），在这篇关于田纳西州水利大坝工程和管理机制的著述中，塞尔兹尼克发现，组织不是一个封闭的系统，而是一种社会系统，是一个制度化的组织，组织的发展是在和周围环境不断地相互作用下，不断变化、不断适应社会环境的自然产物。20世纪70年代以后，随着新古典经济学、凯恩斯主义与政治行为主义分析方法的式微，经济学、政治学、社会学领域都不约而同地"对制度重新产生兴趣"③，制度分析开始成为经济学、政治学、社会学、管理学乃至整个社会科学领域新的重要分析范式，如诺斯（Douglass North）将制度作为内生变量引入经济研究，系统阐述了其制度变迁理论；威廉姆森（Oliver Williamson）则复兴了科斯（Ronald H. Coase）1937年提出的"交易成本"理论；纳尔森（Richard R. Nelson）和温特（Sidney G. Winter）所提出的演化理论则把制度化的行为模式——组织惯例视为组织基因。本书将制度分析方法引入中国特色社会组织的研究视阈，并以此为基本分析方法，建立一个以政党—意识形态、政府—法律法规、社会—公民文化为基本内容的理论分析框架，以此观照中国特色社会组织制度环境的演化规律，并就中

---

① 周雪光：《西方社会学关于中国组织与制度变迁研究状况述评》，《社会学研究》1999年第4期。

② John R. Commons, *The Legal Foundations of Capitalism*, New York: Macmillan, 1924, p. 7.

③ ［美］马奇、［挪］奥尔森：《重新发现制度：政治的组织基础》，张伟译，生活·读书·新知三联书店2011年版，第2页。

国特色社会组织发展制度环境的优化路径进行探讨。

（二）历史分析法

历史分析方法是运用发展、变化的观点分析客观事物和社会现象的方法，历史分析方法"特别适用于政治经济学中更为复杂的领域，在这些领域，唯有以历史考察为依据才有可能取得进展"[①]。本书将通过对改革开放前（1949—1978年）、改革开放初期（1978—1992年）、建立市场经济体制时期（1992—2002年）、完善市场经济体制时期（2002年至今）四个不同的历史时期中国特色社会组织发展状况进行系统的历史考察，力求素材精准、论从史出、史论结合，并在此基础上系统梳理中国特色社会组织制度环境演化的历史脉络，试图揭示制度环境中的一些内生变量如何作用于中国特色社会组织发展的历史过程之中，进而研究其演化机制与演进趋势。

（三）逻辑分析法

逻辑分析方法是概念、判断、命题、推理等思维形式，从感性经验上升理性抽象的层面去揭示客观事物整体的规律性、本质性和发展趋势，进而把握客观事物发展的基本规律的一种方法。本书运用制度理论系统分析梳理党的意识形态、社会组织法律地位、准入制度、财税制度、管理体制、公民文化等制度环境要素演化的过程，并就中国特色社会组织发展制度困境和制度环境优化路径分析运用哲学、法学、政治学、社会学、经济学、管理学等学科的原理与理论进行系统分析，以进一步探讨和揭示中国特色社会组织发展制度环境演化的特征与规律。

（四）规范分析法

制度分析、历史分析与逻辑分析等研究方法都倾向于研究事物实然状态，即研究事物"是什么"的问题，而规范分析法是一种关涉伦理价值判断的分析方法，即重在分析事物的应然状态，重在解决事物"应该是什么"的问题。本书将以社会组织相关理论和新制度主

---

① 谭崇台：《西方经济发展思想史》，武汉大学出版社1997年版，第183页。

义理论为判断问题的出发点，以建构政党—政府—社会组织新型合作伙伴关系为目标导向，以中国特色社会组织发展为价值取向，在系统梳理当代中国特色社会组织制度环境历史脉络的基础上作出利弊得失的具体分析，提出中国特色社会组织制度环境优化的总体方向和策略选择路径。

（五）实证分析法

实证分析法是通过观察、事例、经验或数据，以事实为依据，从理论上对事物发展过程进行客观描述和分析，以解决事物"是什么"或"怎么样"的问题。因此，本书在研究的过程中，将在大量查阅相关文献资料的基础上，运用定性分析与定量分析、动态分析与静态分析、历史比较与中外比较、制度模型等分析工具，借助中国特色社会组织发展的相关数据资料，深度剖析新中国成立初期工会角色之争、改革开放之后工商联民间性的复归、自然之友的组建、恩派（NPI）支持性社会组织的发展等具体案例，客观分析和反映中国特色社会组织制度环境演化过程中的事实，探寻蕴藏其背后的规律。

五 创新尝试

当前学界关于中国特色社会组织发展制度环境的研究并不系统深入，因而，系统分析中国特色社会组织发展的制度环境要素，对新中国成立以来社会组织发展制度环境变迁进行总体考察，以及在此基础上揭示制度环境变迁的演化机制及其演进趋势，对新时期中国特色社会组织发展制度环境优化的可能路径进行前瞻分析，十分必要。就此，本研究尝试作出以下创新努力。

一是本研究以制度分析为基本分析方法，选取制度环境这一新的分析视角，尝试建立以政党—意识形态、政府—法律法规、社会—公民文化为内核的理论分析框架，从制度需求与供给出发来分析中国特色社会组织兴起的原因，探讨中国特色社会组织的制度属性与功能。

二是本研究以历史分析为基本分析方法，通过阐述中国特色社会组织发展制度环境演化与中国特色社会组织演变的历史脉络，研究剖析中国特色社会组织发展制度环境演化过程，分析当代中国社会组织发展的内在逻辑，揭示中国特色社会组织发展制度环境演化机制及演进趋势，进而验证制度环境对于中国特色社会组织形塑具有十分重要的影响，同时就如何优化中国特色社会组织发展的制度环境提出自己的思考。

三是本研究坚持马克思主义的立场、观点和方法，运用辩证唯物主义与历史唯物主义的基本观点分析中国特色社会组织发展的具体实践，力求马克思主义普遍原理与中国特色社会组织发展的具体实际相结合。本研究将对中国特色社会组织建设与管理的理论与实践作较为系统的梳理并作进一步的理论升华，以更好地把握中国特色社会组织发展的历史脉络及其发展趋势，阐释中国特色社会组织的性质、功能、地位和作用，进而作为本研究立论的基本理论。同时，"中国特色社会组织建设"作为中国化马克思主义的新命题，如何使理论创新与中国特色社会组织发展之间形成双向建构关系，实现马克思主义中国化新成果与中国特色社会组织建设新进展双向互动、同步发展，自是本书关怀所在。

第一章

中国特色社会组织与制度环境概述

"制度是一个不断演化的系统,是复杂交互影响的人类行动在相互学习和彼此理解的过程中逐渐形成的,具有巨大的复杂性、历经长期演化的规则系统。"[①] 研究中国特色社会组织发展,有必要构建一个中国特色社会组织发展制度环境的理论分析框架,试图对中国特色社会组织发展作出新的诠释,以探讨中国特色社会组织发展的独特的内在规律。

第一节 相关概念界定

一 社会组织

社会组织概念,无论是在国外还是国内,都存在多样化的现象。因而,既需要从其称谓上厘清,也要从其具体内涵上辨正。

(一) 社会组织称谓

在国际上,由于各国文化传统、语言习惯等方面的诸多不同,社会组织在不同的国家和地区也有着多种不同的称谓。如非政府组织(non-governmental organization)、非营利组织(non-profit organization)、公民社会(civil society)、公民社会组织(civil society organization)、第三部门(the third sector)或独立部门(independent sector)、志愿者组织(voluntary organization)、慈善组织(philanthropic organization)、

---

① 范如国:《制度演化及其复杂性》,科学出版社2011年版,第27页。

免税组织（tax-exempt organization），等等。由于各国在历史、文化和法律等方面的差异，研究者们在使用这一概念时所指涉对象的范围也存在较大差别，如美国，一般称为"非营利组织""独立部门"或"第三部门"；英国称为"志愿组织"；法国则称为"社会经济"（economie sociale）。而在许多发展中国家，人们普遍用"社会团体"这一概念。这些称谓在内涵上虽然不尽相同，但实际上区别也并不大，都是指处于政府与市场之间的制度空间，强调相对于政府、市场而存在的第三种社会力量。

在我国，无论是在官方语境中还是学术语境中，也曾经存在过称谓多样化的现象。在官方语境中，新中国成立后，随着1950年9月政务院发布《社会团体登记暂行办法》，"社会团体"开始广泛使用；1998年起开始使用"民间组织"，国务院机构改革中，民政部社会团体管理司亦改称民间组织管理局。此后，在官方的文件中，还出现了"社会组织""社会中介组织""社会团体""新社会组织"等不同称谓。在学术语境中，基于不同的参照对象，学者们常用"非营利组织（NPO）""非政府组织（NGO）""第三部门""民间组织""志愿者组织""公民社会组织""慈善组织""免税组织"等来指称社会组织。社会组织称谓多样化，有强调的侧重点不同之故，也有学者某种程度上个人偏好的选择。如王建芹认为："概念本身并无楚汉界限之分，只不过因为表述的主体、背景、场合或侧重点的不同而略有差异。"[①] 王名认为这些概念基本上都是同位概念，"在不同的语境下，社会组织也可以被称为非营利组织、非政府组织、公民社会组织、第三部门等"[②]。

但称谓多样化所导致的观念混乱及沟通障碍亦是显而易见。这一突破首先发生在官方语境之中。2006年，党的十六届六中全会通过

[①] 王建芹：《非政府组织的理论阐释：兼论我国现行非政府组织法律的冲突与选择》，中国方正出版社2005年版，第1页。

[②] 王名：《社会组织概论》，中国社会出版社2010年版，第6页。

的《关于构建社会主义和谐社会若干问题的重大决议》首次正式规范使用"社会组织"这一称谓，2007年党的十七大报告中进一步确认了这一概念。此后，"社会组织"这一概念日渐得到学界认可，成为学界研究的主流概念（见表1－1）。

表1－1　　2005—2014年CNKI社会组织相关文献检索情况　单位：篇

期刊年份	社会组织	非营利组织	非政府组织	第三部门	民间组织
2005	42	213	86	47	88
2006	48	248	169	79	127
2007	69	243	210	65	154
2008	202	241	269	47	150
2009	265	234	218	45	145
2010	387	188	216	38	149
2011	488	226	220	42	91
2012	582	227	182	33	99
2013	673	196	188	26	74
2014	982	189	135	27	70

注：查询日期：2015年8月20日。

（二）社会组织释义

在中国传统的语境中，社会组织是对人们从事共同活动的所有群体形式的一种泛称，如氏族、家庭、政府、企业、军队和学校等。2006年"社会组织"这一概念尚未正式规范使用之前，学界往往是从这一广义的角度去使用，如1934年费孝通专门撰写了《论社会组织》一文，认为社会组织就是由"各个互相满足相互的期望"所汇集的"有条不紊的社会关系"综合所形成的社会秩序；[1] 在其随后与妻子王同惠共同撰著的《花篮瑶社会组织》中，"社会组织"即意指家庭、宗族、村落、族团等社会秩序。[2]《近代西北回族社会组织化

---

[1] 参见《费孝通文集》第1卷，群言出版社1999年版，第214页。
[2] 同上书，第422—497页。

进程研究》（霍维洮，2000）、《从无序到有序：云南民族社会组织》（王正华，2000）、《满族文化模式：满族社会组织和观念体系研究》（鲍明，2005）等著述所涉及"社会组织"概念，亦为广义。2006年正式规范使用这一概念后，通常特指区别于国家体系中的政府组织、市场体系中的企业组织的社会体系中的社会组织。

关于社会组织的具体内涵，学界不少人引用美国约翰·霍普金斯大学教授莱斯特·萨拉蒙的观点，认为社会组织是具有组织性、民间性、非营利性、自治性及志愿性的社会团体。而一些学者注意到西方的相关概念并一定适用于中国社会组织。有学者强调社会组织主要服务于社会领域，认为社会组织是指"在政府与企业之外，向社会某个领域提供社会服务，并具有非营利性、非政府性、志愿公益性或互益性特点的组织机构"[①]。有学者强调社会组织的公益目标，认为社会组织是指"为实现公益目标，在社会领域通过志愿而结成，具有正式结构，从事特定领域工作的自治性合法组织"[②]。有的学者强调社会组织与政党、政府的区别，认为社会组织是指那些"依法建立的、相对独立于国家政府系统和执政党系统，以社会成员的自愿参与、自我组织、自主管理为基础，以社会公益活动或者互益活动为主旨的非营利性、非政治性的一类组织"[③]。

基于以上认识，社会组织应是指活跃于社会领域，相对独立于国家政府系统和执政党系统、市场系统，以分享社会权力、协调社会关系、提供社会服务为主要职能的组织机构。

二 中国特色社会组织

"特色"，即事物所表现的独特的色彩、特质、风格、格调、模式等。特色具有较强的代表性和较高的辨识度，是一事物显著区别于其

[①] 王名：《社会组织概论》，中国社会出版社2010年版，第6页。
[②] 陆明远：《培育与规制：中国政府的社会管理模式研究》，天津人民出版社2010年版，第68页。
[③] 马庆钰：《中国非政府组织发展与管理》，国家行政学院出版社2007年版，第3页。

他事物的风格、形式。"中国特色",则始自1982年党的十二大邓小平致开幕词时所提的"走自己的道路,建设有中国特色的社会主义"①。自此之后,"中国特色"语义虽然发生了一定的变迁,② 但"中国特色"一直成为中国社会主义道路的一个基本发展方向。③ 可以说,"中国特色"是"中国特色社会主义"之简称,当前一些领域使用这一词汇时的泛化与庸俗化倾向,是对"中国特色"的严重误读。"中国特色"的基本内涵,则是坚持科学社会主义基本原则、坚持马克思主义普遍原理与中国实际相结合、坚持大胆吸收和借鉴当今世界先进的文明成果、坚持与时俱进丰富与发展马克思主义的高度统一。因而,"中国特色"实际上包含着一种价值判断,即只有那些经过实践检验被证明是正确的实践活动和理论原则,才能称为"中国特色"。

中国特色社会组织,即是指:首先,中国的社会组织,立基于中国国情、历史、文化,具有迥异于他国的风格、特征,正如有学者所指:"中国民间社会和民间组织都呈现出与西方市民社会迥异的历史特征。因而,用'公共领域''市民社会''非政府组织'、多元主义、法团主义、合作主义等西方概念和理论诠释中国社会组织,难免

---

① 《邓小平文选》第3卷,人民出版社1993年版,第3页。
② "中国特色"语义的历史变迁大体分为三个阶段:20世纪80年代其着眼点在于摆脱苏联模式,走中国自己的路;20世纪90年代苏东剧变后,着眼点是中国坚持社会主义,不搞西方的政党制度、政治制度;21世纪之后,着眼点是在全球化背景下保持民族特色,维护历史传承,参见陶文昭《要正确使用"中国特色"这个概念》,《北京日报》2011年7月4日;余翔、陈金龙等学者也对其语义变迁进行了深入研究,参见余翔、陈金龙《中国特色社会主义:概念演变与内涵升化》,《光明日报》2013年1月16日。
③ 如党的十二大之后的历次党代会报告标题,均特别强调"中国特色":党的十三大报告《沿着有中国特色的社会主义道路前进》;党的十四大报告《加快改革开放和现代化建设步伐 夺取有中国特色社会主义事业的更大胜利》;党的十五大报告《高举邓小平理论伟大旗帜 把建设有中国特色社会主义事业全面推向二十一世纪》;党的十六大报告《全面建设小康社会 开创中国特色社会主义事业新局面》;党的十七大报告《高举中国特色社会主义伟大旗帜 为夺取全面建设小康社会新胜利而奋斗》;党的十八大报告《坚定不移沿着中国特色社会主义道路前进,为全面建成小康社会而奋斗》。

陷入食洋不化和隔靴搔痒的理论困境。"[①] 其次，中国的社会组织，是中国特有的制度环境演化的产物，正是在中国共产党的领导下，形成了一整套适合中国社会组织发展的指导原则、方针和政策，走出了一条适合中国国情和发展特点的社会组织发展之路。再次，中国的社会组织，是坚持与发展中国特色社会主义的必然结果，中国特色社会主义赋予了社会组织中国特色，正如"社会组织"概念的提出，"是对传统的非政府组织、非营利组织、第三部门或者民间组织等称谓的改造，是用中国特色社会主义理论深刻认识这类组织的基本属性、主要特征而形成的科学概括"[②]，"是一个中国特殊语境和制度环境中的概念"[③]。最后，中国社会组织，包含着对社会组织发展需要在深刻把握共产党执政规律、社会主义建设规律、人类社会发展规律"三大"规律基础上，坚持社会主义核心价值观的价值诉求。

概而言之，中国特色社会组织是对当代中国社会组织基本特征的总体概括，亦是对中国社会组织发展方向的本质要求。

三 制度环境

（一）制度

制度（institution）作为一个较为宽泛的概念，西方学者很早就将其运用于经济政治分析之中。而就其定义，更是林林总总，莫衷一是。马克思虽然没有对制度概念作过明确的界定，但其生产力—生产关系、经济基础—上层建筑之人类社会基本矛盾的观点确立了马克思制度理论的基本分析范式，并进而揭示了制度变迁的基本规律。马克思、恩格斯认为，制度变革的根源在于生产力的发展，"不是人们的

[①] 高力克：《在善举与权利之间》，载刘玉能、高力克等《民间组织与治理：案例研究》，社会科学文献出版社2012年版，第3页。

[②] 陈洪涛：《"社会组织"概念的政策与理论考察及使用必要性探析》，《社团管理研究》2009年第6期。

[③] 程玥、马庆钰：《关于非政府组织分类方法的分析》，《政治学研究》2008年第3期。

意识决定人们的存在，相反，是人们的社会存在决定人们的意识"①。从马克思对制度概念的广泛使用中可以看出，马克思所理解的制度"实质上是生产关系及其所体现的社会关系的产物，是生产关系及其所体现的社会关系的凝结和固化。制度规范和调整人的行为及社会关系"②。1859 年，在《〈政治经济学批判〉序言》中，马克思指出："社会的物质生产力发展到一定阶段，便同它们一直在其中运动的现存生产关系或财产关系（这只是生产关系的法律用语）发生矛盾。于是这些关系便由生产力的发展形式变成生产力的桎梏。那时社会革命的时代就到来了。随着经济基础的变更，全部庞大的上层建筑也或慢或快地发生变革。"③ 在此之前的《德意志意识形态》著述中，马克思和恩格斯即已认识到："每一代都立足于前一代所达到的基础上，继续发展前一代的工业和交往，并随着需要的改变而改变着它的社会制度。"④ 正如一些学者所言，马克思的制度理论立基于整体主义方法之上，建立了一种宏观的制度分析范式。⑤

制度经济学代表人物凡勃伦（Veblen）在其 1899 年出版的《有闲阶级论》中将制度定义为"思想习惯"或"精神态度"，在他看来，制度"实质上就是个人或社会对有关的某些关系或某些作用的一般思想习惯"⑥。康芒斯（John Rogers Commons）注意到，界定"制度"这样一个"意义不确定"的名词是十分困难的，⑦ 但他还是尝试

---

① 《马克思恩格斯选集》第 2 卷，人民出版社 1995 年版，第 38 页。

② 马桂萍：《马克思恩格斯制度观及其对社会和谐发展的重要价值》，《当代世界与社会主义》2011 年第 1 期。

③ 《马克思恩格斯选集》第 2 卷，人民出版社 1995 年版，第 32—33 页。

④ 《马克思恩格斯选集》第 1 卷，人民出版社 1995 年版，第 76 页。

⑤ 参阅林岗、刘元春《制度整体主义与制度个体主义：马克思与新制度经济学的制度分析方法比较》，《中国人民大学学报》2001 年第 2 期；刘和旺《马克思与诺思制度分析方法之比较：兼论宏观制度分析的微观基础》，《学习与实践》2011 年第 3 期。

⑥ [美]凡勃伦：《有闲阶级论》，蔡受百译，商务印书馆 1964 年版，第 139 页。

⑦ 康芒斯明确指出："'制度'这个名词的意义不确定。"[美]康芒斯：《制度经济学》上册，于树生译，商务印书馆 1962 年版，第 86 页。

着将制度定义为"集体行动控制个体行动"①,并进而解释集体行动控制个体行动受制于有时候被称为"行为的准则"的东西,亚当·斯密称之为"课税的原则",最高法院称之为"合理的标准"或是"合法程序"的各种"业务规则",② 由此,我们可以理解康芒斯的制度定义更为准确的表述应是集体行动抑制、解放和扩张个体行动的规则系统。戴维斯则强调制度功能作用,他把制度界定为"为了实现一种或多种功能而建立起来的一套相互交织的社会民俗、民德和法律"③。

新制度经济学的代表人物诺斯在其《经济史中的结构与变迁》《制度、制度变迁与经济绩效》等多部著作中给制度下过定义。他认为,"制度是一系列被制定出来的规则、守法程序和行为的道德伦理规范,它旨在约束追求主体福利或效用最大化利益的个人行为"④。政治学家彼得斯(B. Guy Peters)给制度下了以下描述性的定义:第一,制度在某种程度上是一个社会或政体的结构性特征;第二,制度需要一定程度的稳定性;第三,制度一定影响个人行为;第四,制度成员中具有某种共享的价值和意义。⑤ 社会学家斯科特对制度作了一个综合性的定义,即认为"制度包括为社会生活提供稳定性和意义的规制性、规范性和文化—认知性要素,以及相关的活动与资源"⑥。柯武刚(Wolfgang Kasper)、史漫飞(Manfred E. Streit)认为:"制度是人类相互交往的规则。它抑制着可能出现的、机会主义的和乖僻的

---

① [美]康芒斯:《制度经济学》上册,于树生译,商务印书馆1962年版,第87页。
② 同上书,第89页。
③ Kingsley Davis, *Human Society*, New York: Macmillan, 1949, p. 71.
④ [美]诺思:《经济史中的结构与变迁》,陈郁、罗华平等译,上海三联书店、上海人民出版社1994年版,第225—226页。
⑤ 参见[美]彼得斯《政治科学中的制度理论:"新制度主义"》,王向民等译,上海人民出版社2011年版,第18页。
⑥ [美]斯科特:《制度与组织:思想观念与物质利益》,姚伟、王黎芳译,中国人民大学出版社2010年版,第56页。

个人行为，使人们的行为更可预见并由此促进着劳动分工和财富创造。"①

林毅夫特别强调制度的社会性特征，认为"制度被定义为一系列人为设定的行为规则。这种规则能约束、规范人们的相互行为，帮助他们形成对别人行动的预期。在约束人的行为时，制度表现为一定的行为规则和准则"②。张旭昆认为，制度是"人们（个人及组织）行为的规则"，是由权力、义务和禁忌规定所组合形成的一个集合体，其中"权力规定人们可以采取什么行为，义务规定人们必须采取什么行为，禁忌规定人们不准采取什么行为"③。范如国强调了制度主体间博弈的均衡，认为"制度是不同制度主体之间基于自身利益进行多次重复博弈而产生的、用以规范或激励制度主体的行为，给集体或社会带来意义和稳定的认知性及标准化结构"④。

通过上述定义，我们发现，学者间的分歧背后，却明显反映出以下共识性的特征：一是系统性，制度是调节组织或个体行为的规范体系，既包括法律法规等正式约束，也包括习俗、惯例、道德等非正式约束；二是规范性，制度作为一种外在的约束力量，为组织或个体行为提供边界；三是普遍性，制度作用于特定范围内的所有组织或个人；四是稳定性，制度在一定的历史阶段表现出相对稳定的特点，能够为组织或个体行为提供确定的权力、义务和禁忌；五是历史性，制度是"历史的、暂时的产物"⑤，既传承历史，又动态演进。上述特点基本上概括了制度的一般特征。据此，为了更为简练地概括制度的基本属性，我们可以对制度的含义做出如下界定：制度是特定社会范

---

① ［德］柯武刚、史漫飞:《制度经济学：社会秩序与公共政策》，韩朝华译，商务印书馆2000年版，第35页。

② 林毅夫:《再论制度、技术与中国农业发展》，北京大学出版社2000年版，第16页。

③ 张旭昆:《制度的定义与分类》，《浙江社会科学》2002年第6期。

④ 范如国:《制度演化及其复杂性》，科学出版社2011年版，第21页。

⑤ 《马克思恩格斯选集》第1卷，人民出版社1995年版，第142页。

围内调节组织或个体行为的统一规则,它既可以是社会认可的非正式规则,也可以是国家规定的正式规则。

结合本书的研究对象,本书把能够对社会组织的行为产生约束、协调、激励和整合作用的正式规则和非正式规则都看作制度的范畴。

(二) 制度环境

制度概念的诠释表明,制度既可能是正式规则,也可能是非正式规则。组织或个体行为的选择集,是由正式规则、非正式规则和有效的实施机制共同作用的结果,即制度环境作用的结果。帕森斯（Parsons, 1956）和尤迪（Udy, 1967）认为,组织是以它们的一般制度环境为条件,而且组织本身在某种程度上也是制度环境的一部分。[①] 诺思在其制度分析的论述中,多次明确提出建立制度环境这样一个分析模型的必要性。在其与戴维斯合著的《制度变迁与美国经济增长》一文中,他们对"制度环境"一词做了明确界定,认为制度环境是指"一系列用来建立生产、交换、分配基础的基本政治、社会和法律规则"[②]。在其后来所著的《经济史中的结构与变迁》一书中,他使用了一个与"制度环境"十分接近的概念——"制度框架",指出"制度提供了人类相互影响的框架,它们建立了构成一个社会","制度框架约束着人们的选择集"。[③] 在《制度、制度变迁与经济绩效》一书中,他进而指出,"有必要将每个社会的政治、经济与司法系统理解为一个相互联系的正式规则和非正式约束的网络"[④],而要"创建一种能带来可靠承诺的制度环境,意味着必须建立起一个包含正式

[①] 参见迈耶、罗恩《制度化的组织：作为神话和仪式的正式结构》,载 [美] 鲍威尔等主编《组织分析的新制度主义》,姚伟译,上海人民出版社2008年版,第51页。

[②] [美] 科斯等：《财产权利与制度变迁：产权学派与新制度学派译文集》,刘守英译,上海三联书店、上海人民出版社1992年版,第270页。

[③] [美] 诺思：《经济史中的结构与变迁》,陈郁、罗华平等译,上海三联书店、上海人民出版社1994年版,第225页。

[④] [美] 诺思：《制度、制度变迁与经济绩效》,杭行译,格致出版社、上海人民出版社2008年版,第158页。

规则、非正式约束以及实施在内的复杂的制度框架"①，由此，诺思的"制度框架"已经确切地成为与"制度环境"等同的概念。本书所使用的"制度环境"，即指由一系列制度所构筑起来的一个完整的复杂的系统，它影响着组织或个体行为选择的方方面面。

第二节 制度环境的能动者

迪马吉奥和鲍威尔在对组织制度性同形的研究中借用布迪厄的"场域"概念，提出了"组织场域"的分析层次，这使得对组织实体的研究由单个组织扩展到组织网络成为可能。组织场域是指由关键的供应者、资源和产品消费者、规制机构以及提供类似服务或产品的其他组织共同构成的一个公认的制度生活领域（DiMaggio & Powell, 1983）。②由此他们指明了一条以能动者为基础的理论路向，即制度过程的解释必须考虑参与制度创建或对既有制度施加影响的行动主体。在我们的研究中，"社会组织"即是由单个的社会组织汇聚而成的一个整体的组织网络，由此建构了制度环境与社会组织这一组织场域之间的关系。由于共同构筑成为制度环境的各种制度来源的多样性及复杂性，制度环境的能动者，既可以来自"国家"，也可以来自"社会"。基于中国的政治结构，制度环境的能动者主要包括政党、政府和社会。

一 政党

政党是基于共同政治目标而组成的代表一定社会集团的政治组织。随着现代政党的出现，特别是第二次世界大战后，政党成为现代政治生活的中心，政党政治已经成为当今世界各国普遍的政治现象。

---

① ［美］诺思：《制度、制度变迁与经济绩效》，杭行译，格致出版社、上海人民出版社2008年版，第81页。

② 参见［美］鲍威尔、迪马吉奥主编《组织分析的新制度主义》，姚伟译，上海人民出版社2008年版，第70页。

政党与国家权力息息相关,"在政党政治条件下,政党与国家权力的关系在国家权力运行的全过程中,包括权力的形成、决策、执行,以及对国家权力运行的监督"①。而且,政党执政地位取得后,政党还会通过对决策机构、决策过程、决策人员的控制影响公共决策,进而实现政党特定的政治目标。因此,无论是一党制、两党制还是多党制,政党与国家权力的紧密关系必然使政党对政府和社会产生影响。马克思、恩格斯指出,"共产党人是各国工人政党中最坚决、始终推进运动前进的部分"②。

中国的政党制度是中国共产党领导的多党合作和政治协商制度,即当代中国的政党,既包括具有执政地位的中国共产党,也包括作为参政党的民盟、民革、民进、民建、农工党、致公党、九三学社、台盟等各民主党派。改革开放前政党—政府—社会高度同构的社会结构状态下,执政党与政府一体化;改革开放之后,执政党与政府逐渐分野,中国共产党是中国特色社会主义事业的领导核心。"党的领导是无产阶级专政的基本条件"③,中国共产党的领导地位和执政地位,决定了社会组织的运行,必然"在一定程度上涉及政党、政府与社会三者之间的关系"④。社会组织的发展,也就不仅仅是简单的政府与社会组织之间的关系,同样还包括执政党与社会组织之间的关系。因为社会主义国家的政党体制,执政党"对国家进行总的领导",即"实行党的政治领导,包括确定路线、方针、政策和对政府进行领导"⑤。

---

① 王长江:《政党论》,人民出版社2009年版,第192页。
② 《马克思恩格斯选集》第1卷,人民出版社1995年版,第264页。
③ 王沪宁:《政治的逻辑:马克思主义政治学原理》,上海人民出版社2004年版,第270页。
④ 高新民:《从执政党、政府、社会三者关系角度谈转变党的执政方式》,《中国党政干部论坛》2013年第7期。
⑤ 王沪宁:《政治的逻辑:马克思主义政治学原理》,上海人民出版社2004年版,第303页。

二 政府

"政府"与"国家"是两个经常交互使用的概念,而实际上,"政府"是一个比"国家"更为狭小的概念。恩格斯曾经对国家有过经典的定义,认为"国家是以一种与全体固定成员相脱离的特殊的公共权力为前提的"[1]。西方学者海伍德(Andrew Heywood)则认为,国家是"在确定的领土范围内建立主权管辖并通过一套永久性制度实施权威的政治联合体"[2]。在这些林林总总、数不胜数的概念之后,其实可以发现国家概念的基本要素包括共同体(即制度实体)、权力(即强制性权力)、目的(即社会秩序)、活动(即统治、管理与治理)、范围(即一定地域的领土和一定民族的居民)、符号(即政策法律、文化价值、意识形态和宗教信仰)。而"政府",则是"国家的权威性表现形式","其正式功能包括制定法律、执行和贯彻法律,以及解释和应用法律"[3]。从这个意义上理解"政府",政府实际上就是行使国家权力的制度实体。因而,政府"作为一个合法使用强制力的垄断者"[4],能够通过法律、制度和国家机器建立中央权威,制定社会组织活动的普遍性规则,维持社会组织活动的基本秩序。斯科特还特别强调,政府在建立制度方面,"具有界定各种政治、经济行动者,以及各种集体行动者的性质、能力和权利的特权"[5]。

就中国而言,改革开放之前,在政党—政府—社会高度同构的运行模式下,政府既代表了国家权力,也成为各种社会资源的供给者。

---

[1] 《马克思恩格斯文集》第4卷,人民出版社2009年版,第110页。

[2] [英]海伍德:《政治学核心概念》,吴勇译,天津人民出版社2008年版,第47页。

[3] [英]波格丹诺主编:《布莱克维尔政治制度百科全书》,邓正来译,中国政法大学出版社2010年版,第272页。

[4] 参见林毅夫《关于制度变迁的经济学理论:诱致性变迁与强制性变迁》,载[美]科斯等主编《财产权利与制度变迁:产权学派与新制度学派译文集》,上海三联书店、上海人民出版社1992年版,第395页。

[5] [美]斯科特:《制度与组织:思想观念与物质利益》,姚伟、王黎芳译,中国人民大学出版社2010年版,第107页。

改革开放之后,政府日渐回归其本位。

三 社会

"社会"有多种含义,基于现有的研究,大体可以区分出"大社会""中社会""小社会"三个层面的不同含义。最为广义的"社会"概念,是指相对于自然界而存在的由人类生产生活形成的体系,即人类社会,涵盖经济、政治、文化和社会生活的各个领域。因而这一层面的"社会"概念,既可以指涉国际社会,亦可指涉民族国家。中观层面的"社会"概念,是指基于国家与社会二分或国家、市场、社会三分而提出的区别于政治系统、经济系统的社会领域。17—18世纪,洛克、卢梭、康德等契约论思想家开始确立西方市民社会与国家在学理上的分野。到了现代市民社会理论的奠基者黑格尔那里,他不仅将市民社会作为最基本的概念纳入了政治哲学的范畴,而且还赋予其许多新的含义。与此前的思想家们对市民社会与政治社会关系暧昧不明的论述所不同的是,黑格尔明确地将市民社会与国家区分开来,认为市民社会与国家是一种二元分立结构。黑格尔把家庭、市民社会、国家看作伦理精神发展的三个实体性阶段,认为"市民社会,这是各个成员作为独立的单个人的联合,因而也就是在形式普遍性中的联合,这种联合是通过成员的需要,通过保障人身和财产的法律制度,和通过维护他们特殊利益和公共利益的外部秩序而建立起来的"[1]。黑格尔认为,市民社会"必须以国家为前提,而为了巩固地存在,它也必须有一个国家作为独立的东西在它面前"[2]。马克思秉持黑格尔市民社会与国家二元分化的观点,指出"市民社会和国家是彼此分离的"[3]。但与此同时,马克思通过对黑格尔的国家决定市民社会理论的批判,把被黑格尔颠倒了的市民社会与国家的关系颠倒了

---

[1] [德]黑格尔:《法哲学原理》,范扬、张企泰译,商务印书馆1979年版,第174页。

[2] 同上书,第197页。

[3] 《马克思恩格斯全集》第3卷,人民出版社2002年版,第96页。

过来，得出"决不是国家制约和决定市民社会，而是市民社会制约和决定国家"①的结论。最为狭义的"社会"概念，则是指与经济、政治、文化等相并列的社会生活领域。本书使用的多为中观层面的社会概念，而在社会建设特定领域的论述时，则指最为狭义的社会概念。在社会这个领域，制度环境的能动者主要包括由公民会聚而成的各个社会组织、作为市场主体的企业和作为舆论导向的媒体，还包括作为原子化个体的公民。

第三节 制度环境与社会组织关系

一 制度环境要素

制度环境是作用于某一事物的各项制度的集合。德国学者柯武刚（Wolfgang Kasper）与史漫飞（Manfred E. Streit）依据制度的起源将制度分为内在制度和外在制度，内在制度是经由人类经验演化所得，"既有习惯、伦理规范、良好礼貌和商业习俗，也有益格鲁－撒克逊社会中的自然法"；外在制度则以自上而下的方式强制执行，主要是"司法制度"。② 奥斯特罗姆（Elinor Ostrom）根据制度的层次将制度分为宪法选择规则、集体选择规则、操作规则三个层次，并认为占用、提供、监督和强制实施的过程发生在操作层次；政策决策的制定、管理和评判的过程发生在集体选择层次；宪法决策的规划设计、治理、评判和修改发生在宪法层次，并且认为"一个层次的行动规则的变更，是在较之更高层次上的一套固定'规则'中发生的。更高层次上的规则的变更通常更难以完成，成本也更高，因此提高了根据

---

① 《马克思恩格斯选集》第4卷，人民出版社1995年版，第196页。
② 参见［德］柯武刚、史漫飞《制度经济学：社会秩序与公共政策》，韩朝华译，商务印书馆2000年版，第37—38页。

规则行事的个人之间相互预期的稳定性"①。诺思依据制度的规范性将制度分为正式规则、非正式约束,以及实施机制的有效性(effectiveness)。正式规则包括"政治(和司法)规则、经济规则和契约"②;非正式约束包括"行事准则(codes of conduct)、行为规范(norms of behavior)以及惯例(conventions)"③;实施机制的有效性是指"那些能使人们在非人际关系化交换条件下从贸易中获取收益的复杂契约,必须伴随着某种形式的第三方实施"④,"第三方实施意味着国家必须成为一种监督产权并有效实施契约的强制力量"⑤。

斯科特则综合不同制度理论家的观点,依据制度的规范性程度提出制度由规制性要素、规范性要素、文化—认知性要素三大基础要素构成(见表1-2)。规制性要素"包括强制性暴力,奖惩和权宜性策略反应,但是它们也常常因为规则的出现而得到缓和,这些规则包括非正式的民德、风俗或正式的规则、法律"⑥。规范性要素是制度的"说明性、评价性和义务性的维度",包括"价值观和规范"。"所谓价值观,是指行动者所偏好的观念或者所需要的、有价值的观念,以及用来比较和评价现存结构或行为的各种标准。规范则规定事情应该如何完成,并规定追求所要结果的合法方式或手段。"⑦帕森斯(Parsons)在研究中注意到,"价值观系统也存在社会分层,为更上层的、

---

① [美] 奥斯特罗姆:《公共事物的治理之道:集体行动制度的演讲》,余逊达、陈旭东译,上海译文出版社 2012 年版,第 61—62 页。
② [美] 诺思:《制度、制度变迁与经济绩效》,杭行译,格致出版社、上海人民出版社 2008 年版,第 65 页。
③ 同上书,第 50—51 页。
④ 同上书,第 80 页。
⑤ 同上书,第 83 页。
⑥ [美] 斯科特:《制度与组织:思想观念与物质利益》,姚伟、王黎芳译,中国人民大学出版社 2010 年版,第 61 页。
⑦ 同上书,第 63 页。斯科特在第 53 页为帕森斯注释时的表述是:"价值观是对一种目标的表达,或者更准确地说是选择目标时所依据的标准;规范是支配行为的一般化规则,规定了追求目标的适当方式。"

受尊重的价值观服务的组织，往往被认为是更合法的，并因此可以获得更大份额的社会资源"[1]。文化—认知性要素"关注的是文化的语义符号性层面，视文化不仅是主观的信念，也是被感知为客观的、外在于个体行动者的符号系统"[2]。

表1-2　　　　　　　　　制度的三大基础要素

	规制性要素	规范性要素	文化—认知性要素
遵守基础	权宜性应对	社会责任	视若当然、共同理解
秩序基础	规制性规则	约束性期待	建构性图式
扩散机制	强制	规范	模仿
逻辑类型	工具性	适当性	正统性
系列指标	规则、法律、奖惩	合格证明、资格承认	共同信念、共同行动逻辑、同形
情感反应	内疚/清白	羞耻/荣誉	确定/惶惑
合法性基础	法律制裁	道德支配	可理解、可认可的文化支持

资料来源：[美]斯科特：《制度与组织：思想观念与物质利益》，姚伟、王黎芳译，中国人民大学出版社2010年版，第59页。

张旭昆依据外延渐次拓宽的原则提出了制度的四个层次，认为制度Ⅰ为"一切由统治机关颁布的法律法规法令政策"；制度Ⅱ为"制度Ⅰ再加上所有非政府组织制定的各项内部规则和相互间的契约及强制性习俗、非强制性社会规则"；制度Ⅲ为"制度Ⅱ再加上普遍流行的个体规则（时尚与非强制性习俗）"；制度Ⅳ为"制度Ⅲ再加上一切纯粹或独特的个体规则"。[3] 张旭昆所主张的制度分类实际上同样区分了正式规则和非正式规则。正式规则是存在于政府层面的法律、法令、法规、政策和各种非政府组织或团体制定的各种内部规则和它

---

[1] Talcott Parsons, *Structure and Process in Modern Societies*, New York: Free Press, 1960, pp. 63-64.

[2] [美]斯科特：《制度与组织：思想观念与物质利益》，姚伟、王黎芳译，中国人民大学出版社2010年版，第65页。

[3] 张旭昆：《制度的定义与分类》，《浙江社会科学》2002年第6期。

们相互间的契约，非正式规则则包括公众舆论、道德规范等强制性习俗和非强制性社会规则。

尽管这些分类的方法依据各不相同，但从这些分析中，可以梳理出制度环境的基本要素：包括宪法、法律、条例、规定、契约等正式规则，以及包括价值观念、伦理规范、风俗习惯、文化传统等非正式规则。

实际上，上述制度环境的具体要素又可分解为宏观制度环境、中观制度环境、微观制度环境。宏观的制度范畴自然包括经济制度、政治制度、文化制度等。但本书所论，仅仅是指那些主要的、直接影响社会组织发展的相对中观层面的制度，诸如党的意识形态、法律法规、公民文化等，这些制度的有机整合构成了社会组织发展的制度环境的主体。需要明确的是，本书所使用的制度环境的含义既与新制度学派有相似之处，但也有不同之处。

二 制度环境对社会组织发展的影响

"什么样的组织会出现，以及它们如何演化，这两方面均受到制度框架的根本性影响。反过来，它们也影响着制度框架的演化。"[①] 制度组织理论研究一再确证，组织与制度环境密切相关。"组织是以它们的一般制度环境为条件的，而且组织本身在某种程度上也是制度环境的一部分。"[②] 社会组织作为当今社会的一种重要组织类型，自然也受到制度环境的影响并作用于影响它的制度环境。

（一）提供合法性支撑

合法性是指某一事物为民众所支持和认可的程度。哈贝马斯认

[①] [美]诺思：《制度、制度变迁与经济绩效》，杭行译，格致出版社、上海人民出版社2008年版，第6页。

[②] [美]鲍威尔、迪马吉奥主编：《组织分析的新制度主义》，姚伟译，上海人民出版社2008年版，第51页。

为,"合法性意味着一种值得认可的政治秩序"①。哈贝马斯强调了合法性赖以存在的价值基础,强调了社会—公民文化之于合法性的重要意义。新制度组织理论认为,"合法性并不是一种被占有或交换的日常服务器,而是一种反映被感知到的、与相关规则和法律、规范支持相一致的状态,或者与文化—认知性规范框架相亲和的状态"②,组织"把具有外部合法性的要素整合进正式结构中,增加了内部成员与外部支持者对组织的情感依附或忠诚"③。高丙中将合法性理论应用到社会组织的分析范畴,不仅将社会组织的合法性具体分解为社会合法性、法律合法性、政治合法性和行政合法性,并且指出,法律合法性具有滞后性的特点,甚至一度"可有可无",社会组织的建立及实际运行往往只要具备社会合法性、行政合法性、政治合法性中的一种合法性即可。④

(二) 提供资源供给机制

制度环境为社会组织提供价值规范、行为准则、物质条件和社会支持等。制度本来就是各能动主体之间多次博弈而达成的,它提供了一个竞争的正当性秩序,也为社会组织之间的相互合作创造了基本条件。柯武刚等人认为,制度分析"并不视资源或人的需求为既定",而是在于"发现和利用新需求和新的有用资源"。⑤ 科斯等人的研究更是直接指出,制度存在就是旨在降低交易成本。社会组织制度环境的形成,实际上就是通过价值规范、行为准则等的形成,形成社会组织物质条件、社会支持等资源供给的激励与约束。

---

① [德] 哈贝马斯:《交往与社会进化》,张博树译,重庆出版社1993年版,第184页。

② [美] 斯科特:《制度与组织:思想观念与物质利益》,姚伟、王黎芳译,中国人民大学出版社2010年版,第68页。

③ [美] 鲍威尔、迪马吉奥主编:《组织分析的新制度主义》,姚伟译,上海人民出版社2008年版,第54页。

④ 参见高丙中《社会团体的合法性问题》,《中国社会科学》2000年第2期。

⑤ [德] 柯武刚、史漫飞:《制度经济学:社会秩序与公共政策》,韩朝华译,商务印书馆2000年版,第8页。

（三）规范和引导社会组织行为

制度具有激励与约束功能，除了形成社会组织外部的资源供给机制外，同时也起着规范和引导社会组织行为的效应。"组织对于制度环境下规范氛围之间的细微差别非常敏感：很重视那些对特别改革和拟定中的变化起支持作用的数量，同时也关注围绕以上改革和变化发生冲突的数量。"[①] 制度环境影响社会组织的发展，一方面激励社会组织遵从其价值规范和行为准则，指导社会组织按照价值规范和行为准则开展活动；另一方面，对于逾越其价值规范和行为准则要求的行为，制度则通过实施惩罚形成对社会组织的约束。

（四）减少不确定性

减少不确定性是制度的一个重要功能。诺思认为，制度就是通过建立一个稳定的结构来降低人们互动过程中的不确定性。[②] 美国学者马奇（James G. March）和挪威学者奥尔森（Johan P. Olsen）认为："制度提供了意义符号，有利于解释含混不清的世界；以条款来约束交易行为，才行使得协议得以执行；通过规范参与者、政策问题、解决方案的选择机会，有助于减少因开放结构和垃圾桶过程而导致的不确定性。"[③] 制度环境的形成，可以为社会组织发展提供一个相对稳定的环境。社会组织的定位、社会组织的准入、社会组织的运行、社会组织的日常监管，都必须通过制度环境来减少其间存在的诸多不确定因素，进而使政党、政府与社会组织自身都能依据这些相对确定的因素来制定自己的行动计划并开展受到合法保护的行动。

当然，制度的功能也是有限的，制度环境也表现出一定的向度与限度。社会组织的发展内在因素是市场经济发展和政治体制改革，并

---

① ［美］斯格特：《组织理论：理性、自然和开放系统》，黄洋等译，华夏出版社 2001 年版，第 250 页。

② 参见［美］诺思《制度、制度变迁与经济绩效》，杭行译，格致出版社、上海人民出版社 2008 年版，第 7、34 页。

③ ［美］马奇、［挪］奥尔森：《重新发现制度：政治的组织基础》，张伟译，生活·读书·新知三联书店 2011 年版，第 23 页。

非制度的结果。显然，这是一个更为宏观和博大的主题，本书并不打算就此进行深入研究，而是从制度环境这一视角，以阐明社会组织的发展深受制度环境的影响。而且，制度理论研究表明，用制度环境来分析社会组织这样的组织场域是可行的。

第四节　社会组织发展制度环境分析框架

制度形式的多样化实际上也反映出了制度来源的多渠道及制度环境的复杂性。"制度内部各构成要素之间其实并非是一种纯粹的统一关系，而是一种辩证的对立统一关系；制度也并非是一个内部完全统一的整体，而是作为一个矛盾统一体而存在。"[1] 基于对制度环境能动者与制度环境要素的分析，有必要从组织场域的视角来去界定关涉社会组织发展各种制度环境要素之间的复杂关系及其背后的结构力量。就此，我们对中国特色社会组织发展的制度环境提出如下分析框架：政党—意识形态、政府—法律法规、社会—公民文化（见图1-1）。这三者共同构成影响中国特色社会组织发展制度环境的有机整体。

一　政党—意识形态

意识形态是"一定阶级社会结构中与经济基础相适应并'竖立'于其上的'观念上层建筑'，是反映和代表特定政党、阶级、集团和群体根本利益与价值观的系统化和理论化的思想观念"[2]。依据意识形态的主体，存在国家意识形态、政党意识形态和社会意识形态。意识形态理论表明，"统治阶级的政治文化在不同阶级政治文化中占据统治地位，这在每一时代，每一国家都是如此……任何阶级的政治统

---

[1] 梁海宏：《制度内在张力分析》，《社会科学》1998年第7期。
[2] 郭文亮等：《当代国外社会主义意识形态发展导论》，人民出版社2010年版，第10页。

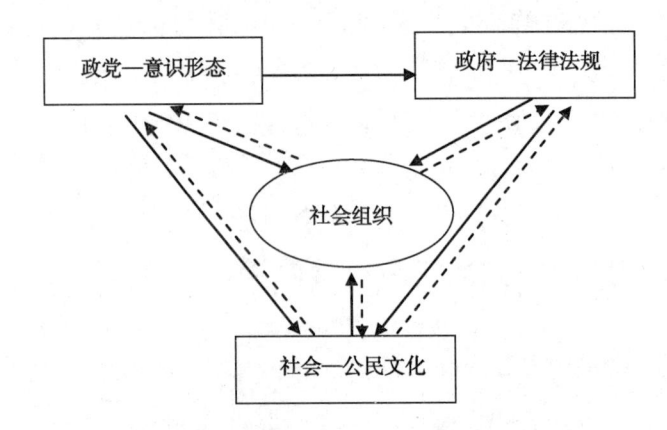

图 1-1　社会组织发展制度环境分析框架

治,都离不开思想统治,即意识形态统治。意识形态的统治是统治阶级用表达自己利益与意志的思想对全社会的统治"①。中国共产党的长期执政地位,必然使得政党的偏好通过意识形态作用于政府及社会。"意识形态代表的是整个国家的发展方向以及党如何带领人民达到这种发展目标的蓝图。"② 当代中国社会组织发展进程中,作为执政党的中国共产党是非常活跃的能动者。党的思想理论主张决定和制约着社会组织活动的空间可能;党的文件直接而又系统地阐释了党的路线方针政策;而党的领导人的讲话、活动也影响着社会组织的发展。由此我们可以看到,这样一些制度媒介所传递出来的制度,既有正式的,如党的文件、党的路线方针政策;也有非正式的,如党的思想理论主张、领导人讲话、领导人活动。既有强制性的,如新中国成立初期基于政治标准判断的社会组织去留取舍;也有规范性的,如党的政策明确要求社会组织中党组织的建立;还有文化—认知性要素,如对社会组织的倡导型主张。而这些,我们皆可归类于中国共产党的意识形态范畴来进行分析。因而,本书基于中国的政治结构,着重从

---

① 王沪宁:《政治的逻辑:马克思主义政治学原理》,上海人民出版社 2004 年版,第 353 页。

② 郑永年:《中国模式:经验与困局》,浙江人民出版社 2010 年版,第 75 页。

党的意识形态这个维度来分析作为执政党的中国共产党，其意识形态是如何作用于社会组织发展的制度环境的。

二 政府—法律法规

政府—法律法规是一定社会中政党—意识形态和社会—公民文化的集中体现，其核心的内容是政府制定和实施的宪法、法律、行政法规、司法解释、地方法规、地方规章、部门规章及其他规范性文件。政府的法律法规以正式制度的方式通过强制的、规范的手段作用于社会组织，直接影响着社会组织的发展。作为正式制度的政府法律法规，能够"降低信息、监督以及实施的成本"，"也可能修改、修正或替代非正式约束"。[①] 宏观层面的法律法规对社会组织的规制，形成对社会组织笼统而又整体性的规制；中观层面的法律法规对社会组织的规制，形成对社会组织的各个方面的直接规制；微观层面的法律法规对社会组织的规制，即对社会组织某一方面进行规制，而且，作为政府法律法规实施机制的社会组织管理体制，成为政府法律法规最为集中的体现。

三 社会—公民文化

"社会环境和历史深刻地影响着制度的有效性。"[②] 正式规则虽然为社会组织发展提供秩序，但是，"即便是在那些最发达的经济中，也只是形塑选择的约束的很小一部分"[③]。普遍存在于社会层面的非正式约束，形成制度环境文化—认知性要素的关键内容。而且，正如

[①] [美]诺思：《制度、制度变迁与经济绩效》，杭行译，格致出版社、上海人民出版社2008年版，第64—65页。

[②] [美]帕特南：《使民主运转起来》，王列、赖海榕译，江西人民出版社2001年版，第214页。

[③] [美]诺思：《制度、制度变迁与经济绩效》，杭行译，格致出版社、上海人民出版社2008年版，第50页。

梁漱溟所说，中国社会具有根深蒂固的"以道德代宗教，以礼俗代法律"①的文化传统，这使得把社会—公民文化纳入中国特色社会组织发展制度环境的分析范畴更有必要。制度环境能动者的分析中已经揭示社会层面的能动者包括社会组织本身，另外还包括企业、媒体和公民个体，它们共同作用形成作为非正式约束的社会—公民文化。社会组织作为制度环境的作用对象，制度环境会通过各种途径投射到社会组织之上。同时，社会组织也是制度环境的能动主体，它既可能参与制度的构建，也可能在既有制度实施的过程中施加各种影响。社会组织章程的建立及修订、一些社会组织的联合行动或个体行动，都可能反映出社会—公民文化累进或退滞。社会组织的发展也离不开社会公民的广泛参与，企业、媒体以及公民对社会组织的倾向性态度和公民参与社会组织的意愿程度，与社会组织理念的传播、公共精神的践行有着莫大关系，最为直观的如对社会组织的认同程度、志愿者吸收的难易程度、就业人员提供的便捷程度、社会公众的参与意愿以及捐赠意愿等。另外，政府往往是与正式制度联系在一起的，鲜有人关注经由政府层面释放出来的非正式制度方面的内容。康晓光等人就认为，"政府的'官员'以及他们的态度和办事方式"亦是重要的考量因素。② 因为，在对待社会组织上，官员有时候会采取一些有悖于正式制度的行为或态度，这些非正式制度同样对社会组织的发展有着十分重要的影响，但由于这些非正式制度并非政府层面的普遍性规则导致，而是根源于普遍的社会层面的文化认知。因此，我们在考察社会组织发展制度环境时，也有必要将其作为一个重要因素纳入社会—公民文化层面的观测维度。

结合以上分析框架，参照斯科特对制度三大基础要素的梳理，尝试建立在此基础上进一步就中国特色社会组织发展的制度环境要素进行细化（见表1-3）。这一分析框架试图表明，政党—意识形态、政

---

① 梁漱溟：《中国文化要义》，上海人民出版社2005年版，第257页。
② 康晓光等：《NGO与政府合作策略》，社会科学文献出版社2010年版，第4页。

府--法律法规、社会—公民文化的相互作用而形成的制度环境最终形塑了当代中国社会组织,这也是决定中国特色社会组织发展的重要因素。因此,在后续的相关篇章,我们将在对当代中国社会组织制度环境演化与社会组织演变进行历史考察的基础上,进一步观察政党—意识形态、政府—法律法规、社会—公民文化三个层次之间的关联性如何。究竟是同步或连动或不协调?起关键作用的是哪个层面?每个层面正式制度抑或是非正式制度更起作用?由此揭示三者之间的联系和中国特色社会组织发展制度供给的特殊性,进而为中国特色社会组织发展制度环境的创设提供可能路径。

表1-3　　　　　　中国特色社会组织发展制度环境要素

	政党—意识形态	政府—法律法规	社会—公民文化
规范程度	非正式制度、正式制度	正式制度	非正式制度
秩序基础	约束性期待	规制性规则	建构性图式
扩散机制	规范	强制	模仿
逻辑类型	适当性	工具性	正统性
制度媒介	党的思想理论主张、党的路线方针政策、党的文件、领导人讲话、领导人活动	宪法、法律、条例、规定、文件	文化传统、风俗习惯、道德规范
制度层级	集体选择、操作选择	宪法、集体选择、操作选择	操作选择
情感反应	确定/惶惑	内疚/清白	羞耻/荣誉
合法性	政治合法性 行政合法性	法律合法性 行政合法性	社会合法性

第二章

总体型制度环境与社会组织准政府化
(1949—1978年)

社会组织古已有之，形形色色的会、社，如晋代的惠还莲社、元代的月泉吟社等。近代以来，中国出现了现代意义上的社会组织，除一些政治团体外，商会、行会、学会、慈善团体等也有了明显发展，如1907年成立的上海市救火联合会、1923年晏阳初领导的中华平民教育促进会等，这些社会组织在赈灾、救济、救死扶伤、儿童福利、乡村建设等方面发挥了重要作用。新中国成立初期，中国共产党基于新的意识形态，领导广大人民群众对社会进行了重构，社会组织也在新的制度环境下得到一定程度的发展。

第一节 1949—1978年中国社会组织发展

新中国成立之初社会组织基础既有原国统区内留有的不少旧式社会组织，也有解放区中国共产党领导的农会、工会、青年团、妇女组织等社会组织，以及新中国成立前夕为适应新政权建设需要而成立的人民团体。新中国成立初期，社会组织经历了"有史以来最剧烈、最深刻、最广泛的新旧更替"[1]。社会组织的创建及清理整顿，奠定了中国社会组织发展的基础，形成了中国社会组织发展的初步格局。

---

[1] 王世刚等：《中国社团史》，安徽人民出版社1994年版，第435页。

一 社会组织的创建

中国传统社会的"细胞"是家庭,并由此形成了离散度较大的宗族社会。中国共产党高度动员、高度组织所取得的新民主主义革命胜利与中国传统社会面对列强侵略时显现的"一盘散沙"之颓势所形成的鲜明对比,使取得执政地位的中国共产党人越加认识到"组织起来"的重要性。新中国成立前夕,适应创建新中国的需要,以原解放区中国共产党领导的各人民群众团体为基础、团结了原国统区广大爱国民主群众团体成立了一些人民团体,如1948年8月成立中华全国总工会;1949年3月成立中华全国民主妇女联合会;1949年4月成立中国新民主主义青年团;1949年5月成立中华全国民主青年联合总会;1949年6月成立中华全国文学艺术界联合会。

1949年9月30日,毛泽东在《中国人民大团结万岁》宣言中强调:"我们应当进一步组织起来。我们应当将全中国绝大多数人组织在政治、军事、经济、文化及其他各种组织里,克服旧中国散漫无组织的状态。"[1] 组织化社会的原则由此逐渐成为新中国成立初期中国共产党治国理政的核心思想之一。

新中国成立后,百废待兴,面临着如何巩固新生政权的艰巨任务,党和政府迫切需要发动群众和社会组织参加新中国建设。"新民主主义国家的救济福利事业,在人民政府领导之下,应该吸收个人和团体参加。一切从事真正救济福利工作的个人和团体,只要他们赞成我们共同规定的方针,愿意在人民政府领导之下工作,我们就有责任和义务同他们合作,并吸收他们参加各级救济代表会议和救济组织。"[2] 适应新民主主义革命和建设需要,这一时期,在党的领导下,一些新的社会组织纷纷成立,如中国人民外交学会(1949年12月)、

---

[1] 《毛泽东文集》第5卷,人民出版社1996年版,第348页。
[2] 董必武:《新中国的救济福利事业———一九五〇年四月二十六日在中国人民救济代表会议上的报告》,《人民日报》1950年5月5日。

中国人民救济总会（1950年4月）、中华全国自然科学专门学会联合会和中华全国科学技术普及协会（1950年8月）、中国人民对外文化协会（1954年3月）、中国文字改革协会（1954年12月）、中国渔业协会（1954年）。中国共产党领导下创建的社会组织，成为新中国成立初期社会组织的主体。

二　法律法规的奠基

（一）宪法对公民结社权的确立

结社权是中国共产党人的追求。1949年9月通过的具有临时宪法作用的《中国人民政治协商会议共同纲领》第五条规定："中华人民共和国人民有思想、言论、出版、集会、结社、通讯、人身、居住、迁徙、宗教信仰及示威游行的自由权"，原则上确定了公民结社自由权利。1954年9月全国人大一次会议通过了我国第一部社会主义类型宪法——《中华人民共和国宪法》。1954年宪法在第八十七条除了重申公民的结社自由权利，明确"中华人民共和国公民有言论、出版、集会、结社、游行、示威的自由"。自此，结社自由作为公民的一项基本权利在此后的历次宪法修改中得以确认。而且，1954年宪法还从物质条件保障上予以规定，提出"国家供给必需的物质上的便利，以保证公民享受这些自由"。在高度集中的计划经济体制下，这种资源的供给对于社会组织的正常运行是必不可少的。

（二）行政法规的出台

公民结社自由权利的真正实现，有赖于下位立法的细化和支持。1950年9月，中央人民政府政务院第52次政务会议通过了新中国成立后第一部关于公民结社的行政法规——《社会团体登记暂行办法》。《社会团体登记暂行办法》以类举法的方式对社会组织进行了定义，人民群众团体、社会公益团体、文艺团体、学术研究团体、宗教团体、其他合于人民政府法律组成的团体均涵盖其中，并明确参加中国人民政治协商会议的各民主党派和人民团体①、中央人民政府另有法令规定的团体以及机关、学校、团体、部队内部经其负责人许可组织的团体不在该办法规定的登记范围，实际上形成了社会组织管理的差别对待。1951年3月，中央人民政府内务部发布《社会团体登记暂行办法施行细则》，对《社会团体登记暂行办法》做了具体规定。《社会团体登记暂行办法》和《社会团体登记暂行办法施行细则》的出台，反映了新中国希望将社会组织的发展纳入法治化轨道的设想，为依法管理社会组织提供了基本的法律依据。

（三）单行法规的制定

针对社会组织的不同性质及不同特点，党和政府还开始制定了一些单行法规。如，1950年6月，通过《中华人民共和国工会法》，对工会的性质、会员的对象、组织原则、与政府的关系等进行了界定。1950年7月，政务院颁布类似农民协会章程的《农民协会组织通则》，对农民协会的性质、任务、会员权利和义务、组织原则、经费等进行了界定。② 1950年4月，中国人民救济代表会议通过《中国人民救济总会章程》（政务院1950年7月批准）。1951年1月，由政务院文教委颁布《接受外国津贴及外资经营之文化教育救济机关及宗教团体登记条例》。1952年8月，政务院发布《工商业联合会组织通则》。

三　社会组织的清理整顿

新中国取代旧中国，是一个旧时期的结束和新时期的开始，并非

---

① 人民团体，是指由中国共产党领导的，按照其各自特点组成的从事特定的社会活动的全国性群众组织，即工会、共青团、妇联、科协、侨联、台联、青联、工商联8个单位。这些人民团体，既是人民群众自己的组织，又是中国共产党联系人民群众的纽带和桥梁，有的还是一种统一战线的组织形式。

② 1962年在重提以阶级斗争为纲背景下，各级农民协会陆续改组成"贫农下中农协会"，1964年6月在农村开展的社会主义教育运动中，中共中央颁布《贫农下中农协会组织条例（草案）》。

中国历史的中断。旧中国的一些社会组织经过清理整顿、改组后以崭新面貌活跃在新中国的各条战线。清理整顿工作对于巩固新生政权、保证社会组织健康发展、维护公民结社权利起到了十分重要的作用。

(一) 依法取缔

新中国成立后，根据"社会主义原则"[①] 对国民党时期遗留下来的反社会团体进行了清理整顿。新中国成立之初，青帮等原本在政治上追随国民党政权的社会组织大都解散或自行瓦解，而一些封建帮会组织，如一贯道（即中华道德慈善会），因为有着较为广泛的群众基础，因而变换活动方式继续活动。《社会团体登记暂行办法》颁布后，党和政府依法对旧中国遗留下来的各种社会组织进行清理整顿，取缔了一大批"反动组织"和"封建组织"。

(二) 终止解散

基于新民主主义革命时期的特殊情况，比较有影响力的一些社会组织往往具有较强的政治色彩。原来政治上追随中国共产党的爱国民主群众团体随着新中国的成立，或是认为完成组织使命宣告解散，如中华人民救国会等；或是与其他组织合并成立新的组织，如中国劳动协会1948年宣布加入中华全国总工会，1949年11月终止活动，其会员以个人身份加入中华全国总工会。

(三) 转型发展

原政治性较强的社会组织，如中国民主同盟、中国民主建国会、中国民主促进会、九三学社等，改组成为政党，以民主党派的身份延续。对有利于社会主义建设的人民群众团体、学术团体、公益团体、文艺团体和宗教团体进行了登记。所承接的原国民党统治时期国统区内一些不具有政治性的社会组织，主要以教育、科学、文化、卫生、体育类为主，这些社会组织经过改组后得以延续，如新中国成立之初，仍有不少旧中国留下来的接受美国津贴的文化教育救济机关与宗教团体，并且容许它们继续授受美国津贴，但由于这些团体暗中充当

[①] 王名：《社会组织概论》，中国社会出版社2010年版，第79页。

美国反华的工具,对新中国政权稳固产生不利影响。1950 年 12 月,政务院作出《关于处理接受美国津贴的文化教育救济机关及宗教团体的方针的决定》,对这些文化教育救济机关和宗教团体采取接办改为国家事业、完全自办或政府适当补助、中国人民救济总会接办等方式予以处理。另外如 1950 年对中国红十字会的改组。中国红十字会成立于 1904 年,1912 年获得红十字国际委员会正式承认,1919 年加入国际红十字协会。1949 年新中国成立前后,由于其组织机构处于半瘫痪状态,有资料显示,1949 年新旧政治更替之际,中国红十字会理事会的 19 名成员仅留下 6 人。[①] 面对改组中国红十字会,内部思想也较为混乱:普遍认为应该依赖政府,部分认为应该成为"超政治性"团体,或是认为是单纯的医疗救护团体,或是认为是慈善机构。[②] 1950 年 8 月,中国红十字会经过协商改组,成为"中央人民政府领导下的人民卫生救护团体","从改组后的实际情况看,中国红十字会在宗旨、目标、管理模式等方面都与苏联红十字会存在相似之处"。[③] 1952 年 7 月,中国红十字会在国际红十字会中的合法席位得到恢复。

四 单位体制的建立

经由 1953—1956 年对城市和农村大规模的集体化改造、1958 年间的人民公社化运动,以建立城市单位体制和农村人民公社体制的方式对中国社会基层组织进行了颠覆性的重构。农村人民公社是"政社合一"的组织,既是"我国社会主义社会在农村中的基层单位",又是"我国社会主义政权在农村中的基层单位",还是"社会主义的

[①] 参见胡兰生《中国红十字会总会会务报告》,《新中国红十字》1950 年创刊号。

[②] 参见李德全《新中国红十字会的工作方向与发展步骤》,《人民日报》1951 年 2 月 1 日。

[③] 徐国普:《二十世纪五十年代江苏红十字会的两次组织整顿》,《中共党史研究》2012 年第 2 期。

互助、互利的集体经济组织"。① 单位则是"集政治统治功能、社会资源分配功能、专业化功能于一身的特殊组织"②，"是组成中国社会的砖块，一切可能的行动者皆被组织在单位里，单位之外无社会"③。社会组织自然也成为单位的一员。有数据显示，1978年国有单位职工占城镇就业人数的78.3%，集体单位职工占剩余的21.5%。④通过单位体制和人民公社体制，整个国家形成了一种自上而下的控制型城乡组织方式，每个公民都完全纳入了人民公社或单位这样高度整合的组织之中，"个人的工资、福利、住房、纠纷甚至找对象都是组织'安排'的"⑤。社会组织也完全被吸纳进入了"条块结合"的行政管理体制之中，全国性社会组织绝大多数都按照国家行政区划建立了从中央到地方的垂直管理体制，并形成与地方政府切块管理的模式。

中国社会组织在50年代至60年代中期得到了一定程度的发展。据统计，1965年，全国性社会团体由新中国成立初期的44个增长到近100个；地方性社会团体发展到6000多个。⑥但总的说来，这一时期的社会组织发展呈现这样几个特点：一是社会组织类别十分单调，绝大部分政治性比较强，如工会、共青团、妇联、科协和工商联等党所直接领导的群众组织；二是发展程度不一，自然科学、体育、外交类增加较多；三是社会组织规模小、数量少，社会组织不仅在地位上被边缘化，而且在作用上同样被边缘化。

---

① 《农村人民公社工作条例（修正草案）》（一九六二年九月二十七日，中国共产党第八届中央委员会第十次全体会议通过）。
② 李路路、李汉林：《中国的单位组织》，浙江人民出版社2000年版，第244页。
③ 陈宪、徐中振：《体制转型与行业协会：上海培育和发展行业协会研究报告》，上海大学出版社1999年版，第113—114页。
④ 参见胡鞍钢等《第二次转型：国家制度建设》，清华大学出版社2009年版，第391页。
⑤ 吴玉章：《结社与社团管理》，《政治与法律》2008年第3期。
⑥ 吴忠泽：《NGO管理》，《清华大学发展研究通讯》1999年第13期，转引自王名《中国的非政府公共部门》（上），《中国行政管理》2001年第5期。亦可参见俞可平《民主与陀螺》，北京大学出版社2006年版，第205—206页。

1966年"文化大革命"开始后,已有社会组织几乎全部停止活动,社会组织发展基本上处于停滞状态。①

第二节 总体型制度环境

孙立平等人基于对改革开放前中国社会结构的认识,提出了"总体性社会"这一重要概念。"总体性社会"是指由于国家对重要资源的垄断,"社会的政治中心、意识形态中心、经济中心"高度重合,形成了国家对社会生活几乎全面而又严格的控制,"对任何相对独立于国家之外的社会力量,要么予以抑制,要么使之成为国家机构的一部分"②。1949—1978年中国社会组织发展的制度环境,总体表现出执政党与政府将社会组织转化为国家机器的一部分的鲜明特点,即形成了一个社会组织发展的总体型制度环境。

一 政党—政府—社会高度同构

中国共产党取得执政地位之前,经历了长达28年的革命斗争,形成了适应革命斗争需要的高度集权的"一元化"领导方式。在取得执政地位以后,1949年10月新中国成立伊始,新中国的建设,面临两种现代化范式之选择:一是西方资本主义现代化发展范式;二是苏联社会主义现代化发展范式。这两种现代化发展范式均因其所取得的巨大成就而各有拥趸。新中国成立之初的国情无疑坚定了中国选择

---

① 有论者将"文化大革命"期间畸形发展的红卫兵组织和形形色色的造反派作为一种特殊的社会组织纳入当代中国社会组织发展研究的视阈(参见王世刚主编《中国社团史》,安徽人民出版社1994年版,第459—462页)。由于这些组织具有鲜明的政治倾向性,与我们所定义的社会组织大相径庭。因此,笔者认为应将其纳入特殊的社会动员状态下的革命群众组织,本书不作探讨。但需要注意的是,这些革命群众组织"不是辅助党和国家的有秩序的人员等级制团体,而是自发地出现的,他们批评党和国家的官员,最终导致他们自己之间的武装冲突"。参见[美]汤森、沃马《中国政治》,顾速等译,江苏人民出版社1995年版,第98页。

② 孙立平等:《改革以来中国社会结构的变迁》,《中国社会科学》1994年第2期。

苏联社会主义现代化发展范式。这也正如斯塔夫里阿诺斯所说的那样，对类似中国这样的"欠发达世界中前殖民地各民族"来说，"苏联是一个在30年内成功地从一个落后的农业国转变成世界第二大工业军事强国的国家。使这一惊人的变化成为可能的种种制度和技术对这些民族来说非常重要"①。

正是在苏联现代化发展范式的影响下，新中国在经济上经过社会主义改造，逐步确立了以社会主义公有制为基础的高度集中的计划经济体制；相应的，政治上也形成了以党的一元化领导为内核的高度集权的政治体制。1956年后，虽然提出要探索中国自己的社会主义建设道路，但经济政治模式依然是受到苏联模式的深刻影响。中国社会固有的"全能主义"（totalism）社会形态得到进一步加深，② 在推翻旧制度、建立新制度的热切渴望下，伴随着的是革命性的社会运动。尽管说，"没有人相信可以利用社会运动去建立一个完美的社会，或是让社会更接近这个理想，或者让一个人变成'新造的亚当'。但在50年前，不只是社会主义者，全球大多数的政治思想家也都相信，社会运动能够彻底地改造人类，尤其是废除私有制"③。由此，政党—政府—社会高度同构并一体化的社会整合方式渐次清晰。"19世纪与20世纪之交初显并于20世纪中叶炽盛的形形色色的'国家主义'，这在现实世界中表征为国家以不同的形式、从不同的向度对市民社会的渗透或侵吞。"④

---

① ［美］斯塔夫理阿诺斯：《全球通史：从史前史到21世纪》，董书慧等译，北京大学出版社2005年版，第690页。

② 全能主义（totalism）是邹谠对20世纪中国政治进行分析后得出的结论。他认为，在全能主义社会形态下，"政治机构的权力可以随时无限制地侵入和控制社会每一个阶层和每一个领域的指导思想"。参见邹谠《二十世纪中国政治：从宏观历史与微观行动角度看》，香港牛津大学出版社1994年版，第3页。

③ ［美］德鲁克著、［日］上田惇生编：《卓有成效的社会管理》，齐思贤译，东方出版社2009年版，第65页。

④ 邓正来：《国家与社会：中国市民社会研究》，北京大学出版社2008年版，第136页。

随着宏观层面高度中央集权的政治体制和中观层面单位体制的完全建立，国家完成了"对社会高度的垂直整合"①，从而形成了以执政党为核心的"政党—政府—社会"高度一体化的政治形态。这一时期，社会组织虽然得以继续存在，但由于国家、社会、市场的分野不复存在，社会组织逐渐失去了其生存与发展的政治、经济、文化和社会条件，社会组织在政党—政府—社会高度同构的社会里面越来越成为国家机器的一部分。全能主义政治形态的各类组织实际上都是全能主义组织。"各级经济与社会组织同时都是政治组织，反之，各级行政机构也就是经济与社会的组织形式。"② 因而，公民只能"通过作为'纵式社会'的基层组织的单位或社队参与社会过程"③。

二 社会组织合法性的重建

新中国成立初期社会组织合法性重建的过程中，形成了社会合法性、法律合法性、政治合法性和行政合法性四种要素缺一不可的合法性建构模式。

（一）登记许可制度的确立

《社会团体登记暂行办法》第二条、第五条、第六条等条款确立了社会组织的登记许可制度，并形成了双重管理体制的雏形。《社会团体登记暂行办法》第二条规定："凡社会团体均应依照本办法的规定向人民政府申请登记"；第五条规定："社会团体在筹备设立时，应由发起人申请筹备登记"；第六条规定："社会团体之申请筹备登记，由主管机关审查批准，但不发给登记证。"《社会团体登记暂行办法》规定全国性社团的主管登记机关为内务部，地方性社团为地方各级人民政府，而且实行非直接属地登记制，如成立县属社会团体，要由所属专署批准，还须报省人民政府备案并由省人民政府发给登记

---

① 高丙中：《社会团体的合法性问题》，《中国社会科学》2000年第2期。
② 时和兴：《关系、限度、制度：政治发展过程中的国家与社会》，北京大学出版社1996年版，第3页。
③ 高丙中：《社会团体的合法性问题》，《中国社会科学》2000年第2期。

证，这一方式无疑提高了社会团体的准入门槛。就社会组织的规制原则，《社会团体登记暂行办法》第四条规定："凡危害国家和人民利益的反动团体，应禁止成立，其已登记而发现有反动行为者，应撤销其登记并解散之。"①

(二) 意识形态标准的运用

《中国人民政治协商会议共同纲领》第七条规定："中华人民共和国必须镇压一切反革命活动，严厉惩罚一切勾结帝国主义，背叛祖国、反对人民民主事业的国民党反革命战争罪犯和其他怙恶不悛的反革命首要分子"②，这实际上规定了公民行使各项民主权利的政治前提。这一政治前提实际上也直接推动了后来社会组织积极响应党和政府号召进行社会动员，使非政治性的社会组织却和政治有了十分密切的关联。这一政治前提的核心要素是社会组织必须与"反革命"划清界限。然而，"反革命"是一个"极度泛化和不确定性的政治概念"③，"1949 年中共执掌全国政权以后，'反革命'既是一项受打击和处治最严厉的法律罪名，又是一项最随意、最泛滥、最令人恐惧的政治污名"④。在社会主义革命时期及 1956 年社会主义制度基本确立后日益升级的"革命斗争"形势以至最终形成"以阶级斗争为纲"的局面下，社会组织去政治化与政治化之间的张力发生了严重偏移。社会组织的创建与清理整顿，也并无清晰的法律标准，而是基于新的意识形态标准的取舍。政务院制定了"有利于人民"的原则，即提出"对有利于人民之社团允许发展；对无益于人民之社团一律取消"。⑤ 社会组织的发展是党的意识形态主导下政府选择的结果。而且，20 世纪 50 年代后期，尤其是 20 世纪 60 年代以后，"由于种种

---

① 《中央政务院社会团体登记暂行办法》，《福建省人民政府公报》1950 年第 10 期。

② 《中国人民政治协商会议共同纲领》，《江西政报》1949 年第 3 期。

③ 王奇生：《革命与反革命：社会文化视野下的民国政治》，社会科学文献出版社 2010 年版，第 118 页。

④ 同上书，第 119—120 页。

⑤ 参见《北京志·民政志》，北京出版社 2003 年版，第 451 页。

国际、国内因素的影响,党中央在指导思想上出现了'左'的倾向,使得社会政治生活不够正常,社会关系趋于紧张,因而对社团工作产生了不利的影响"①。意识形态标准的运用强化了政治合法性在诸多合法性中的核心地位,社会组织为了其生存与发展,如何通过自己的努力来谋求政治合法性便成为首要任务甚至是唯一任务,这一现象严重抑制了民间结社行为,社会组织发展越发失去其应有的空间。

(三) 社会—公民文化的重新塑造

诺思在其经济制度演进的诠释中,提出了一个非常重要的理论——路径依赖理论。路径依赖理论强调路径选择一旦确定,惯性的力量会不断强化并可能就此产生依赖。这一理论既反映了知识与技术进步的累积的前置性条件,但更强调路径选择对制度环境的演化所可能产生的剧烈影响。"行为的道德伦理规范是构成制度约束的一个主要方面,它得之于对现实的理解。"② 新中国成立之前的传统中国社会固守"大国家小社会"模式,虽然也已具备了全能主义政治形态的基本要素,但在传统中国社会中,家庭—家族的基层自治模式,消解了许多在西方社会本应由社会组织承担的社会治理诉求,因而在传统中国社会下,社会组织有一定程度的发生发展,却始终没能成为基层社会运作的主体之一,社会组织在中国发展的根基本身就比较脆弱。新中国成立以后,苏联社会主义模式的选择,使中国社会走上一条与传统中国社会决裂的新的社会发展之路。新中国初期的社会革命,加之接二连三的政治运动,社会—公民文化层面很快就为适应这一建立新的社会秩序和价值观念的持续努力发生了根本转变。家族以其封建性被新的意识形态彻底抛弃,单位、公社等城乡基层组织逐渐担负起了传统社会家族组织的基层社会治理任务,从而完成了家族等传统基层自治组织的解构及国家担负基层社会治理职能合法性的建

---

① 王世刚等:《中国社团史》,安徽人民出版社1994年版,第456—457页。

② [美]诺思:《经济史中的结构与变迁》,陈郁、罗华平等译,上海三联书店、上海人民出版社1994年版,第228页。

构。因此,"随着新的意识形态的逐步确立,普通民众的价值观也在发生着飞速的变化"①,公民对新式社会组织认同感和对旧式社会组织的不认同感不断增强,从而使得社会组织赖以生存的社会——公民文化基础发生了重大改变。

三 社会组织自治性的丧失:以工会角色之争为例

社会组织如何定位与执政党、政府之间的关系,是社会组织发展过程中必须面对的问题。迈耶(John Meyer)等人认为,组织会通过"试图把其目标和程序作为一种制度规则而直接建立在社会中"的方式,为塑造其制度环境而努力。② 新中国成立初期的工会角色之争,即是工会在定位其与执政党、政府之间关系上,就是否有必要保证社会组织相对独立地位并取得一定的自治性所作出的努力。

(一)工会角色论争的发端

中国共产党自成立伊始,就十分重视工会组织工作,工会亦为新民主主义革命之胜利立下汗马功劳。而就执政条件下的工会工作问题,虽曾有过延安时期局部执政的经验,但正如邓发所认识的那样,因战时需要,工会的工作"主要是配合厂长的领导,从下而上地去把一个工厂的生产搞好"③。新中国成立以后,工会如何进行角色定位,即工会的地位、性质和作用,以及如何处理工会与党组织、单位之间的关系,很快就在党内引起争论。

时任中共中央中南局第三书记较早注意到工会发展生产与维护工会利益之间的现实矛盾。1950年7月,在中南总工会筹委扩大会上的报告中,他提出,"工会工作者与企业管理者虽然基本立场是一致

---

① 高中伟:《新中国初期党对城市旧式慈善救助社团的解构》,《西南交通大学学报》(社会科学版)2011年第6期。

② 参见迈耶、罗恩《制度化的组织:作为神话和仪式的正式结构》,载[美]鲍威尔等主编《组织分析的新制度主义》,姚伟译,上海人民出版社2008年版,第53页。

③ 邓发:《论公营工厂党与职工会工作》,载东北总工会编《论职工会》,新华书店东北总分店1950年版,第22页。

的，但在具体问题上必须各人站稳自己的立场"；工会"应该明确地站在工人阶级利益的立场……绝不应代表资方，替资方说法；也不应站在劳资中间；有时候需要照顾资方，向资方让步，也只应该从工人长远利益的需要出发"；"工会与政府关系上，也应该各有不同的立场和态度"；"工会工作者的阶级立场与国家立场是一致的，但同时又应有所区别"；并且强调要警惕沾染上官僚主义与命令主义，因为这样"就会脱离群众，使自己陷于孤立，并会使工会变成官办的、没有群众的、有名无实的工会"①。他的观点得到了时任中共中央书记处书记的认可，在1950年8月4日中共中央书记处书记为中共中央所作的批示中，明确要求："望各中央局、分局及省委区党委和市委照……在最近三个月内认真地检讨一次工会工作并向中央作一次报告，以便加强各级党委对于工会工作的注意，改善工会工作，是为至要。"②

1951年4月，时任中共中央东北局书记主持撰写《论公营工厂中行政与工会立场的一致性》一文，对时任中共中央中南局第三书记的观点进行了针锋相对的批判。他认为，公营工厂由于阶级剥削与阶级矛盾的消亡，因而行政与工会之间的利益一致、立场一致，而中南局第三书记的观点模糊了工人阶级在国家政权中的领导地位，模糊了公营企业的社会主义性质，模糊了公营企业与私营企业在本质上的区别。③

(二) 工会角色之争的升级

工会角色之争，自然引起了时任中华全国总工会副主席、党组书

---

① 参见邓子恢《关于中南区的工会工作》（1950年7月），载李桂才主编《中国工会四十年资料选编（1948—1988）》，辽宁人民出版社1990年版，第142—145页。

② 中共中央文献研究室编：《刘少奇年谱》（下），中央文献出版社1996年版，第258页。

③ 《东北日报》社论稿：《论公营工厂中行政与工会立场的一致性》（1951年4月），载李桂才主编《中国工会四十年资料选编（1948—1988）》，辽宁人民出版社1990年版，第173—184页。

记的关注。他在新中国成立前夕即受命负责中华全国总工会日常工作，1950年主持制定《中华人民共和国工会法》。在其1949年间的相关文件中，可以看出他对工会组织建设有过系统的理论阐述。其一，强调工会代表的广泛性，认为工会是工人阶级的群众组织，而不仅仅是其先进分子的组织，要求工会工作应以保护工人利益、为工会谋利益为己任，认为企业中工会组织"搞好生产与保护工人利益是不可分的，是统一的"。其二，强调工会组织的社会属性，认为工会与政党有着本质区别，因而工会"不能拿政治条件来限制"。其三，强调工会会员吸纳的自愿性，"工人阶级的群众自愿加入"，"不加入，不能勉强"，而且还可以"自愿的退出"。其四，强调工会的自治性，指出当时仍有许多由党或政府办的官办工会，"这问题很严重"，为此他提出干部选举自主、工会干部"吃群众的饭"而"不吃公家的饭"、工会运作通过会员自愿交纳付费的方式维持、工会决策自主等一系列保证工会自治性的主张。其五，强调工会内部治理的民主要求，认为"民主是工会的灵魂，没有民主，工会就成了一具僵尸，死架子"。[1] 其六，强调党对工会的领导是"通过党在工会中的党组和党员来领导工会，使党的意见变成群众的意见"，"依靠党员执行党的正确的政策和对群众的说服教育，依靠党员的模范作用、核心作用来实现的"。[2]

1951年9月，由时任中华全国总工会副主席、党组书记负责起草的《关于在新民主主义时期工会工作中的几个问题的决议》，对工会角色之争进行了初步回应。他认为，公营企业客观存在的"公私利益"矛盾是工人阶级"内部的矛盾"，因此，工会既要强调公私利益的一致性，又要切实维护工人利益，工会不能变成"行政机构的职工

---

[1] 参见李立三《关于工会工作问题》（1949年8月），载中共中央党史研究室第一研究部编《李立三百年诞辰纪念集》，中共党史出版社1999年版，第151—162页。

[2] 《关于工厂管理民主化与劳资纠纷问题》，载中国工运学院编《李立三赖若愚论工会》，档案出版社1987年版，第27—28页。

科或政治部性质的组织"①。他也深感，工会组织建设工作有必要尽快从这种争论中走出来，以利于工会工作的顺利开展。1951年10月，他撰写了《关于在工会工作中发生争论的问题的意见向毛主席的报告》，报告不仅列举了党内关于工会工作的两种思想分歧，而且还提出了自己的倾向性意见，认为"公私关系问题，不仅在目前国营企业中，而且在将来社会主义时期各种对内政策问题上也还是一个主要问题，否认公私兼顾的原则可以运用到国营企业中的意见，可能是不妥当的"②。

（三）工会角度的理论思考

在1985年出版的《刘少奇选集》（下卷）中，首次公开发表了1951年五六月间刘少奇读《在中南总工会筹委扩大会上的报告》和《论公营工厂中行政与工会立场的一致性》两篇文章的笔记——《国营工厂内部的矛盾和工会工作的基本任务》。在这篇笔记中，他运用历史唯物主义与辩证唯物主义的方法，就新时期工会的性质、地位、作用等一系列工会工作基本理论进行了深刻论述。他认为，工会工作者与国营工厂管理人员的根本利益和根本立场并无二致，"在关涉工人阶级整个利益的问题上，他们的利益和立场是共同的、一致的；但是在关涉双方的各种个别问题上，他们彼此之间又有某些利害矛盾"。就工会的地位和作用，他认为党和普通工人之间有着不同的出发点，党对工会认识的出发点是："工会是党与工人群众之间联系的桥梁，是工人群众的共产主义的学校，是人民政权的主要的社会支柱之一；工会在经济建设中，在加强国家政权的工人阶级领导中，有着重大作用"；而普通工人的出发点则是："要使工会成为保护他们日常切身利益的组织。"面对党和普通工人对工会角色定位的分歧，他认为："工会工作必须从普通工人的要求出发，力求实现他们一切合理的能

---

① 李桂才主编：《中国工会四十年资料选编（1948—1988）》，辽宁人民出版社1990年版，第206—212页。

② 同上书，第213—216页。

够实现的要求,然后逐步地提高工人们的觉悟,来实现我们党的要求和目的。"①

(四) 工会角色之争的"定论"

毛泽东十分重视工会工作,而且,他本有意将工会工作放到党的七届四中全会上予以讨论。在1950年12月的一份批示上,毛泽东提出:"四中全会一定要讨论工会工作,并且以管好工厂工会工作为中心来研究。"② 然而,1951年党内关于工会工作认识歧见的深化,尤其是时任工会领导人关于工会自治的意见,使他深感工会工作中有严重错误,有必要立即着手解决。1951年11月,中共中央成立中华全国总工会党组干事会,负责指导全总党组工作。1951年12月召开的全总党组第一次扩大会议上,作《在工会工作问题上的分歧》结论报告,并通过《中共全国总工会党组扩大会关于全国总工会工作的决议》。决议认为,时任工会领导人在工会工作上犯了"严重的原则错误",否认了党对工会的领导,是"经济主义""工团主义"的具体体现,"表现了社会民主党的倾向",是"完全反马克思列宁主义的"。③

新中国成立初期,党内就工会问题出现认识上的分歧,这是探索道路上的必然之举。平心而论,在政权尚不稳固的时期,即把工会等社会组织置于与党和政府相对独立的地位,这对于当时治国理政经验较为贫乏的执政党而言,无疑是一个重大的挑战,党内领袖对工会可能存在的"工团主义"倾向的高度警惕恰恰印证了这种潜在的担忧。遗憾的是,这次论争的结局并没有在总结工会工作经验教训的基础上对新时期工会工作进行更为深入的理论探讨,而是以政治批判的方式

---

① 参见《刘少奇选集》下卷,人民出版社1985年版,第96—99页。
② 毛泽东:《对中共中央西北局关于职工运动报告的批示》(1950年12月30日),载李桂才主编《中国工会四十年资料选编(1948—1988)》,辽宁人民出版社1990年版,第164页。
③ 参见《关于全国总工会工作的决议》(1951年12月22日),载李桂才主编《中国工会四十年资料选编(1948—1988)》,辽宁人民出版社1990年版,第295—301页。

仓促了断。工会领袖的主张无法上升到政党—意识形态层面，所以就工会来说，其改革的意图也基本上无法实施，甚至换来被撤换的结局。

新中国成立初期的工会角色之争，虽然说仅是其中的一个个案，但这一个案背后，却蕴含着社会组织民间性与自治性获得与否的争论。因而，工会角色之争最终的这种"定论"，寓示着当时国家对于社会组织的另一种定位和发展方向，工会等社会组织民间性与自治性的丧失，也就在情理之中。

第三节　总体型制度环境下社会组织准政府化

社会组织虽然说具有延续性的特点，但这一时期的社会组织与旧中国的社会组织相比较，其异质性的特点十分明显。表现在其与政党的关系、与政府的关系、社会组织的属性、社会组织的资源供给、社会组织的作用发挥、作用发挥的表现形式等各个方面，社会组织无法独立自主地发挥作用。而且，由于社会组织无法自主获取其生存与发展所需要的资源与社会空间，因而这一时期的社会组织"只是一些具有政府编制和行政级别"的准政府机构。[1]

一　党的全方位领导

坚持党的领导，是党领导的社会主义革命与建设事业取得胜利的根本保证。1850年，马克思、恩格斯在《共产主义者同盟中央委员会告同盟书》中指出，无产阶级政党"应该使自己的每一个支部都变成工人协会的中心和核心"[2]。抗日战争初期，毛泽东即指出无产阶级应该"经过它的政党实现对于全国各革命阶级的政治领导"问

---

[1] 参见康晓光等《NGO与政府合作策略》，社会科学文献出版社2010年版，第9页。
[2] 《马克思恩格斯选集》第1卷，人民出版社1995年版，第369页。

题。① 新中国成立以后,中国共产党通过《中国人民政治协商会议共同纲领》和《中华人民共和国宪法》确立了中国共产党在国家政治权力结构体系中的核心地位。出于新政权巩固及新的意识形态强化的需要,此时党的领导延续了革命时期的党对群众团体的领导方式,以组织嵌入、社会组织领导人选任、党员的渗透及党员发展等举措实现了对社会组织的直接领导。党的领导由政治领导实际上演化为全方位领导,党与社会组织的关系是"非常简单的领导与被领导的关系"②。如1951年3月,刘少奇在中国共产党第一次全国组织工作会议上所作的报告中就说道:"新民主主义青年团、工会、农民协会、合作社、妇女联合会、文化工作者的团体等,都是党联系人民群众的纽带,也是党向人民群众进行共产主义教育的场所。凡有这些团体的地方,一切共产党员均须加入这些团体,并在其中起积极的模范的作用,同时进行共产主义的宣传教育。"③

二 政府系统的延伸

最初,国家在其社会建构过程中,有意与社会保持一定的距离,注重社会组织信任机制的建立。以这一时期工商业联合会的发展为例,国家组建及改组工商业联合会(简称工商联),一度十分注重保持工商联作为社会组织的民间性与自治性,给予了工商联一定的信任,具体体现在:一是从会员构成上,强调私营企业者的主体地位,在1949年8月《中共中央关于组织工商业联合会的指示》中,虽然提出"我公营企业的主持人员亦应参加进去一些",但又明确"公家人员不宜参加者不要太多,以免私营企业因公家人占多数不便讲话裹

---

① 《毛泽东选集》第1卷,人民出版社1991年版,第262页。
② 王智、许晓斌:《1978年以来中国政治结构的分野化——以"党—政府—社会"三元关系为中心》,《社会主义研究》2009年第6期。
③ 刘少奇:《在中国共产党第一次全国组织工作会议上的报告》(1951年3月28日),载中央档案馆、中共中央文献研究室编《中共中央文件选集》第6册,人民出版社2013年版,第37页。

足不前","工商业联合会的重心是私营企业"①;二是注意工商联所代表的工商业者利益,注重其维护工商业者权益职能的发挥,在1952年8月中央统战部《关于改组工商业联合会的指示》中,仍然提出要使工商联"在广大工商业者中享有适当信仰"②;三是尊重工商联组织的独立性,在1957年2月中央统战部《关于继续发挥工商业联合会的作用的意见》中,明确提出"对于工商联要给予信任,尊重它的组织独立性"③;四是强调对工商联的领导仅限于政治领导,"对于工商联应该加强政治领导,反对采取任何组织控制的办法"④。

但与此同时,国家的强力介入越加使社会组织成为政府系统的延伸。这一时期的社会组织,虽然是对公民结社权的一种确认,但在全能主义政治形态下,国家与社会高度一体化,社会组织的工具作用十分明显。《社会团体登记暂行办法施行细则》第八条规定:"社会团体应接受该管人民政府对工作上的指导,并协助政府进行经济、文化、国防等各项建设。"⑤社会组织作为国家的工作机构之一履行更多的是来自上级的职责和任务,社会组织仅仅是以党和政府的助手、政府的附属机构形式存在,并不代表着社会领域,"政府所宽容、允许或提倡的、在蜂窝状结构上形成的各种社会基层组织,事实上也主要是一个个相似的、起到政府职能延伸作用的地方性团体"⑥。同样以工商联为例:首先,工商联脱胎于旧社会纯粹民间性的同业公会及商会,并在此基础上组建,但国家的强力介入使得工商联自组建开始,就越来越远离其民间性的轨道;其次,国家的强力介入使工商联

---

① 全国工商联文史办公室编:《中华全国工商业联合会重要历史文献选编(1953—1993)》,中华工商联合出版社1993年版,第1页。

② 同上书,第42页。

③ 中共中央文献研究室编:《建国以来重要文献选编》第10册,中央文献出版社1994年版,第52页。

④ 同上书,第52页。

⑤ 《社会团体登记暂行办法施行细则》,《山东政报》1951年第6期。

⑥ 毛丹:《追究"市民社会"的历史资源》,载张静主编《国家与社会》,浙江人民出版社1998年版,第219—220页。

添加了许多外在的职能,旧社会的同业公会及商会的主要职能是通过与政府进行交涉维护工商业者的权益,但工商联在成立伊始,就被赋予了协助党和政府团结和改造资本主义工商业者的任务,成立工商联的最初设想中强调了"教育和团结私人工商业家"之目的,[①] 1952年8月中央统战部《关于改组工商业联合会的指示》进一步明确要使工商联"成为党和人民政府借以团结、教育和改造私营工商业者"的组织,[②] 党和政府赋予的这些外在的职能,越来越成为工商联最为主要的内在职能;最后,1956年完成对资本主义工商业的社会主义改造之后,随着工商联工作人员"干部化"和经费纳入国家行政预算,工商联开始成为政府系统的一员维持运行。

　　工商联的发展变化表明,这一时期,社会组织的发展主要是依靠党和政府自上而下的"引导"方式得以实现。国家虽有意保持其与社会组织之间一定的距离,但随着政党—政府—社会高度同构社会建构模式的成形,"整个社会从微观到宏观,从个人到组织几乎都成了没有任何自主性的国家权力的附属物"[③]。社会组织被纳入政府系统,成为"政府的附属机构"[④],政府对社会组织的管理"完全仿照对政府职能部门的管理,不但组织的负责人完全由政府任命,并且其升迁、福利等各方面也都由政府统一管理。组织的所有决策,也都由政府或其官员来完成"[⑤]。在基层单位,社会组织与党的基层组织、国家组织、经济组织之间几乎"没有什么区别"[⑥],而且,"在某些情况

[①] 全国工商联文史办公室编:《中华全国工商业联合会重要历史文献选编(1953—1993)》,中华工商联合出版社1993年版,第1页。

[②] 同上书,第41页。

[③] 梁波:《中国特色社会组织建设》,《黑龙江社会科学》2008年第5期。

[④] 沈晓丹:《社会团体暨基金会向民间组织发展的困扰与对策》(一),《科学学与科学技术管理》1996年第1期。

[⑤] 康晓光等:《依附式发展的第三部门》,社会科学文献出版社2011年版,第34页。

[⑥] [美]汤森、沃马:《中国政治》,顾速等译,江苏人民出版社1995年版,第97页。

下，它们对自己所代表的团体行使管理和服务的职能"①。更为典型的案例是，1964年，湖南省委在农村社会主义教育运动过程中，针对"三种地区"②，提出由贫农下中农协会取代地方政权，"一切权力归贫协，把政治的、武装的、经济的、文化教育的领导权统统拿到贫协组织手里，一直到选出新的领导核心，移交权力时为止"③。这一方案得到党中央同意，并提出"各地亦可参照湖南省委意见酌情办理"④。因而，这一时期的社会组织基本上是党和政府领导之下的"官办"社会组织。这也正如梁治平等人所认为的那样，"20 世纪 50 年代以后建立的各种'人民团体'或'群众组织'实际只是官方组织的延伸"⑤。

三　职能的偏移

新中国成立之初，百废待兴，在全能主义政治形态下，国家逐渐担负起了社会建设的所有任务，挤压了社会组织的生存与发展空间。如救济福利事业，仍存在不少旧中国时期即已存在的慈善类社会组织，但基于新的意识形态的判断，这些原有的慈善类社会组织，被认为不过是"统治阶级欺骗与麻痹人民的装饰品"和"少数热心人士的孤军苦斗"⑥，因而大都招致消亡的命运。中国人民救济总会和中

---

①　[美] 汤森、沃马：《中国政治》，顾速等译，江苏人民出版社 1995 年版，第 98 页。

②　即"大队、生产队干部躺倒不干，消极抵抗"的地区；"领导权被那些和平演变过去的人掌握"的地区；领导权"被打进来的敌人掌握"的地区。

③　中共中央文献研究室编：《建国以来重要文献选编》第 19 册，中央文献出版社 1997 年版，第 328 页。

④　同上书，第 326 页。

⑤　梁治平：《"民间"、"民间社会"和 Civil Society——Civil Society 概念再检讨》，《云南大学学报》（社会科学版）2003 年第 1 期。持类似观点的还有，如雷颐对工会角色的研究中也曾经指出："在这种党、国家、社会高度一体化体制下，中国的工会实际上成为一个具有行政级别的行政机构。"参见雷颐《工会角色的历史追溯》，《经济观察报》2010 年 6 月 28 日。

⑥　董必武：《新中国的救济福利事业》，《人民日报》1950 年 5 月 5 日。

国红十字会的成立,本是社会组织承担部分救济福利事业的体系架构的重要内容,但随着国家开始主动担负起救济福利事业主体的使命,这一体系架构也逐渐为政府机构所替代。1955年11月22日,中国人民救济总会和中国红十字会合署办公后,国内救济工作由内务部承担,国际救济工作则由中国红十字会承担。

社会结构的重塑,社会组织作为"沟通国家和党的机构中的代表,并动员人口中的各个部分支持中共","动员起一般的民众来辅助与支持党的国家机构的工作"。[①] 1950年7月,朱德在第一次全国民政会议上的讲话中强调:"政府的民政部门,即是政府在组织人民群众工作上的助手,在民政部门工作的同志,应把组织群众作为最大的任务。"[②] 社会组织的创建及清理整顿工作,即可视为政府组织群众任务的重要组成部分。而且,在随后的社会组织清理整顿之后,"非政治性开始成为中国社会组织的一个鲜明而重要的特征"[③]。在阶级斗争仍未脱离国内政治生活主题的环境下,社会组织的阶级属性使社会组织在非政治性的要求下具有了许多政治色彩。非政治性的要求是指不允许社会组织像政党一样发展,不允许非工农类社会组织的存在,不能有封建色彩。政治色彩是指尽管有上述非政治性的要求,但社会组织在高度整合的社会结构中却呈现政治化的趋向,时常充当阶级斗争的工具,承担大量政治动员与思想政治教育的功能。1951年3月,刘少奇在中国共产党第一次全国组织工作会议上所作的报告中明确指出:"党所领导的人民群众的团体,例如:新民主主义青年团、工会、农民协会、合作社、妇女联合会、文化工作者的团体等,都是党联系人民群众的纽带,也是党向人民群众进行共产主义教育的场所。"[④]

[①] [美]汤森、沃马:《中国政治》,顾速等译,江苏人民出版社1995年版,第98页。
[②] 孟昭华、王涵:《中国民政通史》(下),中国社会出版社2006年版,第192页。
[③] 王名:《社会组织概论》,中国社会出版社2010年版,第80页。
[④] 刘少奇:《在中国共产党第一次全国组织工作会议上的报告》(1951年3月28日),新华网(http://news.xinhuanet.com/ziliao/2004-12/17/content_2347074.htm)。

第二章　总体型制度环境与社会组织准政府化（1949—1978 年）

　　由此可见，社会组织的重构基本上适宜新中国成立初期中国的社会—公民文化环境，如在新中国成立初期的特殊环境下，一些社会组织以民间组织的身份在处理各种国际事务、促进中外交往、打破新中国的孤立局面等方面发挥了特殊作用。但毋庸讳言，个人与组织皆被视为一架机器上的螺丝钉或组件，与公民对社会生活的多样化需求形成矛盾。而且，这种重构也带来了社会组织功能的偏移。与现代意义上的社会组织有很大的不同，新中国成立初期的社会组织定位并非立基于公益精神、志愿精神，而是"作为党和国家联系群众、控制社会的纽带而存在"[①]；另外，社会组织的存在并非强调公众参与，公众以客体的方式加入社会组织，往往成为动员的对象、管理的对象、工作的对象。从意识形态角度而言，党的一元化领导不允许有独立于党和政府之外的独立空间存在。在结社自由权利与社会动员、社会组织特定群体权益维护与社会整合之间的选择上，新中国成立初期显然更倾向于社会动员与社会整合。社会组织在去政治化的同时实际上又被极度政治化，成为党和政府进行政治动员并经由此实现社会动员和社会整合的一个工具。这一方面受到苏联模式的影响，另一方面也契合了中国传统的社会构建理念。因此，社会组织作为党和政府联系各阶层人民群众的桥梁和纽带，主要承担的是团结和教育的功能。如"1950 年陆续建立的工商业者联合会主要是为团结和教育工商业者而设，后也参加'政协'，起着与民主党派类似的作用，而与作为民间社团的旧商会在性质与功能上迥然不同"[②]，"并非一个行业性的组织，其实质是一个政治性的民主团体"[③]。这一时期，社会组织响应党和政府号召，动员广大人民群众积极投身到社会主义革命和建设中去，在土地改革、恢复国民经济、镇压反革命、抗美援朝、"三反五

[①] 王名、刘求实：《中国非政府组织发展的制度分析》，《中国非营利评论》2007 年第 1 卷。
[②] 王名：《社会组织概论》，中国社会出版社 2010 年版，第 80 页。
[③] 范省伟：《基于组织变迁视角的行业协会发展研究》，博士学位论文，西北大学，2005 年。

反"、社会主义改造等各项大的运动中发挥了重要作用。

而且，这一时期的社会组织普遍具有统一战线性质。社会组织是党和政府领导下，在爱国民主和拥护社会主义基础上团结社会各界、各阶层人民的一种组织形式。1950年4月13日，周恩来在全国统一战线工作会议上的讲话中指出："工会是工人阶级的群众组织，同时也带有统一战线的性质……全国解放后，中国工会要强调阶级教育，不同政治主张的差别并不大，但这里仍有统一战线性质。如劳协也包括在工会之内。同时，工会中也有不同政治主张的分子，民主党派分子也会参加进去，虽然这是少数，但也就包含有不同的阶级成分。因此，中国工会既是工人阶级的群众性组织，同时也带有统一战线性质。"① 在这次讲话中，周恩来还强调青联、学联、妇联、学术团体这些团体都带有统一战线性质。

四 资源的完全供给

托克维尔曾经对国家吞噬社会的弊病有过深刻分析，认为："政府当局越是取代社团的地位，私人就越是不想联合，而越要依靠政府当局的援助。"② 总体型制度环境下，社会自治和社会组织自治能力相对较差。计划经济体制下，国家掌控绝大部分的稀缺资源，教育、卫生、社会救助、社会福利等公共产品完全由政府提供。社会组织人、财、物的资源供给严重依赖政府，社会组织难以独立自主地发挥作用。1954年宪法规定"国家供给必需的物质上的便利，以保证公民享受这些自由"③，国家将为社会组织提供必要的资源视为当然之"义务"。到社会组织单位体制确立以后，社会组织的各种资源更是处于完全供给制的状态，"包括确定编制、任命领导、明确身份（社

---

① 中共中央文献研究室编：《建国以来重要文献选编》第1册，中央文献出版社1992年版，第185页。
② [法]托克维尔：《论美国的民主》下卷，董果良译，商务印书馆2011年版，第640页。
③ 《中华人民共和国宪法》，《安徽政报》1954年第3期。

团组织工作人员具有政府机关干部的身份)、提供经费等"①。同样以工商联为例，1957年2月25日中共中央批示中央统战部《关于继续发挥工商业联合会的作用的意见》，明确"工商联机关干部是国家干部的一部分"②；1958年12月26日的国务院批示，进一步明确"各级工商联经费，自1959年1月起，停止收取会费，其经费纳入国家行政预算，其人员编制，列入国家行政编制"③。资源的完全供给制，虽然一方面保证了社会组织日常运行所需的基本条件，对于扶持社会组织发展和保障公民结社自由权利具有重要作用；但另一方面无形中也使社会组织受到党和政府的掣肘，造成了事实上的一体化和完全的依赖关系。

---

① 张良：《我国社会组织转型发展的地方经验：上海的实证研究》，中国人事出版社2014年版，第12页。
② 中共中央文献研究室编：《建国以来重要文献选编》（第10册），中央文献出版社1994年版，第51页。
③ 全国工商联文史办公室编：《中华全国工商业联合会重要历史文献选编（1953—1993)》，中华工商联合出版社1993年版，第246页。

第三章

依附型制度环境与社会组织功能化（1978—1992年）

1978年关于真理标准问题的大讨论及随后召开的党的十一届三中全会，使我国得以冲破长期"左"倾错误的严重束缚，揭开了社会主义改革开放的序幕。1978年党的十一届三中全会标志着拨乱反正新时期的到来，国家政治生活开始正常化，总体性社会逐步瓦解，社会分化程度日益提高。改革开放深入发展所形成的体制性释放效应，极大地促进了社会组织的发展。

第一节 1978—1992年中国社会组织发展

改革开放以后，不仅新中国成立后的官办社会组织得到恢复发展，而且，传统中国社会的一些社会组织形态也得到了一定程度的恢复发展。尤为重要的是，为满足经济社会发展和社会生活多方面的需求，出现了大量新的社会组织，几乎涉及社会生活各个领域，其中尤以经济、文化、教育、学术研究类增加最多。"该时期我国社团无论是在数量上，还是种类上都超过以往任何时期。"据不完全统计，到20世纪90年代初，我国已有全国性社团1100多个，地方性社团10万多个。[①]

[①] 参见王世刚等《中国社团史》，安徽人民出版社1994年版，第466页。

一 社会组织的恢复发展

(一) 学术类社会组织恢复发展

原有学术类社会组织率先恢复活动,而且,学术类社会组织的勃兴也成为这一时期社会组织发展的主流。1977年8月,邓小平在科学和教育工作座谈会上提出了"从科学和教育入手"赶上世界先进水平要求。① 随后中共中央发出《关于召开全国科学大会的通知》,明确要求"科学技术协会和各种专门学会要积极开展工作"②。同年12月,中国科协率先组织中国金属学会等5家学会召开专题学术会议。到1980年中国科协召开第二次全国代表大会之际,中国科协所属全国性学会达到100多家,地方科协组织也渐次恢复发展。受原有学术类社会组织恢复发展的鼓舞,适应改革开放和经济社会发展需要,学术类社会组织创建日渐活跃,中国企业管理协会(1979年3月)③、中国环境科学学会(1979年3月)、中国婚姻家庭研究会(1981年10月)、中国职工思想政治工作研究会(1983年1月)、中国经济体制改革研究会(1983年2月)、中国政治体制改革研究会(1988年7月)等一批全国性学术类社会组织纷纷成立并开展活动。据不完全统计,到1981年,仅哲学社会科学新成立的全国性社会组织就有150多个。④ 另有数据显示,截至1987年,仅中国科协"所属全国性学会达146家,分科学会1555家,乡镇科普协会46569家"⑤。

(二) 群众组织恢复发展

工会、共青团、妇联等社会组织开始恢复正常化。1978年9月

---

① 《邓小平文选》第2卷,人民出版社1994年版,第48页。
② 《中共中央关于召开全国科学大会的通知》,《人民日报》1977年9月23日。
③ 《中国企业管理协会章程》明确定位"本协会是研究工业、交通、建筑企业管理问题的团体。研究国内外企业管理理论、制度、技术、方法和经验,为提高我国企业管理水平,加快实现四个现代化服务"。(参见《中国企业管理协会章程》,《经济管理》1979年第3期) 1999年4月,中国企业管理协会更名为中国企业联合会。
④ 王世刚等:《中国社团史》,安徽人民出版社1994年版,第465页。
⑤ 王名:《社会组织概论》,中国社会出版社2010年版,第81页。

起,妇联、工会、共青团系统分别召开全国代表大会。1978年12月,中华全国归国华侨联合会在北京召开第二次全国代表大会。1979年5月,中华全国青年联合会召开全国青联第五届委员会第一次会议。随后,工商联、文联、科协等社会组织相继召开全国代表大会,选举产生新的领导机构,恢复活动,并"在中国共产党领导下发挥各自特定的社会职能"①。党的十三大提出"要理顺党和行政组织同群众团体的关系,使各种群众团体能够按照各自的特点独立自主地开展工作,能够在维护全国人民总体利益的同时,更好地表达和维护各自所代表的群众的具体利益"②,这为妇联等群众组织进一步厘清职能、重新定位和朝着非政府化方向发展明确了道路。

(三)传统社会组织恢复发展

中国传统社会组织依凭血缘、地缘、业缘关系等而形成。尽管说现代社会组织形成的纽带已不再局囿于此,但并不意味着现代社会组织就可以摆脱这些纽带,而且,应该说,这些仍是现代中国社会组织形成的重要纽带之一。在20世纪初开始裂变且在新中国成立后国家倡导集体化之后被视为"落后、封闭甚至是反动的封建糟粕"的社会组织,如家族组织、同乡会,到了这一时期得到了"复兴"抑或说是"重建",这是因为"中国人生活的社会性,首先是由血缘来体现的"③。虽说这一时期复兴的家族组织和同乡会等传统社会组织,同样是基于血缘、地缘等关系形成,但显然,现代意义的家族组织、同乡会等,并不是对传统组织形式简单地恢复,而是"与前在的社会秩序存在一种似是而非的延续性"④。北京大学社会学系教授高丙中

---

① 王智、许晓斌:《1978年以来中国政治结构的分野化——以"党—政府—社会"三元关系为中心》,《社会主义研究》2009年第6期。

② 中共中央文献研究室编:《十三大以来重要文献选编》上册,人民出版社1991年版,第45页。

③ 高丙中、夏循祥:《作为当代社团的家族组织:公民社会的视角》,《北京大学学报》(哲学社会科学版)2012年第4期。

④ [英]吉登斯:《现代性的后果》,田禾译,译林出版社2000年版,第6页。

也认为,"传统社会的家族属性不能轻易套用在当代家族组织上,当代家族组织再怎么具有传统的属性,我们也不能否认它们是当代公民的结社"[1]。而且,传统中国社会中曾经存在的各种群众性业余文化娱乐性社会组织也得到恢复发展,如风筝协会、集邮协会、钓鱼协会、信鸽协会、门球协会、盆景花卉协会。

二 新社会组织的蓬勃发展

(一) 行业协会的发展

行业协会往往是指某一行业领域内以企业为主体自愿结成,以保护和增进会员利益为目标的互益型经济类社会组织。除行业协会之外,市场领域还活跃着商会、同业公会、联合会、促进会等经济类社会组织。这些社会组织的会员主体为从事相同性质经济活动的单位、同业人员,或同地域的经济组织,为行文方便,本书统称"行业协会"。新中国成立前后,全国各地就已经广泛存在行业协会性质的同业公会和商会组织。计划经济体制确立后,政党—政府—社会高度同构状态下行业发展成为政府职能的一部分,同业公会随即自行解体。

1978年改革开放之后,政府意识到商品经济条件下政企关系重新调整的必要性,因而,在这一时期,党和政府采取自上而下的方式积极推动行业协会组建。其一,是基于计划经济体制向市场经济体制转轨,国家对经济活动需要打破原来条块分割的部门管理,进而实现行业管理。国务院就此提出"按行业组织、按行业管理、按行业规划"的行业协会组建原则。1984年12月,国家计划委员会、国家经济委员会、国家统计局、国家标准局首次发布《国民经济行业分类和代码》国家标准,进一步确立了行业管理的战略调整,并奠定了行业协会的规范组建及发展的基础。1980年,国家经委在考察学习日本行业管理经验的基础上,开始着手行业协会的组建工作,由此开启了

---

[1] 高丙中、夏循祥:《作为当代社团的家族组织:公民社会的视角》,《北京大学学报》(哲学社会科学版) 2012年第4期。

经济管理体制从部门管理向行业管理转变之路。1980年，第一家全国性行业协会——中国包装技术协会成立。[1] 随后，中国食品工业协会（1981年）、中国有色金属加工工业协会（1981年）、中国氯碱工业协会（1981年）、中国交通运输协会（1982年）、中国设备管理协会（1982年）、中国电子音响工业协会（1983年）、中国广告协会（1983年）等全国性行业协会相继成立。在个体经济领域，行业协会的建立更是得以普遍推行。1981年7月，国务院出台《关于城镇非农业个体经济若干政策性规定》，提出个体经营者可以在自愿原则下按行业成立个体经营者协会或联合会，而且明确个体经营者协会或联合会的任务是"向会员提供各种服务，交流经验，传授技术，传达和组织学习党和政府的政策，检查督促会员自觉执行国家的政策法令，及时向有关部门反映他们的意见和要求"，"个体经营者协会或联合会，由工商行政管理部门或当地人民政府指定的部门领导"。[2] 1983年4月，国务院出台《〈关于城镇非农业个体经济若干政策性规定〉的补充规定》，进一步明确"个体劳动者协会，是个体劳动者自己管理自己的群众组织，并接受同级工商行政管理机关的指导"[3]。受此鼓舞，个体劳动者协会开始在全国各地普遍成立。1986年12月，建立了全国性的个体劳动者社会组织——中国个体劳动者协会。其二，是基于政企分开原则替代行政性公司的一种路径选择。1984年10月，党的十二届三中全会通过《关于经济体制改革的决定》，以城市为重点的经济体制改革全面展开。经济体制改革迫切要求通过政府简政放权和扩大企业自主权加快推进政企分开。1985年8月，国务院发布《关于进一步清理和整顿公司的通知》，各级政府由此启动了对行政性公司的清理整顿，随之一大批行政性公司被撤销。如上海市工

---

[1] 2004年9月更名为中国包装联合会。
[2] 国务院法制办公室编：《中华人民共和国法规汇编》第5卷，中国法制出版社2005年版，第610页。
[3] 国务院法制办公室编：《中华人民共和国法规汇编》第6卷，中国法制出版社2005年版，第366页。

业领域原有的 77 个行政性公司，其中 61 个被撤销或解体。[①] 出于行业管理和政府机构人员分流的需要，逐步发展行业协会成为进一步推进公司改革的路径选择，由此促成了行业协会的新一轮发展热潮，甚至"一些地方出现了一股成立行业协会热"[②]。其三，是基于政府机构改革和政府职能转变的需要。1987 年党的十三大提出"要按照经济体制改革和政企分开的要求，合并裁减专业管理部门和综合部门内部的专业机构，使政府对企业由直接管理为主转变到间接管理为主"[③]；紧接着，1988 年政府机构改革提出政府职能转变的目标任务，要求"政府的经济管理部门要从直接管理为主转变为间接管理为主，强化宏观管理职能，淡化微观管理职能"。在这一背景之下，行业协会再获良机。中国轻工工艺进出口商会（1988 年 8 月）、中国五矿化工进出口商会（1988 年 9 月）、中国纺织品进出口商会（1988 年 10 月）、中国通用机械真空设备行业协会（1988 年 11 月）等一批行业协会、商会应运而生。

（二）基金会的发展

基金会是"具有公益性、非营利性、非政府性和基金信托性的特殊的社会组织"[④]。1981 年 7 月，中华全国妇女联合会、中华全国总工会等 14 家单位共同发起，经中共中央书记处第 100 次会议批准，成立了新中国第一家公益基金会——中国儿童少年基金会。1981 年 9 月，经国务院批准，由香港爱国华侨关奋发先生倡议并捐款成立华侨茶叶发展研究基金会。随后，纪念宋庆龄国家名誉主席基金会（1982

[①] 上海市体改办：《上海改革行政性工业公司取得初步成效》，《中国改革》1987 年第 5 期。

[②] 姚江：《行业协会不应当是"翻牌机关"或"翻牌公司"》，《经济管理》1985 年第 2 期。

[③] 中共中央文献研究室编：《十三大以来重要文献选编》上册，人民出版社 1991 年版，第 40 页。

[④] 徐宇珊：《论基金会：中国基金会转型研究》，中国社会出版社 2010 年版，第 34 页。

年)①、中国煤矿文化宣传基金会（1982年）、孙冶方经济科学奖励基金委员会（1983年）、中国残疾人福利基金会（1984年）、北京社会福利基金会（1984年）、中国癌症研究基金会（1984年）②、中国国际文化交流基金会（1984年）、中国绿化基金会（1985年）等10余家基金会成立，由此形成以基金会募集资金开展社会公益事业的运作模式。据不完全统计，到1987年9月，全国共有基金会214个，其中全国性基金会33个，地方性基金会181个。③ 这些基金会主要集中在教育、科学、文化、卫生、社会事业等领域。

　　1988年9月《基金会管理办法》颁布，对基金会的性质、活动宗旨、建立条件、募捐方式、登记许可等做出明确规定。这一时期，基金会发起并组织实施了一批富有影响力的公益品牌项目，如1989年3月成立的中国青少年发展基金会在当年10月推出的"希望工程"；中国儿童少年基金会推出的"春蕾计划"……这些公益项目对于提升社会组织公信力、传播公益理念起到了积极的推动作用。④ 1989年《社会团体登记管理条例》颁布之后，基金会被纳入社会团体的管理范畴。1990年8月31日—9月2日，由中国科学技术发展基金会等基金会发起，14家基金会在河北承德召开了第一次全国性民间基金会经验交流与研讨会。

---

① 2005年9月更名为中国宋庆龄基金会。

② 2005年更名为中国癌症基金会。

③ 参见民政部民间组织管理局、国务院法制办政法司编《基金会指南》，中国社会出版社2004年版，第40页。

④ 需要说明的是，尽管1988年、1989年民政部发布的民政事业发展统计报告都涉及这一时期在农村建立的各种形式的社会保障基金会，如相关报告提到1988年农村建立各种形式的社会保障基金会达7.5万个，1989年农村建立各种形式社会保障基金会14.6万个，故而一些学者认为这一时期出现了"基金会热"，1999年国务院发文就此进行了专项清理整顿，这些农村合作基金会从此销声匿迹。由于这些农村合作基金会大都属于农村金融体系的范畴，非捐赠资金建立且具有营利性，与本书研究旨趣相左，故而本书不做探讨。相关研究可参阅温铁军《农村合作基金会兴衰》，《财经》2001年第44期。

（三）涉外社会组织出现①

1979年中美关系正常化之后，福特基金会（The Ford Foundation）、洛克菲勒基金会（The Rockefeller Foundation）、亚洲基金会（The Asia Foundation）、美国亚洲志愿者协会（Volunteers in Asia）、世界自然基金会（World Wild Fund for Nature）逐渐进入中国，在农业、医疗卫生、教育、环境保护、乡村扶贫、赈灾、计划生育、法律、文化等领域开展项目合作。如据估算，福特基金会在1979—1988年间提供合作项目金额约1800万美元。② 1982年，美国温洛克国际农业发展中心（Winrock International Institute for Agricultural Development）在中国农业科学院设立项目办公室，③ 与中国农业科学院合作开展农业扶贫项目。1984年，在联合国开发计划署的支持下，④ 中国政府开始主动寻求与国外民间组织合作。1985年，中国国际经济技术交流中心成立国际民间组织联络处，⑤ 在其直接推动下，德国农业行动、英国乐施会、德国明爱组织、丹麦明爱组织等一批国外民间组织进入中国，并开展了不少合作项目。1984年，加中贸易理事会（Canada-China Business Council）设立北京代表处，一些外国商会机构开始在中国成立。1988年5月，福特基金会在北京正式设立办事处。

---

① 由于涉外社会组织发展并非中国社会组织发展的主流，因而在后续篇章中不再就此进行专门论述。

② 参见吴玉章《中国民间组织大事记：1978—2008》，社会科学文献出版社2010年版，第51页。

③ 时名为洛克菲勒基金会农村发展部，又称温洛克国际畜牧业研究培训中心。1985年，洛克菲勒基金会农村发展部与美国农业发展委员会（Development Council）、美国国际农业发展服务协会（International Agricultural Development Service）合并成立温洛克国际农业发展中心。

④ 时任联合国开发计划署驻华代表孔雷飒建议中国政府在接受国际组织援助的同时，考虑接受国外民间组织援助。中国政府接受了这一建议，当年即在联合国开发计划署的支持下派出工作小组出访瑞士、瑞典、英国、德国，与约50个外国民间组织进行了接触。

⑤ 中国国际民间组织合作促进会前身。1987年经国务院正式确认为国际民间组织合作事宜的协调机构，1993年正式登记注册成立中国国际民间组织合作促进会。

三 社会组织治理法律框架的初步形成

改革开放之后较长一段时期，社会生活环境发生巨大变化，仍仅依循宪法中的原则性规定而未有具体规定的法律，1950年颁布的《社会团体登记暂行办法》已经难以适应新时期社会组织工作的新形势新要求，所以国家虽未明令废止，但实际上也无法得到有效贯彻执行，社会组织管理基本上处于法律的真空地带。这一方面给社会组织发展提供了空间，但也不可避免地造成社会组织管理的混乱，各种合法的、非法的社会组织猛增。

社会组织显现出的巨大力量，逐渐引起党中央的高度重视。1984年，中共中央、国务院发出《关于严格控制成立全国性组织的通知》，国家体改委据此针对社会团体问题进行了政策性调整。且在此通知中，明确显示国家已有制定结社法的动议。[①] 1986年《中华人民共和国民法通则》确立了社会团体的法人地位。1987年，国务院正式明确由民政部承担结社立法的起草工作和社会团体管理工作，这意味着社会组织管理由"各部门分散的行政型领导向统一的政策型领导转变"[②]。1988年7月，国务院机构改革过程中，民政部的社会行政管理职能得到确认，并两次明确社会组织管理工作是民政部的重要职能。由此，民政部正式组建社团管理司，对社会组织进行统一登记管理。随后，县级以上各级人民政府民政部门成立了相应机构，负责地方性社团登记管理工作。各级民政部门社会组织登记管理机关地位的确立，迈出了社会组织管理工作规范化、法制化的第一步。

1988年9月，国务院颁布《基金会管理办法》；1989年6月，颁布《外国商会管理暂行规定》；1989年10月，颁布《社会团体登记

[①] 《关于严格控制成立全国性组织的通知》中指出："在我国结社法制定颁行之前，请各地、各部门认真执行本通知精神，并对上述问题进行检查处理。"参见《中共中央、国务院关于严格控制成立全国性组织的通知》，《中华人民共和国国务院公报》1984年第31期。

[②] 郑琦：《完善党对社会组织的领导》，《中国党政干部论坛》2015年第2期。

管理条例》。《基金会管理办法》《外国商会管理暂行规定》《社会团体登记管理条例》三个法规的出台，虽然实质上仅是一些程序性、登记管理的行政管理规则，但这意味着我国社会组织发展的全面恢复，也标志着我国社会组织管理法律框架的初步形成。党和政府陆续通过部门规章等方式强化对社会组织的规范管理，如中央宣传部、民政部《关于社会科学、文化艺术类社会团体业务主管部门的职责分工及委托管理的通知》，民政部、国家科委《关于委托中国科协对全国性自然科学、技术科学类社会团体管理的通知》。根据1988年《基金会管理办法》，基金会实行业务主管部门、中国人民银行、民政部门三者共同管理的三重管理体制。实际上，在三重管理体制中，中国人民银行担当"主角"，担负着基金会审查批准和日常监管责任。为此，中国人民银行设立了基金会管理局，并陆续出台《关于对基金会进行清查的通知》《关于进一步清理整顿基金会的通知》《基金会稽核暂行规定》。1991年3月，中共中央办公厅、国务院办公厅《关于严格审批和整顿基金会的通知》，进一步明确对基金会提出严格审批及民政部登记的要求。

就地方性法规而言，仅社会组织较为集中、活跃的北京市在1986年制定了《北京市社会团体管理的若干规定》和《北京市社会团体登记试行办法》。

四 社会组织的清理整顿

1984年11月，面对全国性社会组织一哄而起的现象，中共中央和国务院发布了《关于严格控制成立全国性组织的通知》，提出要"严格控制成立跨行业、跨部门、跨地区的全国性组织"[①]，并据此对业已成立的全国性社会组织进行了复查，撤销了少数全国性社会组织。1985年9月，国家经济体制改革委员会制定了《关于成立全国

---

① 《中共中央、国务院关于严格控制成立全国性组织的通知》，《中华人民共和国国务院公报》1984年第31期。

性组织的若干规定》,就全国性组织的范围、必备条件、申报和审批、复查等事项作了进一步明确,强调成立全国性社会组织,要"坚持自愿原则",要"有业务主管部门或归口部门负责进行业务指导",并"按照不同类型,由国务院有关部门分工负责审核批准",且"禁止从事以营利为目的的生产、经营活动"。① 这些举措对于遏制全国性社会组织无序发展的局面起到了很好的作用。但是,上述通知主要针对全国性社会组织,而对地方性社会组织并未予以限制,而且,社会组织的规范管理问题没有得到根本解决。因而,社会组织发展依然处于混杂的环境之中,随意审批和自行成立社会组织的现象没有得到根本遏制。如1978—1992年,湖南新宁除了一些传统社会组织外,还成立医药卫生学会、水电学会、林学会、财政会计学会、珠算学会、粮油学会等14个社会组织,这些社会组织"未进行社会团体登记"②。

1988—1989年间陆续出台的《基金会管理办法》《外国商会管理暂行规定》《社会团体登记管理条例》,为规范管理社会组织提供了法律依据,且明确社会组织的登记管理机关为各级民政部门。据此,1990年6月,民政部着手起草的《关于清理整顿社会团体的请示》得到国务院批准,由此在全国范围内进行了为期一年的社会组织清理整顿工作。清理整顿过程中,不少社会组织苦于无法找到业务主管部门被撤销,结果,"注册社团总数从1989年20万家左右跌到了1991年11万家"③。经过此次清理整顿,不但对全国社会组织基本情况进行了摸底调查,而且重新理顺了社会组织与业务主管部门、登记管理

---

① 国家经济体制改革委员会《关于成立全国性组织的若干规定》(1985 – 09 – 25),载中央办公厅法规室等编《中国共产党党内法规选编(1978—1996)》,法律出版社2000年版,第432页。

② 新宁县志编纂委员会:《新宁县志(1978—2004)》,新浪网(http://city.sina.com.cn/city/t/2011 – 08 – 17/163921461.html)。

③ 王绍光、何建宇:《中国的社团革命:中国人结社版图》,《浙江学刊》2004年第6期。

机关之间的关系，改变了既往"多头审批、多头管理"甚至是无人管理的社会组织管理混乱局面，社会组织双重管理体制得到正式施行，加强了国家对社会组织的系统化管理，对社会组织健康发展起到了重要作用。

第二节 依附型制度环境

拉美经济学家桑克尔（Osvaldo Sunkel）、美国社会学家弗兰克（Adre Gunder Frank）基于发达国家与发展中国家之间的国际关系提出了"支配—依附理论"（Theory of dominance – dependence）。康晓光对改革开放以后社会组织发展状况的分析，也提出了当代中国社会组织"依附式发展"的鲜明特征。1978—1992年中国社会组织的全面兴起，是适应改革开放、市场经济发展、政府机构改革和基层社会权力重构新态势的产物，社会组织总体是在体制内的框架以自上而下的方式产生，鲜有纯粹民间自然生发的社会组织。社会组织的大发展主要表现为国家基层权力空间让渡与政府职能转移的制度安排，社会组织合法性的获得形成行政合法法占据主导的发展格局，因而这一时期社会组织发展的制度环境总体表现为社会组织依附于党和政府的依附型制度环境。

一 党的政策型领导

党的十一届三中全会以后，以邓小平为核心的第二代中央领导集体通过总结历史上正反两方面的经验教训，科学审视世情、国情和党情，就新形势下如何坚持和改善党的领导进行了积极探索。中国共产党的工作重心从"以阶级斗争为纲"向"以经济建设为中心"转移，实现了党的执政理念的飞跃性转变。党和政府逐渐认识到社会组织力量在经济社会发展中的重要作用，"随着四化建设的发展，一些从事经济技术咨询、信息服务和专题研究的民间组织相应出现，对搞活经济，促进智力开发，起了积极作用"①。中国共产党不再坚守组织化社会之初衷，而是有意让渡一定的社会空间。更为重要的是，基于建立一个"小政府、大社会"的服务型政府和政府机构改革进程中政府职能转移的需要，在聚焦经济领域推进经济体制改革的过程中，中国共产党甚少直接介入社会组织领域，党的政策型领导成为党对社会组织领导的现实选择，这也为社会组织发展提供了更加宽松的政治环境。

"党的政策型领导主要体现在党指明发展的方向、任务、要求。"② 这一时期，中国共产党将全能主义政治形态下所包揽起来的权力适度分解，致力于厘清政党、政府、社会的权力边界，保证国家的立法、司法、行政机关，经济、文化组织和人民团体积极主动地、独立负责地、协调一致地工作，明确党的领导是政治领导，使党的领导方式转变富有针对性和实效性，从而使党的领导朝着科学化、制度化、规范化的方向迈进。邓小平认识到，党包揽一切、权力过于集中的问题对于国家政治生活的正常化是一种极大的阻碍，"我们历史上多次过分强调党的集中统一，过分强调反对分散主义、闹独立性，很少强调必要的分权和自主权，很少反对个人过分集权。过去在中央和地方之间，分过几次权，但每次都没有涉及党同政府、经济组织、群众团体等等之间如何划分职权范围的问题"③。1980年8月，邓小平在中共中央政治局扩大会议上发表《党和国家领导制度的改革》的讲话，从制度层面对苏联斯大林严重破坏社会主义法制、国内发生"文化大革命"及现行领导制度等进行深刻反思，指出要坚持和改善党的领导，切实解决领导制度问题，切实转变党的领导方式，调整中国共产党与社会组织之间的关系成为党坚持和改善党的领导主题下的重要内容。1987年10月党的十三大报告明确提出："在党和政府同群众组织的关系上，要充分发挥群众团体和基层群众性自治组织的作用，逐

---

① 《中共中央、国务院关于严格控制成立全国性组织的通知》，《中华人民共和国国务院公报》1984年第31期。
② 郑琦：《完善党对社会组织的领导》，《中国党政干部论坛》2015年第2期。
③ 《邓小平文选》第2卷，人民出版社1994年版，第329页。

步做到群众的事情由群众自己依法去办"①;"理顺党和行政组织同群众团体的关系,使各种群众团体能够按照各自的特点独立自主地开展工作,能够在维护全国人民总体利益的同时,更好地表达和维护各自所代表的群众的具体利益"②;并提出了"党、政权组织同其他社会组织的关系制度化"的目标要求。③

二 政府的管控策略

这一时期,社会组织的发展经历了一个从放任发展到管控发展的阶段,政府的法律法规也从无到有。出于对社会组织政府选择的需要,法律法规也呈现出鲜明的管控思维。1985年的国家经济体制改革委员会文件即已表现出了对社会组织管控发展的意向,但仅对全国性社会组织的成立及管理作了笼统的原则性规定,而对基金会的管理则是长期处于无相关法律规定的制度环境中前行。到1988—1989年间,国家陆续颁布《基金会管理办法》和《社会团体登记管理条例》,政府对社会组织的管控更加得到强化。

(一) 双重许可制度

改革开放之初,社会组织处于放任发展状态。从中央到地方,没有统一的社会组织管理机构。社会组织成立大都由相应的党政主管机关审批,有些甚至是由主管机关领导口头同意或批示,未履行基本手续。更有甚者,一些社会组织未经任何批准手续擅自成立。随意审批甚至是擅自设立社会组织的现象,带来了社会组织日常监管的严重缺位。1985年9月国家经济体制改革委员会《关于成立全国性组织的若干规定》的出台,初步恢复了1950年《社会团体登记暂行办法》和1951年《社会团体登记暂行办法施行细则》所确立的登记许可制度,规定全国性社会组织的审核批准"按照不同类型,由国务院有关

---

① 中共中央文献研究室编:《十三大以来重要文献选编》上册,人民出版社1991年版,第39页。
② 同上书,第45页。
③ 同上书,第47页。

部门分工负责",明确社会学术组织"属于自然科学方面的,由国家科委审核批准;属于哲学、社会科学方面的,暂由国家体改委审核批准";社会经济组织则进一步细分各种样态,明确"经济组织,包括各种行业协会、专业协会、经济技术咨询和信息服务组织等,由国家经委审核批准。集资性组织(如各种基金会),由中国人民银行审核批准";社会福利组织"由民政部审核批准"。对上述三类以外的其他社会组织,则赋予外交部、国务院侨务办公室、新华通讯社、广播电视部、文化部、国家教育委员会、卫生部、国家体委、司法部、公安部、国家安全部等业务主管部门审核批准的权限。[①]

《关于成立全国性组织的若干规定》虽然明确了全国性社会组织的审批程序,但这一规定也有两个较为明显的制度缺陷:一是社会组织多头审批现象,实际上使社会组织管理处于"九龙治水""各自为政"的混乱局面之中,不利于社会组织的规范管理;二是仅对全国性社会组织做出若干规定,而对地方性社会组织管理未予明确。1988年7月之后,各级民政部门承担社会组织统一登记管理职能之后,随后颁布的《基金会管理办法》《外国商会管理暂行规定》《社会团体登记管理条例》,进一步对双重许可制度进行了确认。[②] 如《基金会管理办法》第十一条规定:"建立基金会,由其归口管理的部门报经人民银行审查批准,民政部门登记注册发给许可证,具有法人资格后,方可进行业务活动。"

(二)双重管理体制

1989年10月颁布的《社会团体登记管理条例》初步确立了登

[①] 国家经济体制改革委员会《关于成立全国性组织的若干规定》(1985-09-25),参见中央办公厅法规室等编《中国共产党党内法规选编(1978—1996)》,法律出版社2000年版,第431—434页。

[②] 需要说明的是,这一时期的外国商会归口对外经济贸易部登记管理,在1989年6月《外国商会管理暂行规定》中明确:"成立外国商会,应当通过中国国际商会提出书面申请,由其报送中华人民共和国对外经济贸易部(以下简称审查机关)审查。"2013年修订《外国商会管理暂行规定》时才明确:"成立外国商会,应当向中华人民共和国民政部(以下称登记管理机关)提出书面申请,依法办理登记。"

记管理机关与业务主管单位双重负责的社会组织管理体制。《社会团体登记管理条例》第六条明确社会组织的登记管理机关为"国务院民政部门和县级以上地方各级人民政府民政部门";业务主管单位为"国务院有关部门和县级以上地方各级人民政府有关部门、国务院或者县级以上地方各级人民政府授权的组织"。①《社会团体登记管理条例》第九条规定:"申请成立社会团体,应当经过有关业务主管部门审查同意后,向登记管理机关申请登记";②第八条规定:"有关业务主管部门和登记管理机关应当对经核准登记的社会团体负责日常管理。"③ 社会组织双重管理体制的初步确立,一方面加强了对社会组织的管理,使社会组织在一定程度上得以发展,但另一方面,业务主管部门对社会组织具有"生杀予夺"之大权,业务主管部门成为附属社会组织的"紧箍咒",由此形成了社会组织对政府的依附关系。

(三)·非竞争性原则

1985年《关于成立全国性组织的若干规定》提出"按门类或大的行业组建"全国性社会组织的基本方针,并在此基础上提出了非竞争性的原则和限制分支的原则,强调同"一个门类或大行业,只能成立一个全国性组织","全国性组织需要成立分支组织时,应征得业务主管部门或归口部门同意"。④ 1989年颁布的《社会团体登记管理条例》第十六条规定"在同一行政区域内不得重复成立相同或者相似的社会团体"⑤。1988年颁布的《基金会管理办法》未有类似要

---

① 国务院法制局编:《中华人民共和国法规汇编(1989年1月—12月)》,中国法制出版社1990年版,第152页。
② 同上书,第152—153页。
③ 同上书,第152页。
④ 国家经济体制改革委员会《关于成立全国性组织的若干规定》(1985-09-25),载中央办公厅法规室等编《中国共产党党内法规选编(1978—1996)》,法律出版社2000年版,第433页。
⑤ 国务院法制局编:《中华人民共和国法规汇编(1989年1月—12月)》,中国法制出版社1990年版,第154页。

求,但随着基金会在 1989 年纳入社会团体管理范畴,因而在随后的清理整顿活动中明确要求"同一地区或同一部门宗旨、任务相同的基金会应予合并"①。社会组织的非竞争性原则和限制分支原则,体现了当时国家在社会领域依旧沿用计划经济体制下的块块管理的模式。

(四) 年度检查制度

最初的放任发展,社会组织的运行及监管纯粹取决于业务主管部门或归口部门的意愿程度,加之业务主管部门或归口部门的普遍化造成其管理责任的泛化,这既不利于社会组织自身的健康发展,也不利于国家对社会组织的有效管理。因此,1989 年颁布的《社会团体登记管理条例》第二十四条规定:"登记管理机关对社会团体实行年度检查制度",由此逐步确立了对社会组织的年度检查制度,以此作为实现国家对社会组织的监督管理和保证社会组织健康运行的重要手段。

三 政府主导发展取向

这一时期,总体性社会逐步瓦解,城市单位体制式微,城市居民逐渐由"单位人"向"社会人"转变。农村家庭承包制的普遍实行,人民公社体制逐渐开始解体,1982 年重新修订的宪法确立了"乡政村治"体制模式,即农村最基层的政权组织是乡镇人民政府,而按居住地设立的村民委员会成为基层群众性自治组织。社会结构亦由原来的相对单一的"两阶级一阶层"(即工人阶级、农民阶级和知识分子阶层)变得更为多元,出现了私营企业主、"三资"企业从业人员、手工业劳动者和个体劳动者等新的社会阶层。总体性社会瓦解与基层权力结构转变,使得原来单位或人民公社所承担的社会功能剥离出来,而这些社会服务显然又是居委会、社区或是村委会所难以提供的;社会结构变动与新社会阶层的出现,使得人们对于社会服务的需求日渐多元。

---

① 《关于进一步清理整顿基金会的通知》,载中国人民银行办公厅等编《一九八九年金融规章制度选编》上册,中国金融出版社 1990 年版,第 126 页。

国家对社会空间的释放,并不意味着政府对社会领域的退出。在国家管理社会的思维主导下,国家对社会公共产品的提供仍被认为是天然的义务。因而,这一选择的过程自然表现为国家通过社会空间的释放,有意识地在退守领域培植社会组织。尽管此时国家对社会空间是逐步释放,社会组织逐步承接,社会组织以"摸着石头过河"的方式发展,国家对社会组织的管理也在"摸着石头过河"中探索前行,但这一时期的社会组织发展的制度环境,既表现出党和国家通过登记许可制度、双重管理体制、设置政治性和经济性条件来提高准入"门槛",以实现社会组织发展"政府选择"的一面;也表现出随着公民主体意识增强,社会组织通过建立与党和政府的紧密关系,寻求政治合法性、行政合法性,主动拓展生存与发展空间的另一方面,政府退守的领域,社会组织的迅速补位得到党和政府的充分认可。显而易见的是,在党的控制策略及政府的管控策略下,没有形成以社会合法性为基石、以法律合法性为核心的合法性塑造,政治合法性,尤其是行政合法性的取得成为社会组织生存与发展的优先考量。行政合法性的获得反映的是社会组织对党和国家的一种依附关系,因为法律合法性供给的不充分,社会合法性及政治合法性又不可捉摸,政府的不完全退守与社会组织的不完全承接造成了社会组织对国家的强烈的依赖关系,寻求党和政府的支持、依附于党和政府仍然是社会组织行为选择的最佳策略。这既是总体型制度环境下国家与社会组织关系的"惯性"使然,也是这一时期社会组织发展强烈的政府主导发展逻辑的显现。故而社会组织在这一时期往往表现为期冀通过行政合法性的获得为社会组织生存和发展寻得空间,如1982年创办的新中国第一所民办高校——中华社会大学成立时,立即遭到上级教育行政主管部门的阻止,认为"办学是非法的,必须立即停止招生和教学",后来通过上书时任全国人大委员会委员长彭真寻求支持后得以继续办学。[①]

[①] 参见吴玉章《中国民间组织大事记:1978—2008》,社会科学文献出版社2010年版,第91页。

第三节　依附型制度环境下社会组织功能化

1978—1992年，政党—国家—社会高度同构的一体化模式已经解体，尽管说，在党政分开、政企分开等宏观背景之下，党和政府与社会组织之间的关系发生了根本变化，不少社会组织不再作为"单位"之一扮演着准政府组织的角色，但这一时期，社会组织仍具有高度的依附性，并担任党和国家的"助手"。

一　助手角色的定位

在依附型制度环境下，社会组织主要是自上而下政府选择的结果。无论是政府的行业管理需要，还是替代行政性公司的路径选择，抑或是政府职能转变的"副产品"，无一例外地赋予社会组织政府助手的角色。"政府建立各式贸易协会和商会等中介组织来协调和监管经济事务，以取代政府的直接管理。政府也有意扶植一些非政府组织来转移原本由自身承担的社会服务，以减少其负担。在社会发展领域，政府还希望非政府组织能够动员社会资源，以节约自身开支。这些非政府组织开展活动时必须坚持党的路线方针，做党的'得力助力'而不是独立社团。"① 如1980年5月成立的中国计划生育协会，沿袭了党所领导的群众团体的组织网络布局模式，其"组织网络深入到了几乎每个省、市、县以及大部分街道和乡村"，成为"政府推行计划生育政策的一个有效工具"；② 1984年7月，机械工业部在其呈报国务院的《关于机械工业管理体制改革意见的报告》中，明确提出"逐步建立必要的行业协会，作为政府部门的助手，把一些行业工作抓起来"；中国个体劳动者协会建立的章程，从其组织宗旨、主要

---

① 郑永年：《中国模式：经验与困局》，浙江人民出版社2010年版，第183页。
② 参见王绍光、何建宇《中国的社团革命：中国人结社版图》，《浙江学刊》2004年第6期。

任务、会员结构、经费来源等方面，都可以看到其作为政府系统的延伸担任"助手"的角色。如《中国个体劳动者协会章程》第六条规定"凡经工商行政管理机关核发个体工商业营业执照的个体工商户，均为中国个体劳动者协会会员"，这实质上并未彰显会员吸纳的自愿参与原则，而彰显了政府将个体工商户全部纳入协会进行管理的意愿和要求；第二十八条规定"中国个体劳动者协会和地方各级个体劳动者协会的经费，按规定的比例从个体工商户管理费中提取"，从经费来源上，既反映出结构单一，也反映出采用了与政府类似的拨款机制。① 在组织实际运行中，中国个体劳动者协会积极协助国家工商管理部门对个体劳动者进行思想教育、法制教育、职业道德教育，开展文明经营、优质服务等活动，依法维护个体劳动者合法权益，帮助解决生产经营中遇到的问题，提供法律咨询和信息服务。

二 政府职能转移的承接者

社会组织作为政府职能转移的承接者，积极协助各级政府和企事业单位开展工作。其一，社会组织成为党和政府联系人民群众的中介，社会组织在密切党和政府与广大人民群众的联系、保证党和政府的各项方针政策的贯彻执行方面发挥了重要作用。其二，社会组织在组建之初，就被赋予一些原本由政府承担的职能。如行业协会的组建是基于以行业管理替代此前的部门管理模式，以逐步削减政府对企业的行政干预，形成政企分开的行业治理模式。1985年9月中国共产党全国代表会议明确提出："专业性经济管理部门要从具体管理直属企业的生产经营转向搞好全行业管理，制订行业发展规划，研究行业内重大经济技术政策，组织信息交流，技术开发和人才培训等工作。"② 在1987年6月，时任国家机械工业委员会主任、党组书记邹家华在中国汽车工业联合

---

① 参见1991年4月全国个体劳动者第二次代表大会通过的《中国个体劳动者协会章程》。
② 《中共中央关于制定国民经济和社会发展第七个五年计划的建议》，人民出版社1985年版，第39页。

会成立大会上的讲话中，明确提出协会"根据国家授权、委托，行使必要的行业管理职能"①。其三，一些社会组织积极参与国家管理，协调各方关系，积极维护各自所代表的群众的利益。如中国残疾人福利基金会1987年协助政府开展了全国首次残疾人抽样调查，随后又参与起草《中华人民共和国残疾人保障法》，并于1990年12月经第七届全国人大常委会第十七次会议审议通过。其四，一些社会组织协助政府开展对外交流与合作，增进中外友好往来，密切国家关系。如一些学术类社会组织，充分发挥民间性、社会性及不受地区、行业部门、单位限制的特点，召开学术讨论会、信息发布会、观摩会、经验交流会等，加强了相互及国际的学术交流，活跃了学术氛围，促进了我国文化教育和科学研究水平的发展提高。

三 行政资源的输送

社会组织发展政府主导的结果，使得社会组织能够较为便捷地从党和政府那里获取其正常运行所需的各种资源，包括人力资源、行政资源、经济资源和社会资源等。依附型制度环境对于逐步兴起的社会组织而言，实际上起到了孵化机制的作用。首先，依附型制度环境解决了困扰社会组织发展的政治合法性和行政合法性问题。在法律法规尚不健全的情况下，政治合法性和行政合法性实际上也就替代了法律的合法性。在1985年出台《关于成立全国性组织的若干规定》之前，由于没有制度化与规范化的社会组织登记管理制度，任何单位和个人均可以通过寻求党政系统领导人支持的方式借助党和政府的权威成立社会组织。②其

---

① 《邹家华主任在中国汽车工业联合会成立大会上的讲话》，《专用汽车》1987年第2期。
② 1984年11月《中共中央、国务院关于严格控制成立全国性组织的通知》中就指出："有些组织和个人到处活动，希望打出中央、国家机关和领导人的'旗号'以扩大影响，争取各种特殊'照顾'。请各级领导同志、退居二线和离、退休老同志对此加以注意，未经上级批准不要担任或兼任这类组织的职务；各部门、各单位对未按规定办理批准手续而自行成立的组织不得动用公款、公物予以支持。"参见《中共中央、国务院关于严格控制成立全国性组织的通知》，《中华人民共和国国务院公报》1984年第31期。

次，依附型制度环境解决了社会组织正常运行所需的办公场地、人员编制、运行经费甚至是人才输送等问题。党政系统领导人的直接或间接参与为社会组织正常开展活动提供了诸多便利，如中国汽车工业联合会是由"中央领导同志亲自倡议"①，成立大会不仅时任国家机械委主任邹家华与会，而且时任副总理李鹏也参加成立大会；中国青少年发展基金会实施的"希望工程"项目，1990年9月邓小平题名，1991年11月江泽民题词"支持希望工程，关心孩子成长"。再次，职能赋予为社会组织正常运行奠定了基础。国家退守的领域，必然要求社会组织迅速补位。当时社会组织"项目运作的主渠道大都是以其业务主管单位的组织网络体系为依托"②，如行业协会，直接被政府赋予行业管理的职能。最后，国家系统组织运行机制的嫁接，节省了社会组织运行初期成本。社会组织成立后，大都采取了类似国家行政系统的组织运行模式，"整个组织架构大多数雷同于政府部门"③。

四 社会组织功能化的一个样本：工商联的逐渐复归

改革开放最为显著的特点就是突出以经济建设为中心，与之相应的是经济体制的改革。工商联作与一个与此密切相关的社会组织，它在这一时期的演变，无疑是20世纪改革开放之后一段时间内较具代表性的社会组织样本。

（一）工商联的恢复

工商联是在新中国成立初期改组改造旧商会、工业会、同业公会的基础上建立的。④"文化大革命"之前，工商联在引导私营工商业

---

① 《邹家华主任在中国汽车工业联合会成立大会上的讲话》，《专用汽车》1987年第2期。

② 邓伟志、钱海梅：《中国社团发展的八大趋势》，《学术界》2004年第5期。

③ 同上。

④ 参见1953年、1956年、1960年全国工商联第一届、第二届、第三届代表大会所通过的《中华全国工商业联合会章程》，中华全国工商业联合会网站（http://www.acfic.org.cn）。

者搞好生产经营、推动私营工商业者接受社会主义改造、代表私营工商业者合法权益、促进对外经济交往等方面发挥了重要作用。党的十一届三中全会以后,"文化大革命"期间一度中止活动的工商联逐步得以恢复和发展。1979年1月17日,邓小平以"五老火锅宴"的方式约见胡厥文、胡子昂、荣毅仁、古耕虞、周叔弢等五位工商界领导人,提出要"落实对原工商业者的政策""发挥原工商业者的作用"。① 当年10月,召开了中国工商联第四届会员代表大会,新修订的章程明确中国工商联是"中国共产党领导下工商界组织的人民团体"②。

(二) 会员结构的变化

新中国成立初期工商联成员包括国营企业、合作社、公私营企业和私营工商业者在内的各类工商业者。1951年10月,在全国政协一届三次会议的报告中,周恩来提出工商联应逐渐成为"全体工商业界的,即包括各城市、各阶层和各行业的,并使中小工商业者享有平等权利"之组织。1952年8月政务院公布的《工商业联合会组织通则》,明确工商联是"各类工商业者联合组成的人民团体"。③ 1952年8月中央统战部发出的《关于改组工商业联合会的指示》,进一步明确工商联成员中"私营企业占绝大多数","国营、公私合营及合作社等亦参加在内"。④ 因而,新中国成立初期工商联是以私营工商业者为主体且主要做私营工商业者工作的组织,国营企业、合作社和公私营企业的加入,主要是"为了发挥社会主义公有制的主导作用和社

---

① 参见《邓小平文选》第2卷,人民出版社1994年版,第156—157页。

② 《中国工商业联合会章程》(1979年10月22日第四届会员代表大会通过),中华全国工商业联合会网站(http://www.acfic.org.cn/Web/c_00000001000100030004/d_0777.htm)。

③ 全国工商联文史办公室编:《中华全国工商业联合会重要历史文献选编(1953—1993)》,中华工商联合出版社1993年版,第54页。

④ 同上书,第41页。

会主义公有制代表的骨干作用"①,以保证实现党的领导和完成工商联工作任务。

党的十一届三中全会后恢复工商联时,由于当时的基本社会结构是"两阶级一阶层",即工人阶级、农民阶级和知识分子,因而在1979年10月中国工商联第四届会员代表大会新修订的章程中,将会员主体界定为"工商界的社会主义劳动者、拥护社会主义的爱国者和拥护祖国统一的爱国者"②;在1983年11月中国工商联第五届会员代表大会新修订的章程中,也仅是明确"主要由过去经营工商业的人员组成"③。随着改革开放的深入发展,个体经济和私营经济得到迅速发展,新出现了中外合资、中外合作、外商独资、个体等多种经济形式和经营方式,工商联的会员结构也适应这种新变化开始出现调整。从1984年开始,在河北正定、吉林梨树、湖南慈利等地陆续开展了吸收新会员的试点工作。数据显示,1986年工商联的会员结构中,除国营企业、集体企业、乡镇企业外,已经出现了"三资"企业;到了1987年,又出现了私营企业和联合体。④但与这一时期的经济结构类同,国营企业、集体企业成为工商联会员主体,"三资"企业、私营企业和联合体会员虽然有较快增长,会员结构得到逐步改善,但与国营企业、集体企业相比,依然仅占少数。截至1988年9月,全

---

① 武守全:《工商联政策的调整是历史发展的必然》,《中央社会主义学院学报》1992年第3期。

② 《中国工商业联合会章程》(1979年10月22日第四届会员代表大会通过),中华全国工商业联合会网(http://www.acfic.org.cn/Web/c_000000010001000030004/d_0777.htm)。

③ 《中国工商业联合会章程》(1983年11月12日第五届会员代表大会通过),中华全国工商业联合会网(http://www.acfic.org.cn/Web/c_000000010001000030005/d_0784.htm)。

④ 联合体是指松散型的企业集团。20世纪80年代中期的行政性公司改革,使得一批大中型骨干企业释放出扩展的能量,纷纷组成以名牌产品厂为龙头,跨地域辐射的企业联合体。到1988年,全国已有1500多家冠以集团名称的经济组织。参见吴福生《对发展紧密型企业集团的认识与金融介入的对策思考》,《新金融》1991年第3期。

国各级工商联 3.85 万个企业会员中，国营企业和集体企业为 3.02 万个，占比高达 78.44%（见表 3-1）。这一会员结构自然使得工商联的"统战性"和"民间性"都趋于弱化。

表 3-1　　　　1986—1988 年工商联企业会员结构　　　　单位：个

企业类型	1986 年	1987 年	1988 年①
国营企业	3116	10335	13823
集体企业	5242	12072	16341
乡镇企业	667	4282	6262
私营企业		51	339
"三资"企业	195	501	737
联合体		48	254
其他企业	329	357	766
合计	9549	27646	38522

资料来源：《工商联吸收新会员情况统计表》，《中国工商》1988 年第 11 期。

（三）民间自治方向的确立

"第三部门成长的最有决定性的因素是它所能锻造的同国家的关系。"② 尽管在 1957 年 2 月 25 日中共中央批发中央统战部《关于继续发挥工商业联合会的作用的意见》中，强调国家要信任工商联，尊重工商联的"组织独立性"，"反对任何组织控制的办法"。③ 但由此开始，工商联机关干部被纳入国家干部系列。1959 年，人员编制完全列入国家行政编制，而且还停止其收取会费，各级工商联运行经费亦纳入国家行政预算，工商联完全成为国家机器的一部分，组织的独立性和自主性遭到极大削弱。随着工商联改革开放之后的恢复发展，

---

① 1988 年数据的截止时间为当年 9 月。
② ［美］莱斯特·萨拉蒙：《非营利部门的兴起》，何增科译，载何增科主编《公民社会与第三部门》，社会科学文献出版社 2000 年版，第 256 页。
③ 中共中央文献研究室编：《建国以来重要文献选编》第 10 册，中央文献出版社 1994 年版，第 52 页。

如何增强自身的独立性与自主性日益提上议事日程。1987年10月党的十三大提出要理顺党和政府与社会组织之间的关系，"充分发挥群众团体和基层群众性自治组织的作用，逐步做到群众的事情由群众自己依法去办"①，"使各种群众团体能够按照各自的特点独立自主地开展工作，能够在维护全国人民总体利益的同时，更好地表达和维护各自所代表的群众的具体利益"②。这为工商联等社会组织进一步厘清职能重新定位朝着民间自治方向发展明确了道路。1988年10月，薛暮桥认为，基于国家对各类企业间接领导的需要，工商联真正成为民间商会是经济管理体制改革的重要一环，因而他提出，"现在新成立的行业自治团体，应当既不是行政组织，也不是营业组织，而是为着保护企业本身的利益而自愿结合的民间自治团体"③。1988年11月，中国工商联召开第六届会员代表大会，大会通过的新章程在重复"人民团体"这一角色的同时，首次明确提出了工商联"民间的对内对外商会"性质，而且，会员缴纳会费的义务时隔32年后再度被写入章程，维护会员合法权益不仅作为主要职能列入而且还上升到组织宗旨层面。④ 1991年7月，中共中央批转中央统战部《关于工商联若干问题的请示》的通知，同意各级工商联加挂商会或民间商会名称。在全国工商联加挂"中国民间商会"的示范效应下，各级工商联陆续加挂了相应名称。这一时期，虽然工商联的人员编制及运行经费尚未从国家序列中脱离，但这毕竟迈出了工商联自主化与民间化的第一步，工商联也由此更加注重回归社会寻求其合法性。而地方层面工商

---

① 中共中央文献研究室编：《十三大以来重要文献选编》上册，人民出版社1991年版，第39页。

② 同上书，第45页。

③ 薛暮桥：《建立和发展行业民间自治团体》，《中国工商》1988年第11期。

④ 1953年、1956年章程中都明确会员有"交纳会费"之义务，1956年章程还进一步明确会员的会费是工商联经费的主要来源之一，但由于1957—1958年间工商联人员编制及运行经费均纳入国家行政系列，在1960年、1979年、1980年章程修订中，会员"交纳会费"之义务再未提及。

联民间化的探索则稍早于这一时间节点，如1985年3月，厦门市工商联第六次会员代表大会通过的《厦门市工商业联合会章则》，将厦门市工商联定性为"各类工商业者组成的民间团体"①。

(四)"三性"角色定位

1956年社会主义改造基本上完成后，工商联的主要职能就是做原工商业者的统战工作。改革开放后恢复发展的工商联，经济性、民间性开始凸显，但从改革开放之初所汇聚的一些"没有企业的企业家""没有资本的资本家"，到会员结构逐渐严重地向国营企业倾斜，经济性日渐成为工商联的中心职能，工商联的统战功能因其会员结构和工作对象的变化而大为削弱。1991年7月，中共中央颁布的中共中央批转中央统战部《关于工商联若干问题的请示》的通知，对工商联的主要职能进行了重大调整，进一步明确工商联是"党领导下的以统战性为主，兼有经济性、民间性的人民团体"，"党和政府联系非公有制经济的桥梁"，"政府管理非公有制经济的助手"；主要任务是"做非公有制经济代表人士思想政治工作"，团结、帮助、引导、教育非公有制经济代表人士，"对私营企业主、个体工商户和'三胞'（即台湾同胞、港澳同胞、海外侨胞）投资者介绍党的方针、政策，进行爱国、敬业、守法的教育，并维护他们的合法权益，反映他们的正确意见"；主要工作对象是私营企业、个体工商户、"三胞"投资企业和部分乡镇企业；与主要工作对象相适应，其会员结构也明确应以私营企业、个体工商户、"三胞"投资企业和部分乡镇企业为主体。②

---

① 《厦门统一战线志》，厦门统一战线网（http：//www.xmtz.cn/webnews/viewi_bbjs_5229_162.html）。

② 参见中共中央统一战线工作部、中共中央文献研究室编《新时期统一战线文献选编》（续编），中共中央党校出版社1997年版，第333—343页。

第四章

分离型制度环境与社会组织专业化（1992—2002年）

受1992年初邓小平南方谈话的鼓舞，1992年10月党的十四大明确提出我国经济体制改革的目标是建立社会主义市场经济体制。这一时期，适应社会主义市场经济体制，1993年、1998年，国务院两度启动政府机构改革，以通过行政管理体制改革实现政企分开、政府职能转变，中国社会组织的发展也由此进入了一个新的发展阶段。

第一节 1992—2002年中国社会组织发展

20世纪80年代社会组织全面兴起与社会组织管理的逐渐规范，奠定了社会组织发展的良性基础。1992—2002年，随着全球社团革命逐渐在中国产生影响，非政府组织思想开始得到广泛传播，社会组织发展进入"以体制内存量转型和体制外大量增生为特征的发展期"[1]。尽管经过社会组织的两次清理整顿，大量社会组织被注销或撤销，但登记注册的社会组织总数依然从1992年的15.5万个增长到2001年的21.1万个（见表4-1）。

---

[1] 王名：《社会组织论纲》，社会科学文献出版社2013年版，第141页。

表4–1　　　　1992—2001年中国登记注册社会组织数量　　　单位：万个

年份	1992	1993	1994	1995	1996	1997	1998	1999	2000	2001
数量	15.5	16.8	17.4	18.1	18.5	18.1	16.6	14.3	15.3	21.1

资料来源：根据《中国民政统计年鉴（2010）》第121页相关数据整理。需要说明的是，由于1998年之前尚未启动民办非企业单位登记工作，故而1998年之前的数据主要是指社会团体总数；2000年后社会组织数量的大幅回升与民政部1999年启动民办非企业单位登记注册有关，因本章节后述内容将作探讨，此处不再赘述。

一　社会组织规范发展

经过1990—1991年民政部门的复查登记工作之后，民政部及各地民政部门社会团体登记管理日趋规范，社会组织发展也从原来一定程度上的失序状态逐渐转向规范发展。依据《社会团体登记管理条例》，1990年全国企事业住宅研究会因违法违规被民政部责令限期解散。此后十年间，通过复查登记、清理整顿、年度检查等机制，社会组织的登记管理日趋严格、规范，社会团体的大量注销渐成常态。如1991年，注销9974个社会团体，占登记社会团体总数的近9%；1992年，注销7654个。但公民的结社热情并未受此影响而消减，社会组织数量持续攀升，1992年，复查登记后全国社会组织15.5万个，1996年达到18.5万个，保持了每年5%左右的净增长。

1996年7月中共中央政治局常委会议专题研究民间组织工作，中共中央办公厅、国务院办公厅随即发出《关于加强社会团体和民办非企业单位管理工作的通知》，要求分期分批对所有社会组织进行一次全面的检查、清理和整顿。1997年4月，《国务院办公厅转发民政部〈关于清理整顿社会团体意见〉的通知》要求利用近一年的时间，按照"从严的原则"对社会组织进行清理整顿，并重点检查"近几年来社会团体在政治方向、业务活动、财务管理、组织人事、遵纪守法等方面的情况"，而且明确清理整顿期间"原则上暂停审批新的社会团体"。[①]

[①] 《国务院办公厅转发民政部〈关于清理整顿社会团体意见〉的通知》，《人事政策法规专刊》1997第10期。

1997年5月,民政部以函件的方式向各级民政部门发出《关于查处非法社团组织的通知》。1998年10月,国务院颁布《民办非企业单位登记管理暂行条例》和修订后的《社会团体登记管理条例》,进一步彰显国家社会组织管理的法制化、规范化意向,对推进社会组织健康发展具有十分重要的作用。

受某些因素的影响,1998年之后的社会组织发展依然处于国家严控策略选择之下。1998年年底,国务院召开加强民间组织管理、维护社会稳定工作会议。1999年10月,中共中央政治局常委会议再次专题研究民间组织管理工作,会后中共中央办公厅、国务院办公厅发出《关于进一步加强民间组织管理工作的通知》,提出要"严格控制业务宽泛、不易界定的民间组织,禁止设立气功功法类、特定群体(退伍军人、下岗待业人员、打工者等)类、宗族类和不利于民族团结的民间组织以及与国家法律法规相悖的民间组织"[①]。2000年4月,民政部发布《取缔非法民间组织暂行办法》。1997—2000年,社会组织登记注册工作几近停滞,不少社会组织在清理整顿过程中被注销或撤销,如1997年注销非法、违规社会组织13996个;1998年注销非法、违规社会组织24472个;1999年注销社会组织35288个;2000年注、撤销社会组织17459个。由此,社会组织数量从1996年18.7万峰值逐渐回落,1997年降至18万个,1998年降至16.6万个,1999年降至14.3万个。[②]

二 非政府组织思想广泛传播

20世纪70年代伊始的全球结社革命,并未立即在中国产生较大的影响。在20世纪80年代,国内期刊只有零星介绍国外非政府组织思想的文章出现。以中国知网(CNKI)为例,最早出现的相关文章

---

① 中华人民共和国监察部办公厅:《行政监察工作文件选编(1999年)》,中国方正出版社2000年版,第711页。

② 相关数据来源:民政部相关年度民政事业发展统计报告,中华人民共和国民政部网(http://www.mca.gov.cn/article/sj/tjgb/?)。

是 1983 年《科学对社会的影响》杂志发表的《促进非政府组织间海洋学的合作研究》；检索发现，1983—1993 年，仅有 14 篇与非政府组织相关的文章。[1]

促成这一转变的关键是 1995 年北京第四次世界妇女大会的召开。1992 年 3 月，应中国政府邀请，联合国妇女地位委员会决定于 1995 年在北京召开第四次世界妇女大会，并举办世界妇女大会的辅助性会议——非政府组织妇女论坛。筹备世界妇女大会，对于中国而言，面临着非政府组织思想宣传普及与组织国内妇女相关非政府组织代表与会等多重任务。受此影响，非政府组织思想开始在国内广泛传播，非政府性的妇女社会组织创建也呈现蓬勃发展之势。根据中国知网（CNKI）检索结果，1994 年，发表相关文章 14 篇；1995 年，发表相关文章 47 篇。而且，值得注意的是，"NGO"作为一个专用术语也从 1994 年开始出现在国内期刊上。

世界妇女大会的筹备，非政府组织思想的广泛传播，直接推动了不少妇女社会组织的创建，如首都女教授协会（1994 年 3 月）、中国女法官协会（1994 年 7 月）、中国女检察官协会（1994 年 11 月）、中国女摄影家协会（1995 年 4 月）、中国女医师协会（1995 年 7 月）。在 1995 年 8 月 30 日—9 月 8 日召开的 3 万多人参加的非政府组织妇女论坛上，3000 多家境外社会组织代表与会，"中国 5000 多名代表、55 个非政府组织、47 个专题研讨会首次参加非政府论坛"[2]。第四次世界妇女大会的成功召开，进一步促进了非政府组织思想的广泛传播，"为中国女性直接提供了一种新颖的组织形式"[3]，也推动了

---

[1] 检索日期：2015 年 7 月 2 日。

[2] 刘伯红：《95 世界妇女大会和中国妇女研究》，《云南民族学院学报》（哲学社会科学版）1999 年第 2 期。

[3] 吴玉章主编：《中国民间组织大事记：1978—2008》，社会科学文献出版社 2010 年版，第 248 页。

国内外社会组织之间的相互合作。如"农家女"①，正是在第四次世界妇女大会后开始与福特基金会等国外社会组织进行合作，启动了一些推动农村妇女进步与发展的项目，筹资渠道也得到进一步拓展。

非政府组织思想的广泛传播，引发学界对社会组织现象的日趋关注，专门的社会组织研究机构开始成立，相关学术研讨也在国际国内层面展开。此前，我国全国性的社团研究团体——中国社团研究会于1989年成立。② 1998年，清华大学公共管理学院成立 NGO 研究所；北京大学法学院成立非营利组织法研究中心，成为国内最早的两家学术性社会组织研究机构。社会组织的研究工作及学术交流工作渐次展开，如1999年7月，清华大学公共管理学院 NGO 研究所主办"非营利部门与中国发展"国际学术会议；2001年4月，清华大学公共管理学院主办"21世纪的公共部门：政府与非政府"论坛；2001年5月，无锡市场协会、无锡市商会、中央编译局联合主办"市场经济与商会"国际研讨会；2001年10月，中国扶贫基金会主办"中国 NGO 扶贫"国际会议。

三　基金会缓慢发展

1988年《基金会管理办法》出台后，由于政府对基金会的清理整顿以及"严格审批"政策要求，加之受政府清理整顿社会组织的影响，1996年后基金会的登记注册基本处于停滞状态。因此，这一时期基金会的增长进入一个缓慢发展期。到1998年，全国性基金会有70多家，地方性基金会逾千家。③

---

① 即北京农家女文化发展中心，成立于1993年1月，是一个以促进贫困农村妇女脱贫与发展为目标的公益性社会组织。其前身为《农家女百事通》杂志，成立于1993年，后改为《农家女》杂志。1996年4月，创办打工妹之家。1998年9月，创办北京农家女实用技能培训学校。2001年8月，成立北京农家女文化发展中心。

② 2008年更名为中国社会组织促进会。

③ 汤华：《募集、运作民间基金步入规范：从中国科技发展基金会看我国基金会管理》，《瞭望》1998年第22期。

1993年，30多家基金会在北京香山召开了第二次全国性民间基金会经验交流与研讨会。1995年之后，针对基金会违规投资办实体、现职政府工作人员兼职、资金募集行政摊派等问题，中国人民银行陆续发布《关于进一步加强基金会管理的通知》《关于对全国性基金会进行调查的通知》《关于清理整顿基金会的通知》《关于定期上报社团基金会工作情况报告的通知》等文件。1998年国务院办公厅转发《中国人民银行整顿乱集资乱批设金融机构和乱办金融业务实施方案的通知》，基金会的发展处在"严格审批、严格管理"的极度抑制状态。1999年，中国人民银行退出基金会管理，基金会管理过渡到双重管理体制之下。

四 民办非企业单位兴起

民办非企业单位是"企业事业单位、社会团体和其他社会力量以及公民个人利用非国有资产举办的，从事非营利性社会服务活动的社会组织"[①]。20世纪90年代初，随着城市单位体制的解体，社会事业社会化改革的深入，社会力量开始介入学校、医院、职业培训机构、福利机构等公共事业的举办，由此开始出现一种既有别于传统事业单位，又有别于社会团体的社会组织——"民办事业单位"。如在教育领域，1992年党的十四大提出"鼓励多渠道、多形式社会集资办学和民间办学，改变国家包办教育的做法"[②]，由此促进了社会力量兴办各类学校的大发展。1996年中共中央办公厅、国务院办公厅印发的《中央机构编制委员会关于事业单位机构改革若干问题的意见》文件明确了事业单位社会化改革方向，并提出要"有领导、有计划、有步骤地发展适宜民办的事业单位"和"加强对民办事业单位的管理"[③]。然而，"事业单位"作为我国长期的社会主义建设实践中形成

---

① 《民办非企业单位登记管理暂行条例》，载国家民间组织管理局编《社会组织管理政策法规选编》，华龄出版社2010年版，第237页。

② 《江泽民文选》第1卷，人民出版社2006年版，第233页。

③ 经济日报社编：《中国开放年鉴（1997）》，经济日报出版社1998年版，第567页。

的特有提法,是指"国家为了社会公益目的,由国家机关举办或者其他组织利用国有资产举办的,从事教育、科技、文化、卫生等活动的社会服务组织"[①],"民办事业单位"并非国家机关或利用国有资产举办,因而容易产生歧义。为此,在随后下发的《关于加强社会团体和民办非企业单位管理工作的通知》中,国家正式使用"民办非企业单位"这一概念取代此前的"民间事业单位"概念。与此同时,正式将民办非企业单位与社会团体并列纳入民间组织范畴,实行统一归口登记、双重负责、分级管理的管理体制。1998年10月,国务院颁布《民办非企业单位登记管理暂行条例》,民办非企业单位管理纳入法制化、规范化轨道。1999年,民政部门开始启动民办非企业单位登记工作,当年登记民办非企业单位5902个。2000—2001年,根据民政部《关于开展民办非企业单位复查登记工作意见》,通过先行试点后全面铺开的方式,各级民政部门进行了民办非企业单位的复查登记工作,并初步建立了民办非企业单位登记管理制度。据统计,2000年复查登记民办非企业单位18622个;[②] 截至2001年年底,全国登记注册民办非企业单位达到8.2万个,主要分布在教育、文化、体育、科技、民政、卫生、劳动和社会保障等领域。[③]

五 社区志愿组织涌现

随着经济体制改革和政治体制改革的推进,国家放弃了全能主义政治形态下对社会事务大包大揽的一贯做法,单位体制式微,单位原先承担的大量社会事务日渐剥离。国家的退守使得社会生活领域生发出一个国家、市场无力介入的社会剩余地带,"造成了体制外的个人

---

① 《事业单位登记管理暂行条例》,载国务院法制办公室编《中华人民共和国工商行政管理法典》,中国法制出版社2008年版,第222页。

② 《2000年民政事业发展统计报告》,中华人民共和国民政部网(http://www.mca.gov.cn/article/sj/tjgb/200801/200801000093959.shtml)。

③ 同上。

活动空间和社会活动空间，从而开始发育出实质性的社区结构"①。与此同时，在经济快速发展与城市化进程加快的双重推力之下，公民对社会服务的需求日趋多元，进一步加剧了国家社会服务供给与社会服务渴求之间的矛盾，由此催生并使得社区志愿组织得到了迅速发展。20世纪80年代后期城市社区志愿者的出现及社区志愿者的建立，即为弥补这一社会剩余地带的创新探索。20世纪90年代在各级共青团组织的倡导下，普遍的志愿运动在国内兴起。全国志愿服务计量课题组2001年在北京、上海、新疆、四川、黑龙江、广东六省市进行的志愿服务状况抽样调查结果显示，当年全国参与志愿服务人数达到7.69亿，志愿服务参与率85.2%，志愿服务时间189.6亿小时，人均77小时，贡献值折合人民币1968亿元，活跃在社会公益、慈善、社会救助、社区发展、知识传播、紧急援助、专业服务、维护社会治安等领域。②

第二节 分离型制度环境

从总体型制度环境到依附型制度环境，党和政府与社会组织的关系从一体化逐渐分离，但依附式发展的格局依然使得社会组织难以成为一个相对独立的利益主体。为适应建立社会主义市场经济体制政企分开的需要，1992年开始，政府也显示了推进政社分开的意向，国家有意理顺政府与社会组织之间的关系，避免政府与社会组织职能、机构、人员、财务等方面的多重交叉，由此初步提出社会组织从体制内向体制外转型的方向，并开始出台一些培育政策，鼓励社会组织发展。社会组织开始朝着相对独立自主的方向迈进，由此初步形成了社会组织发展的分离型制度环境。

---

① 于海：《志愿运动、志愿行为和志愿组织》，《学术月刊》1998年第11期。
② 参见丁元竹等《中国志愿服务研究》，北京大学出版社2007年版，第105页。

一 政社分开原则的明晰

党的十三大虽然提出了理顺党和国家与社会组织关系的目标要求，但在1988年4月的国务院机构改革方案仅提及党政分开、政企分开，并未涉及政社分开。1994年4月，在国务院办公厅下发的《关于部门领导同志不兼任社会团体领导职务问题的通知》中，首次明确提出政社分开的原则，并且特别强调政社分开即指政府与社会组织分开。

（一）限制领导干部兼职

对领导干部在社会组织中兼职的限制，最早出现在1984年中共中央、国务院《关于严格控制成立全国性组织的通知》中，基于加强全国性社会组织管理之需，当时提出各级领导同志、退居二线和离、退休老同志"未经上级批准，不要担任或兼任这类组织职务"[①]。这一规定虽然表现出了限制领导干部兼任社会组织领导职务的倾向，但兼任与否的制度标准是由上级决定批准与否，因而实际上很难起到限制的作用。1988年9月发布的《基金会管理办法》第五条则明确规定："基金会的领导成员，不得由现职的政府工作人员兼任。"[②] 但在1989年10月颁布的《社会团体登记管理条例》中，却并未对党政领导干部兼任社会组织职务问题进行限制，因而党政领导干部兼职现象成为普遍现象，这对社会组织的独立法人地位及独立作用的发挥都产生了较大的影响。1991年，民政部、财政部、中共中央组织部、劳动部、人事部发布的《关于全国性的社会团体编制及其有关问题的暂行规定》，也只是要求兼职领导人及兼职工作人员"不得在社会团体领取工资和享受保险福利待遇"[③]。1994年4月，国务院发文就国

[①]《中共中央、国务院关于严格控制成立全国性组织的通知》，《中华人民共和国国务院公报》1984年第31期。

[②]《基金会管理办法》，《中华人民共和国国务院公报》1988年第24期。

[③]《中华人民共和国法律法规全书》编委会编：《中华人民共和国法律法规全书》第10卷，中国民主法制出版社1994年版，第1124页。

务院各部委、各办事机构、各直属机构的领导同志不兼任社会团体领导职务问题作出明确要求。但这一规定带有试点性质,因为此次限制领导干部兼职仅限于国务院相关部门领导干部,并未涉及其他系列领导和地方领导,如党委系统领导干部。到 1998 年 7 月,中共中央办公厅、国务院办公厅联合发文,将限制领导干部兼任社会组织领导职务确定为普遍原则,明确要求:"县及县以上各级党的机关、人大机关、行政机关、政协机关、审判机关、检察机关及所属部门的在职县(处)级以上领导干部",不得兼任社会组织领导职务,而且具有行政管理职能的事业单位及人民团体参照执行。[①]

(二) 编制剥离

1985 年国家经济体制改革委员会的《关于成立全国性组织的若干规定》对新成立的全国性社会组织,明确提出"五不"原则:不列为行政或事业单位、不定级别、不核定行政或事业编制、经费不纳入国家财政预决算、领导成员不由行政部门任命。[②] 但在多头审批多头管理现象下,"五不"原则实际上并未得到真正贯彻。1991 年 6 月的《关于全国性的社会团体编制及其有关问题的暂行规定》,明确"不再对社会团体核定行政和事业编制",原使用行政和事业编制的社会团体也将"在一定期限内转为社团编制"。[③] 社团编制的提出,意味着在我国原有的国家行政编制、事业编制基础之上,社会组织要朝着相对独立的社团编制的方向发展。1992 年 7 月,民政部发出《关于申请社会团体编制有关事项的通知》,就全国性社会团体申请社团编制有关事项予以明确。1995 年 5 月,北京市社团办率先增设

---

① 《中共中央办公厅、国务院办公厅关于党政机关领导干部不兼任社会团体领导职务的通知》,《湖北政报》1998 年第 8 期。

② 参见国家经济体制改革委员会《关于成立全国性组织的若干规定》(1985 – 09 – 25),载中央办公厅法规室等编《中国共产党党内法规选编 (1978—1996)》,法律出版社 2000 年版,第 433 页。

③ 《中华人民共和国法律法规全书》编委会编:《中华人民共和国法律法规全书》第 10 卷,中国民主法制出版社 1994 年版,第 1124 页。

社团编制处,专司社团编制管理工作。

(三) 经费自理

1991年6月,民政部、财政部、中共中央组织部、劳动部、人事部在《关于全国性的社会团体编制及其有关问题的暂行规定》中,明确规定全国性社会团体经费要由国家行政、事业经费预算支出转为主要依靠会费收入、国内外捐赠、有偿服务收入、政府部门资助和其他合法收入支出,现有开支国家行政、事业经费的社会团体应"限期实现经费自理"。[①] 实际上,编制的剥离、经费自理皆是贯彻政社分开原则的必然举措。由此,国家转为政策层面上支持社会组织,如1994年1月,民政部发出《关于进行全国性社会团体收取会费标准审定工作的通知》,就全国性社会团体会费收取发布指导性意见;1995年7月,民政部、国家工商行政管理局发出《关于社会团体开展经营活动有关问题的通知》,就社会组织经营问题明确了相关要求。

二 培育初露端倪

1992年邓小平南方谈话,是"把改革开放和现代化建设推进到新阶段的又一个解放思想、实事求是的宣言书"[②]。紧接着召开的党的十四大,确定了建立社会主义市场经济体制的经济体制改革目标,提出要"转变政府管理经济的职能,建立以间接手段为主的完善的宏观调控体系"[③]。适应建立社会主义市场经济体制的要求,1993年和1998年,先后两次进行国务院机构改革,旨在实现政府职能转变、政企关系理顺、政企职责分开,并将原来政府承担的部分社会服务性和监督性职能转由社会组织承担。如1998年3月,时任国务委员兼国务院秘书长罗干在九届全国人大一次会议上作《关于国务院机构改

[①] 《中华人民共和国法律法规全书》编委会编:《中华人民共和国法律法规全书》第10卷,中国民主法制出版社1994年版,第1124页。

[②] 《江泽民文选》第2卷,人民出版社2006年版,第10页。

[③] 《中共中央关于建立社会主义市场经济体制若干问题的决定》,人民出版社1993年版,第3页。

革方案的说明》时,明确提出"需要及时改革政府机构的设置原则和职能运作方式,明确界定政府、企业和社会中介组织的责任"和"发展社会中介组织"。① 在政府机构改革进程中,又一批政府部门逐步转型为社会组织。

党的十四大之后,培育社会组织逐渐进入党的路线方针政策和政府工作范围。1993年11月,党的十四届三中全会提出"发展市场中介组织,发挥其服务、沟通、公证、监督作用","发挥行业协会、商会等组织的作用"。② 1994年4月,中共中央、国务院《关于1994年农业和农村工作的意见》提出要"扶持民办专业技术协会的健康发展"③。1996年3月,八届人大四次会议通过的《中华人民共和国国民经济和社会发展"九五"计划和2010年远景目标纲要》中,就体育类社会组织进行了规划,提出"有条件的运动项目要推行协会制和俱乐部制","形成国家与社会共同兴办体育事业的格局","建立社会化的群众体育组织网络"。④ 1997年10月,党的十五大报告中提出要"培育和发展社会中介组织",并以此作为促进经济和政治体制改革的一项重要措施。⑤

国家立法层面上,也逐渐关注社会组织的作用,并为社会组织发展提供制度支持。1995年3月,八届全国人大三次会议通过《中华人民共和国教育法》,其第四十六条对社会组织参与教育发展予以政策支持,提出"国家鼓励企业事业组织、社会团体、其他社会组织及公民个人依法举办学校及其他教育机构"和"国家鼓励企业事业组

---

① 罗干:《关于国务院机构改革方案的说明》,《人大工作通讯》1998年Z1期。
② 《中共中央关于建立社会主义市场经济体制若干问题的决定》,人民出版社1993年版,第13页。
③ 国家经济体制改革委员会编:《中国经济体制改革年鉴(1995)》,改革出版社1995年版,第8页。
④ 全国人民代表大会常务委员会办公厅编:《中华人民共和国第八届全国人民代表大会第四次会议文件汇编》,人民出版社1996年版,第101页。
⑤ 《江泽民文选》第2卷,人民出版社2006年版,第31页。

织、社会团体及其他社会组织同高等学校、中等职业学校在教学、科研、技术开发和推广等方面进行多种形式的合作"。① 1999 年 8 月，国务院颁布《中华人民共和国公益事业捐赠法》，这是我国历史上首部关于公益事业捐赠的专门法案。

税费优惠政策成为鼓励社会组织发展的一个重要举措。1995 年 7 月，民政部、国家工商行政管理局发布《关于社会团体开展经营活动有关问题的通知》，明确具有社团法人资格的社会组织可以通过投资设立企业法人或非法人经营机构的方式进行经营活动。1997 年 4 月颁布的《契税暂行条例》规定，社会团体承受土地、房屋，若用于办公、教学、医疗、科研等需要，免征契税。1997 年 5 月，财政部、国家税务总局《关于对社会团体收取的会费收入不征收营业税的通知》明确社会团体的会费收入为非应税收入，不征收营业税。1999 年 4 月，国家税务总局印发《事业单位、社会团体、民办非企业单位企业所得税征收管理办法》，规定社会组织企业所得税征收按"应纳税收入总额＝收入总额－免征企业所得税的收入项目金额"公式计算。2001 年 9 月，财政部、国家税务总局《关于非营利性科研机构税收政策的通知》对非营利性科研机构从事科技服务所得的收入免征营业税和企业所得税，同时规定其自用房产、土地免征房产税和城镇土地使用税。

此外，国家还积极推进行业协会改革。1997 年 3 月，国家经贸委出台《关于选择若干城市进行行业协会试点的方案》，明确试点行业协会是"社会中介组织和自律性管理组织"，"联系政府和企业的桥梁、纽带"，"政府的参谋和助手"，"在行业内发挥服务、自律、协调、监督的作用"。② 随后，上海、广州、厦门、温州四个城市开展了行业协会试点工作。1999 年 10 月，国家经贸委印发《关于加快培

---

① 《中华人民共和国教育法》，教育科学出版社 1995 年版，第 5、10 页。
② 国家经贸委产业政策司编：《中国行业协会改革与探索》，中国商业出版社 1999 年版，第 32—34 页。

育和发展工商领域协会的若干意见(试行)》,从政府机构改革和深化国有企业改革的高度就工商领域协会的培育和发展提出指导性意见。

三 规制渐成体系

随着社会团体和基金会的统一归口管理,社会组织管理日益走上法制化、规范化轨道。1992年9月,民政部召开新中国成立以来首次全国社团管理工作会议;1996年7月、1999年10月,中共中央政治局常委会议两度专题研究民间组织工作,且在会后由中共中央办公厅、国务院办公厅两次联合发文;1998年年底,国务院召开加强民间组织管理、维护社会稳定工作会议。更为重要的是,在1989年《社会团体登记管理条例》实施近十年的基础上,国务院于1998年10月颁布新修订的《社会团体登记管理条例》;同时颁布的还有针对大量兴起的民办非企业单位而制定的《民办非企业单位登记管理暂行条例》。这些举措,反映出政府试图在法制的框架下加强对社会组织的规范管理,这对于依法管理社会组织、促进社会组织健康发展起到了一定的积极作用。但是,循其背后逻辑,可以看出这一时期,国家仍然主要是基于规制社会组织之需,因而从社会组织发展视角来看,反而束缚了社会组织的发展。

(一) 双重管理体制的强化

1989年10月颁布的《社会团体登记管理条例》虽然正式确立了社会组织管理的双重管理体制,但对登记管理机关与业务主管单位的各自的管理职责并没有明确界定,如对业务主管部门主要提及登记/注销登记审查、日常管理与业务指导三大职责;对登记管理机关主要涉及核准登记/注销、日常管理、监督管理、年度检查、行政处罚五大职责,其中日常管理职责为登记管理机关与业务主管单位共有职责。这些含混的职责表述,尤其是对业务主管单位管理职责的模糊态度,实际上也就使得业务主管单位放任监管,并未达到有效监管社会组织之目的。1992年2月,民政部发布《关于严禁擅自扩大不登记社团范围的通知》，要求对扩大不登记范围及拒登记现象进行整改。1994年3月，民政部发出《关于做好社会团体监督管理工作有关问题的通知》，要求加强社会组织监督管理，并及时查处不登记注册社会组织。

1996年中共中央办公厅、国务院办公厅下发《关于加强社会团体和民办非企业单位管理工作的通知》，提出要建立统一归口登记、双重负责、分级管理的社会组织管理体制。1998年10月颁布的《社会团体登记管理条例》和《民办非企业单位登记管理暂行条例》，进一步强化了双重管理体制。《社会团体登记管理条例》第二十七条、第二十八条，《民办非企业单位登记管理暂行条例》第十九条、第二十条均分别对登记管理机关、业务主管单位的监督管理职责做了明确界定。由于社会团体和民办非企业单位均纳入"民间组织"管理范畴，由民政部门统一归口管理，因而上述两个法规对登记管理机关、业务主管单位的监督管理职责的界定如出一辙。对业务主管单位的监督管理职责，明确为筹备审查、登记/注销登记审查、监督指导、年检初审、违法协查、协同指导清算五大职责；对登记管理机关，明确为核准登记/注销、年度检查、监督检查、行政处罚四大职责。

1999年9月，中国人民银行、民政部发布《关于做好社团基金会监管职责交接工作的通知》，中国人民银行退出政府此前赋予的部分登记管理机关角色，改由民政部统一归口管理，基金会管理由三重管理体制过渡到类同于社会团体、民办非企业单位管理的双重管理体制。[1] 2000年2月，民政部发布《关于重新确认社会团体业务主管单位的通知》，要求业务主管单位有专门机构专人负责，同时新增加"负责社会团体的思想政治工作、党的建设、财务和人事管理、研讨活动、对外交往、接受境外捐赠资助"管理职责。[2]

---

[1] 1988年《基金会管理办法》规定建立基金会，由其归口管理部门报经人民银行审查批准后由民政部门进行登记注册。

[2] 国家民间组织管理局编：《社会组织管理政策法规选编》，华龄出版社2010年版，第131—132页。

(二) 严格的准入制度

1987年1月1日起施行的《中华人民共和国民法通则》建立了法人制度，并将法人分为企业法人、机关法人、事业单位法人和社团法人。1989年《社会团体登记管理条例》除对全国性社会团体要求必须具备法人条件外，对其他社会团体是否需要具备法人条件并未做硬性要求，第十四条规定"对具备法人条件的，发给社会团体法人登记证；对不具备法人条件的，发给社会团体登记证"[1]，由此形成法人社会团体与非法人社会团体。在1998年的《社会团体登记管理条例》中，明确要求社会团体应当具备法人条件。而且，除沿用1989年《社会团体登记管理条例》规定的登记许可制度外，进一步设立了筹备审批程序，要求"申请成立社会团体，应当经其业务主管单位审查同意，由发起人向登记管理机关申请筹备"[2]，登记管理机关可以依法作出批准或者不批准筹备的决定。即成立社会团体必须经过登记管理机关和业务主管单位申请筹备、申请成立两次双重审批。

此外，对社会组织准入，还设定了社会组织人数及资金下限等规制条件。1997年4月《国务院办公厅转发民政部〈关于清理整顿社会团体意见〉的通知》规定，社会团体应"有50个以上的成员（基金会除外）"，法人社会团体还应具备："（1）有专职工作人员；（2）有独立、固定的办公住所；（3）全国性社会团体和跨省（自治区、直辖市）法人社会团体应有10万元以上资金，地方性法人社会团体应有5万元以上资金，基金会基金数额不少于210万元人民币"；非法人社会团体还应有"5000元以上的资金和兼职工作人员"。[3] 1998年新修订的《社会团体登记管理条例》将会员数及资金下限要

---

[1] 国务院法制局编：《中华人民共和国法规汇编（1989年1月—12月）》，中国法制出版社1990年版，第154页。

[2] 国家民间组织管理局编：《社会组织管理政策法规选编》，华龄出版社2010年版，第90页。

[3] 《国务院办公厅转发民政部关于清理整顿社会团体意见的通知》，《人事政策法规专刊》1997第10期。

求以法律法规的形式列为准入必备条件。① 1998 年《民办非企业单位登记管理暂行条例》强调民办非企业单位举办资产来源必须是"非国有资产",且应有与其业务活动相适应的从业人员和合法财产。1999 年 12 月民政部发布的《民办非企业单位登记暂行办法》进一步规定:"其合法财产中的非国有资产份额不得低于总财产的三分之二。开办资金必须达到本行(事)业所规定的最低限额。"②

(三) 限制竞争原则

1998 年新修订的《社会团体登记管理条例》并没有取消非竞争原则。《社会团体登记管理条例》第十三条规定,"在同一行政区域内已有业务范围相同或者相似的社会团体,没有必要成立的",登记管理机关不予批准筹备。③ 而且,《社会团体登记管理条例》和《民办非企业单位登记管理暂行条例》均提出限制分支原则。《民办非企业单位登记管理暂行条例》第十三条明确规定"民办非企业单位不得设立分支机构"④;《社会团体登记管理条例》第十九条虽然规定经业务主管单位审查同意和向登记管理机关申请登记,可以设立分支机构或代表机构,如允许学术类社会团体根据学科专业设立分支机构,但同样强调"不得设立地域性的分支机构"⑤。非竞争原则与限制分支原则强化了社会组织的排他性与垄断性,这既有利于政府管理社会组织,且对初创时期社会组织创造了良好的发展条件;但事实上又形成了对公民结社自由权利的限制,而且不利于形成社会组织竞争发展的环境。

---

① 需要说明的是,1998 年《社会团体登记管理条例》对会员数及资金下限条件作了适当的修正,如允许 30 个以上的单位会员;对地方性和跨行政区域社会团体的资金起始标准降至 3 万元。

② 国家民间组织管理局编:《社会组织管理政策法规选编》,华龄出版社 2010 年版,第 247 页。

③ 同上书,第 92 页。

④ 同上书,第 240 页。

⑤ 同上书,第 93 页。

(四) 年度检查制度深化

1989年《社会团体登记管理条例》确立了社会组织年度检查制度，但仅要求社会组织对登记管理机关履行相关责任。1993年司法部制定《专业法学社会团体审批办法》，对所属社会组织提出"每年二月底前向司法部报送上一年度活动情况的总结材料"的要求，[①] 年度检查制度延伸到业务主管部门。1996年5月，民政部印发《社会团体年度检查暂行办法》，要求所有社会团体都"必须按本办法的规定接受登记管理机关的年度检查"，而且明确了业务主管部门对社会组织的相关责任，规定社会组织年度检查材料需经"业务主管部门审查"后才可以报送登记管理机关；[②] 同时，《社会团体年度检查暂行办法》细化了检查的具体内容，制定了年度检查不合格社会组织及不接受年度检查社会组织的相关罚则。

四 公民结社热情激发

《社会团体登记管理条例》的颁布，是对宪法中公民结社自由权利的落实，是对公民结社权利行使的细化与进一步规范，使得结社权的行使变得有法可依，由此激发了一些有着强烈的社会责任意识公民的自由结社热情。有着"中国第一个民间环保组织"之称的自然之友，便是在国家制度框架内萌生的一个纯粹生发自民间的社会组织。1993年，梁从诫、杨东平等几位发起人向国家环保局申请注册成立"绿色环境文化协会"，但面对自发成立的社会组织，国家环保局也颇感棘手："几个人申请注册一个协会，管理部门谁来负责？批准这个，不批准那个，依据什么标准？"[③] 后来几经辗转，

[①] 国务院法制办公室编：《中华人民共和国民政法典》，中国法制出版社2011年版，第104页。

[②] 全国人大常委会法制工作委员会研究室编：《中华人民共和国行政法律法规全书》第3册，中国民主法制出版社2000年版，第1670页。

[③] 宋扬：《公民社会星火燎原》，公益时报网（http://www.gongyishibao.com/zhuan/30years/gongminshehui.html）。

以"中国文化书院·绿色文化分院"（简称自然之友）为名寻求文化部为业务主管单位，最终于1994年3月在民政部登记注册。此后，通过社会捐赠和国外援助，自然之友以宣传教育、国际交流、咨询服务、图书出版、行动介入、实地考察、项目实施等方式积极传播环境保护理念和开展环境保护行动，逐渐成为国内最有影响的社会组织之一（见表4-2）。自然之友的成功运行，"不仅仅在环境保护方面走在中国的最前列……发挥了不可替代的引领和倡导作用"[1]，而且也"为……社会组织的自主性发展提供了一种切实有效的实践路向"[2]。

表4-2　　　　　　　　1993—2001年自然之友主要活动

活动形式	活动内容
宣传教育	1993年梁从诫先生北京大学演讲； 1993年起多次举行绿色恳谈会； 1994年在北京八中举行环境摄影展； 1996年、1997年两度组织会员赴内蒙古恩格贝沙漠植树； 1998年组织会员赴陕西榆林植树； 1999年四次组织会员赴京郊潭峪沟、内蒙古恩格贝植树； 2000年正式启动"羚羊车"流动环境教学车； 2001年启动"野马车"流动环境教学车； 2001年开展绿色生活方式社区宣教工作
国际交流	1994年梁从诫先生等赴美国访问； 1997年组织会员赴德国考察中小学环境教育； 1998年梁从诫先生应邀参加时任美国总统克林顿桂林圆桌座谈会； 1998年组织会员赴德国、荷兰考察环境教育； 1998年梁从诫先生致公开信给时任英国首相布莱尔，吁请制止英国藏羚绒非法贸易并得到回复； 2001年梁从诫先生参加澳大利亚举行的全球环保组织"里约十年"和"世界绿色人士大会"
咨询服务	1995年起会员刘兵持续数年为《中国社会蓝皮书》撰写"生态环境状况"部分的内容； 1996年发布《中国报纸环境意识调查报告（1995）》

---

[1] 吴玉章：《中国民间组织大事记：1978—2008》，社会科学文献出版社2010年版，第126页。

[2] 齐久恒、刘国栋：《中国特色公民社会组织自主性发展的智慧觉察：基于"自然之友"的个案分析》，《科技管理研究》2015年第7期。

续表

活动形式	活动内容
图书出版	1996年胡勘平《地球家园》（山西教育出版社）； 1997年杨欣《长江魂》（岭南美术出版社）； 1998年《雪山寻梦》（沈阳出版社）； 1999年孟详森、钱永祥译《动物解放》（光明日报出版社）； 2000年梁从诫、梁晓燕主编《为无告的大自然》（百花文艺出版社）； 2001年自然之友编《北京野鸟图鉴》（北京出版社）、《20世纪环境警示录》（华夏出版社），胡雅滨、高武《户外环境教育》（华夏出版社）
行动介入	1995年会员莽萍帮助北京动物园改进动物保护和宣传措施； 1995年发起保护滇金丝猴系列行动，得到时任国务院副总理姜春云肯定批示； 1995年起开展保护可可西里藏羚羊行动； 1997年起介入首钢外迁倡议； 1998年深入调查及协拍四川洪雅林场砍伐天然林，中央电视台《经济半小时》播出并引起中央领导重视
实地考察	1996年云南德钦白马雪山考察； 1998年川黔渝边界亚热带常绿阔叶林徒步考察
项目实施	1998年与壳牌公司合作开始实施"美境行动"； 2000年与中国青少年发展基金会合作推出"绿色希望行动"项目

资料来源：根据自然之友网站"自然之友大事记"整理；图书出版部分参考李晓艳《中国第一个民间环保组织"自然之友"的发展及其影响》，硕士学位论文，上海交通大学，2004年。

第三节 分离型制度环境下的社会组织专业化

分离型制度环境下，社会组织逐渐多元化，而且政府的有意区分，寓示着社会组织专业化的发展方向。社会组织在市场发育和制度供给均尚不充分的条件下，开始逐步渗透到政治、经济和社会生活的各个领域，并开始以一支相对独立的力量登上舞台。

一 社会组织民间化

随着经济体制改革和政治体制改革的逐步深入，党和政府有意理顺与社会组织之间的关系，原本自上而下成立的社会组织自身也有朝着民间化方向前进的动力。正因如此，一些原来习惯上属于政府一部分的群众组织开始明确其"非政府化"发展方向。加之在"全球社团革命"及非政府组织思想广泛传播的推动效应下,民间社会的结社热情得到激发,纯粹民间生发的社会组织逐渐增多,这使得社会组织的民间性质开始得到强化,而且也为社会组织的发展提供了新进路。如1991年,基于市场经济的深入发展,海南、深圳等经济特区的所有制比例和经济运行机制都发生了较大变化,党中央提出了在海南、深圳两地试点民间商会组织改革的建议。[1] 1995年1月,海南省委出台关于商会工作的文件,就海南省总商会的性质、职能、隶属关系、会员结构等方面进行了重新定位。就其性质,是"党领导下的由各类工商界企业、团体及个人自愿组织的民间商会联合会";就其职能,"为省内各类企业、企业家、企业界的协会及其他社会经济团体提供全方位、多功能的服务,协调联络和业务指导";就其隶属关系,"除在某些方面接受省委统战部和中国民间商会的指导外,直接隶属于海南省委、省政府,行使本由政府有关部门行使的职能"。[2]

商会改革试点是一种政府推动型的社会组织民间化路径,而妇联的改革则展示了一种外力作用型的社会组织民间化路径。主办第四次世界妇女大会直接推动了中华全国妇女联合会迈向"非政府化"方向。1994年10月公布的《中华人民共和国执行〈提高妇女地位内罗毕前瞻性战略〉国家报告》明确提出,代表国家"提高妇女地位的全国性机构"是全国人民代表大会内务司法委员会妇女儿童专门组、国务院妇女儿童工作委员会、全国政协妇女青年委员会,而中华全国妇女联合会"是中国最大的提高妇女地位的非政府组织"。[3] 此后,全国妇联的非政府组织身份在政府层面屡被提及,全国妇联也在组织上和行动上开始主动朝着非政府化方向发展。"世妇会以后,我们更

---

[1] 参见中共中央统一战线工作部、中共中央文献研究室编《新时期统一战线文献选编》(续编),中共中央党校出版社1997年版,第342页。

[2] 杨连成:《开拓前进中的海南商会:海南省改革民间商会体制纪实》,《中国工商》1996年第2期。

[3] 《中华人民共和国执行〈提高妇女地位内罗毕前瞻性战略〉国家报告》,《人民日报》1994年10月11日。

坚定（妇联是非政府组织）这个观点，原来不愿意这么说，（不愿说）我们是非政府组织。但是我们一个是要接受国际上的这一观点，另外一个，事实如此，事实上（妇联组织）不可能起到政府的作用。"①

1994 年 4 月，中共中央、国务院就农业和农村工作提出若干意见，明确要求农民专业技术协会要实现按章程治理，并真正实现"民办、民管、民受益"。②几近同时下发的国务院办公厅文件《关于部门领导同志不兼任社会团体领导职务问题的通知》则首次将社会组织界定为民间组织，提出"社会团体是民间性质的社会组织""具有独立法人地位"，应"更好地发挥社会团体的独立作用"。③ 1996 年中共中央办公厅、国务院办公厅下发《关于加强社会团体和民办非企业单位管理工作的通知》，明确将社会团体和民办非企业单位界定为"民间组织"，由民政部统一归口登记管理。自此之后，"民间组织"称谓逐渐得到正式使用。1998 年 6 月，在国务院机构改革中，民政部社团管理司更名为民间组织管理局。

二 社会组织成为党建新领域

在依附型制度环境下，社会组织大多由党政机关采取自上而下的方式组建，社会组织对党政机关的依附关系，使得党建工作能够实现自然延伸。但在分离型制度环境下，社会组织总体数量的剧增，尤其是纯粹民间生发的社会组织数量的增多，对于党如何巩固和扩大其执政的社会基础提出了新挑战和新要求。在前期调研与试点的基础上，中国共产党采取了组织嵌入的方式，将社会组织作为党的建设的新领

---

① 尚晓援：《冲击与变革：对外开放中的中国公民社会组织》，中国社会科学出版社 2007 年版，第 166 页。
② 参见中共中央、国务院《关于 1994 年农业和农村工作的意见》，载国家经济体制改革委员会编《中国经济体制改革年鉴（1995）》，改革出版社 1995 年版，第 8 页。
③ 国家民间组织管理局编：《社会组织管理政策法规选编》，华龄出版社 2010 年版，第 138 页。

域。1996年中共中央办公厅、国务院办公厅《关于加强社会团体和民办非企业单位管理工作的通知》，提出了在社会组织中建立党组织的要求，而且明确要求社会组织的党组织接受业务主管单位或地方党组织领导，以确保党的政策和国家法律法规能够在社会组织中得到有效贯彻执行。1998年2月，中共中央组织部、民政部《关于在社会团体中建立党组织有关问题的通知》明确社会团体党组织建设是党组织工作的组成部分，要求"社会团体在筹备过程中就应考虑建立党组织问题"，并且明确了业务主管单位的党建责任，要求"业务主管部门或挂靠单位应了解和掌握社会团体的情况，对应当建立党的基层组织而没有建立的，要帮助其尽快建立"[①]。2000年7月，中共中央组织部《关于加强社会团体党的建设工作的意见》提出社会团体是党的工作和群众工作的重要阵地。除根据基层党组织设置条件要求建立相应基层党组织外，还特别提出："对暂不具备建立党组织条件的社会团体，上级党组织可向社会团体选派、输送、推荐符合条件的党员，为社会团体单独建立党组织创造条件；或指派党的建设工作联络员，负责社会团体的思想政治工作，做好党员的教育、管理和发展工作及党组织的建立工作。"[②]

三 社会组织的多元发展

《民办非企业单位登记管理暂行条例》和修订后的《社会团体登记管理条例》对社团和民办非企业单位分别做了界定，确立了各自的组织特征和法律地位。《民办非企业单位登记管理暂行条例》将民办非企业单位界定为"企业事业单位、社会团体和其他社会力量以及公

[①] 中央办公厅法规室、中国纪律法规室、中央组织部办公厅编：《中国共产党党内法规选编（1996—2000）》，法律出版社2001年版，第144页。

[②] 国家民间组织管理局编：《社会组织管理政策法规选编》，华龄出版社2010年版，第155页。

民个人利用非国有资产举办的,从事非营利性社会服务活动的社会组织"①;《社会团体登记管理条例》明确社会团体界定为"中国公民自愿组成,为实现会员共同意愿,按照其章程开展活动的非营利性社会组织"②。在分离型制度环境下,社会组织呈现多元发展态势。一是社会组织的类型增多。依附型制度环境下社会组织多为适应政治体制改革和政府职能转变自上而下成立的"官办""半官办"社会组织,与政府紧密相连,即便占据少数的由民间自然生发的社会组织,也是多为互益型社会组织。随着政社分开原则的确立,民间自然生发的社会组织数量日渐增多,而且有不少是公益型社会组织,党和政府也乐见这些社会组织在一定程度上弥补政府失灵、市场失灵,使政府与市场缺位状况下公民萌生的公共产品需求得到满足。二是社会组织活动领域的拓展。以基金会为例,1978—1992年,基金会的活动领域主要在教育、扶贫助困、文化、科学研究等领域,其中最多的是教育领域,约占50%;1992—2002年,其活动领域扩展到见义勇为、医疗救助、公共安全、动物保护、公共服务等领域,科学研究、文化和见义勇为等领域的基金会得到较快增长。三是社会组织收入来源的多元。国家提供资源减少、编制分离、经费自主要求社会组织通过社会合法性的获得实现资源供给多样化。在传统的党政机关渠道资源供给上,拓展了民间与国外资源的供给渠道,一些社会组织开始与国外非政府组织合作或是接受国外援助。如1995年12月成立的北京大学法学院妇女法律研究和服务中心,一直与福特基金会紧密合作,并接受其资助。③

---

① 国家民间组织管理局编:《社会组织管理政策法规选编》,华龄出版社2010年版,第237页。
② 同上书,第89页。
③ 2010年被撤销后更名为北京众泽妇女法律咨询服务中心,2016年2月1日起歇业。

第五章

协同型制度环境与社会组织自主化
（2002年— ）

2002年10月，党的十六大宣布我国"社会主义市场经济体制初步建立"①。2003年10月，党的十六届三中全会通过《中共中央关于完善社会主义市场经济体制若干问题的决定》，中国经济体制改革由此进入了完善社会主义市场经济体制新的历史时期。这一时期，社会组织的制度环境得到极大改善，社会组织的发展也进入了一个新的历史时期。

第一节 2002年以来中国社会组织发展

改革开放以来，尤其是分离型制度环境之下，社会组织的多元化发展，逐步奠定了中国社会组织发展的基本格局。2002年党的十六大之后，随着社会建设逐渐纳入中国特色社会主义事业总体布局并成为重要一维，社会组织类型、服务领域虽然没有发生较大的变化，但是，社会组织的发展却在社会主义和谐社会构建的理念引领之下，迎来了一个新的突破，登记注册的社会组织总数从2002年的24.5万个跃升至2014年的60.6万个（见表5-1）。

---

① 《江泽民文选》第3卷，人民出版社2006年版，第530页。

表 5-1　　　　2002—2014 年中国登记注册社会组织数量　　　单位：万个

年份	2002	2003	2004	2005	2006	2007	2008	2009	2010	2011	2012	2013	2014
数量	24.5	26.7	28.9	32	35.4	38.7	41.4	43.1	44.6	46.2	49.9	54.7	60.6

资料来源：根据《中国民政统计年鉴（2010）》《中国民政统计年鉴：中国社会服务统计资料（2015）》等整理。

一　社会团体发展

经过前几年社会组织的清理整顿之后，社会团体的数量开始进入一个持续攀升的时期，社会团体总数从 2002 年的 13.3 万个跃升至 2014 年的 31 万个，短短 12 年时间净增长 17.7 万个。根据 2007 年民政部开始采用的分类标准，从社会团体服务的主要领域所划分的 14 个门类来看，2008—2014 年，农业及农村发展类、社会服务类、工商服务业类、文化类、体育类社会团体数量均有较快增长，科技研究类、教育类、卫生类、生态环境类、法律类、宗教类、职业及从业者组织类、国际及其他涉外组织类数量总体保持平稳增长态势，甚至还有一定程度下降的现象（见表 5-2）。

表 5-2　　　　2008—2014 年中国登记注册社会团体数量
（按照社会团体服务主要领域分）　　　单位：个

年份\类别	2008	2009	2010	2011	2012	2013	2014
工商服务业类	20945	22847	23467	24894	27056	31031	34099
科技研究类	19369	19786	19494	19126	18486	17399	16923
教育类	13358	12943	12603	12491	11654	11753	11412
卫生类	11438	11521	11303	10776	10440	9953	10060
社会服务类	29540	30818	32752	33987	38381	41777	44630
文化类	18555	19687	20926	22472	25036	27115	30101
体育类	11780	12623	12842	13534	15060	17869	20848
生态环境类	6716	6702	6961	6999	6816	6636	6964
法律类	3236	3213	3121	3148	3191	3264	3270

续表

年份 类别	2008	2009	2010	2011	2012	2013	2014
宗教类	3979	4165	4384	4650	4693	4801	4898
农业及农村发展类	42064	45367	47719	52105	55383	58825	60202
职业及从业者组织类	15247	16120	16893	17648	18611	19743	19867
国际及其他涉外组织类	572	661	427	519	499	481	516
其他	32882	32294	32364	32620	35825	38379	45946
总计	23万	23.9万	24.5万	25.5万	27.1万	28.9万	31.0万

资料来源：2009年以前数据出自民政部年度民政事业发展统计报告，http://www.mca.gov.cn/article/sj/tjgb/?；2010年以后数据出自民政部相关年度《中国民政统计年鉴》。

二 基金会发展

20世纪90年代中期之后，受政府清理整顿社会组织的影响，基金会的登记注册基本处于停滞状态。2004年3月，在总结1988年《基金会管理办法》出台以来基金会管理的实践经验、吸收借鉴国外基金会管理立法经验基础上，国务院颁布《基金会管理条例》，对基金会分类管理、登记管理、组织机构、内部治理、监督管理、法律责任等进行了系统规范，而且放松了对基金会的登记注册限制，基金会正式从社会团体中独立出来，成为社会组织中的一个独立类型。2004—2014年，基金会数量急剧增长，2004年共有基金会892个；到了2014年，增长到4117个，增长362%（见表5-3）。

表5-3　　　　2004—2014年中国登记注册基金会数量　　　单位：个

年份	2004	2005	2006	2007	2008	2009	2010	2011	2012	2013	2014
数量	892	975	1144	1340	1597	1843	2200	2614	3029	3549	4117

资料来源：中华人民共和国民政部编：《中国民政统计年鉴：中国社会服务统计资料（2015）》，中国统计出版社2015年版，第178页。

《基金会管理条例》首次区分了公募基金会与非公募基金会，规定公募基金会与非公募基金会设立的原始基金标准和募捐对象,明确公募基金会地方性组织原始基金不低于 400 万元,全国性组织不低于 800 万元,非公募基金会不低于 200 万元;公募基金会面向公众募捐,而非公募基金会不得面向公众募捐。公募基金会属于"公共筹款型基金会";非公募基金会属于"独立型基金会","主要依靠接受特定对象的捐赠资金及其增值从事公益事业"。[①]《基金会管理条例》有利于基金会的规范发展,公募基金会与非公募基金会的分类管理实际上形成了限制公募基金会、鼓励非公募基金会发展的制度安排。自 2004 年 6 月第一家全国性非公募基金会——香江社会救助基金会注册成立以来,非公募基金会迎来了一个发展的高潮期。据统计,2004—2014 年,公募基金会从 722 个增长到 1470 个,非公募基金会则从 180 个增长到 2610 个,尤其是 2011 年,非公募基金会总数首次超过公募基金会,并渐次拉大差距,反映出企业和公民热心公益事业意愿的持续增长(见图 5-1)。

《基金会管理条例》还适应涉外基金会管理的新形势,允许港澳台居民和外国人在中国内地设立基金会或境外基金会代表机构,并就涉外基金会管理作出了一系列规定。2007 年开始,民政部正式启动涉外基金会的登记管理工作。截至 2014 年年底,共有 9 个涉外基金会、28 个境外基金会代表机构登记注册。

三 民办非企业单位发展

随着《民办非企业单位登记管理暂行办法》的颁布和民办非企业单位登记管理工作的全面启动,民办非企业单位开始进入一个蓬勃发展时期。2002 年,全国共有民办非企业单位 11.1 万个,到 2014 年,达到 29.2 万个。从民办非企业单位服务的主要领域来看,主要集中在教育类、社会服务类、卫生类、科技服务类、文化类、体育类,其

[①] 徐宇珊:《论基金会:中国基金会转型研究》,中国社会出版社 2010 年版,第 31 页。

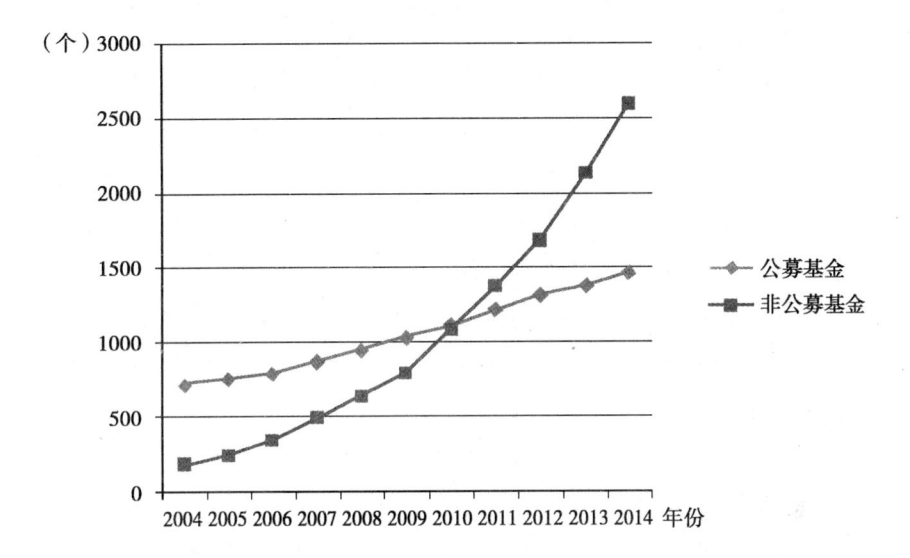

图 5-1 2004—2014 年中国公募基金会与非公募基金会发展

资料来源：根据《中国民政统计年鉴（2010）》《中国民政统计年鉴：中国社会服务统计资料（2011）》《中国民政统计年鉴：中国社会服务统计资料（2012）》《中国民政统计年鉴：中国社会服务统计资料（2013）》《中国民政统计年鉴：中国社会服务统计资料（2014）》《中国民政统计年鉴：中国社会服务统计资料（2015）》等资料整理。

中尤为活跃的是教育类民办非企业单位。2008—2014 年，教育类民办非企业单位从 8.9 万个增长到 16.4 万个，几乎增长了 1 倍；而且所占比重达到一半左右甚至超过一半，以最近的 2014 年为例，高达 56.06%（见表 5-4）。

表 5-4 2008—2014 年中国登记注册民办非企业单位数量

（按照民办非企业单位服务主要领域分）　　　单位：个

年份 类别	2008	2009	2010	2011	2012	2013	2014
工商服务业类	2068	2080	2013	6897	8717	5625	5915
科技研究类	9411	9760	10196	10956	11126	13729	15110
教育类	88811	92703	98043	104894	117015	145210	163681
卫生类	27744	27237	25191	21573	20979	21234	23404

续表

类别\年份	2008	2009	2010	2011	2012	2013	2014
社会服务类	25836	28060	29465	31750	35956	36698	42244
文化类	6505	7188	8114	8827	10590	11694	14148
体育类	5951	6591	7062	7700	8490	10353	11901
生态环境类	908	1049	1070	846	1065	377	398
法律类	862	782	776				
宗教类	281	271	156	169	132	94	82
农业及农村发展类	1166	1466	1730				
职业及从业者组织类	1441	1628	2218				
国际及其他涉外组织类	21	56	37	36	49	4	4
其他	11377	11608	12104	10740	10989	9652	15308
总计	18.2万	19.0万	19.8万	20.4万	22.5万	25.5万	29.2万

资料来源：根据《中国民政统计年鉴（2009）》《中国民政统计年鉴（2010）》《中国民政统计年鉴：中国社会服务统计资料（2011）》《中国民政统计年鉴：中国社会服务统计资料（2012）》《中国民政统计年鉴：中国社会服务统计资料（2013）》《中国民政统计年鉴：中国社会服务统计资料（2014）》《中国民政统计年鉴：中国社会服务统计资料（2015）》等资料整理。需要说明的是，2011年后民办非企业单位分类方式发生变化，本表将2011年后的科技服务类与2010年前的科技研究类视为同类，将2011年后的商务服务类与2010年前的工商服务业类视为同一类型。

第二节　协同型制度环境

协同，即指同心合力、相互配合。从构建社会主义和谐社会理念提出，到把社会建设成为中国特色社会主义事业总体布局的重要一维，再到国家治理体系和治理能力现代化目标要求的提出，反映出党的治国理政思想的重大创新，这也直接促使党和政府对社会组织重新进行定位。社会组织培育机制的形成，社会组织得以相对独立和自主地发展，使得社会组织的地位和作用不断提升，社会组织日渐成为国家治理多元主体的重要一维，国家治理体系与治理目标现代化迫切期待社会组织作用的进一步发挥，由此初步形成了社会组织发展的协同型制度环境。

一 社会组织治理主体地位确认

党的十六大之后，以胡锦涛为总书记的党中央提出构建社会主义和谐社会的重大战略思想。2004年9月，党的十六届四中全会第一次将社会建设纳入中国特色社会主义事业总体布局。构建社会主义和谐社会重大战略思想的提出，社会建设主题的凸显，客观上赋予了社会组织更为广阔的成长空间。2006年10月，党的十六届六中全会通过《关于构建社会主义和谐社会若干重大问题的决定》，首次以"社会组织"替代"民间组织"概念。称谓的变化背后，意味着党的执政理念和国家治理理念的变革，也意味着社会组织的地位和作用得到认可。随着"社会组织"概念的正式提出，社会组织发展不仅获得政治保证，而且上升到了中国特色社会主义事业发展的战略高度。

2007年10月，党的十七大进一步提出要"健全党委领导、政府负责、社会协同、公众参与的社会管理格局，健全基层社会管理体制"[①]。社会组织扩大群众参与、反映群众诉求方面的积极作用，有利于增强社会自治功能和发挥社会协同作用，这也"意味着中国政府的传统治理模式将逐步转型，朝着政府调控机制与社会协调机制互联，政府行政功能与社会自治功能互补，政府管理力量与社会协调力量互动的方向发展"[②]。2008年2月，党的十七届二中全会提出要"更好地发挥公民和社会组织在社会公共事务管理中的作用，更加有效地提供公共产品"[③]。2010年10月，党的十七届五中全会审议通过

---

① 中共中央文献研究室编：《十七大以来重要文献选编》上册，中央文献出版社2009年版，第31页。

② 黄晓春：《重视民间组织发育的制度环境》，《文汇报》2010年1月12日。

③ 《关于深化行政管理体制改革的意见》，载中共中央文献研究室编《十七大以来重要文献选编》上册，中央文献出版社2009年版，第270页。

的《中共中央关于制定国民经济和社会发展第十二个五年规划的建议》，提出要"发挥群众组织和社会组织作用，提高城乡社区自治和服务功能，形成社会管理和服务合力"，"培育扶持和依法管理社会组织，支持、引导其参与社会管理和服务"。① 2011年2月，胡锦涛在省部级主要领导干部社会管理及其创新专题研讨班上的讲话中，强调要"引导社会团体、行业组织、中介机构、志愿者团体等各类社会组织加强自身建设、增强服务社会能力"②。2011年3月，《中华人民共和国国民经济和社会发展第十二个五年规划纲要》专设第三十九章"加强社会组织建设"，强调坚持培育发展和管理监督并重，推动社会组织健康有序发展，发挥社会组织"提供服务、反映诉求、规范行为"等方面的作用。③

党的十八大以来，以习近平为核心的新一届中央领导集体从实现"两个一百年"奋斗目标、实现中华民族伟大复兴中国梦的战略高度，提出要坚持完善和发展中国特色社会主义制度，积极推进国家治理体系和治理能力现代化。2012年11月，党的十八大提出要"加快形成政社分开、权责明确、依法自治的现代社会组织体制"，"强化企事业单位、人民团体在社会管理和服务中的职责，引导社会组织健康有序发展，充分发挥群众参与社会管理的基础作用"。④ 2013年11月，党的十八届三中全会提出"推进国家治理体系和治理能力现代化"这一全面深化改革的总目标，这标志着习近平国家治理现代化思想的正式提出。就此，党的十八届三中全会强调要"激发社会组织活

---

① 《中共中央关于制定国民经济和社会发展第十二个五年规划的建议》，《人民日报》2010年10月28日。

② 中共中央文献研究室编：《十七大以来重要文献选编》下册，中央文献出版社2013年版，第150页。

③ 《中华人民共和国国民经济和社会发展第十二个五年规划纲要》，人民出版社2011年版，第109页。

④ 胡锦涛：《坚定不移沿着中国特色社会主义道路前进　为全面建成小康社会而奋斗——在中国共产党第十八次全国代表大会上的报告》，《人民日报》2012年11月9日。

力",提出"适合由社会组织提供的公共服务和解决的事项,交由社会组织承担",并且在农村兴办各类事业、协商民主、文化开放、教育评估监测、兴办教育事业等方面,专门提到社会组织作用发挥问题,这意味着社会组织作为国家治理多元主体之一的地位得到确认。①2014年2月,习近平在省部级主要领导干部学习贯彻十八届三中全会精神全面深化改革专题研讨班上的讲话中指出:"只有以提高党的执政能力为重点,尽快把我们各级干部、各方面管理者的思想政治素质、科学文化素质、工作本领都提高起来,尽快把党和国家机关、企事业单位、人民团体、社会组织等的工作能力都提高起来,国家治理体系才能更加有效运转。"②

对于国家治理现代化目标的实现,国家担负着法定责任,而社会组织作为社会治理的多元治理主体之一,必然承载参与国家治理的道德义务,两者都至关重要。一方面,国家在经济社会发展的一些重大问题和涉及群众切身利益的实际问题上,尤其是在一些社会服务产品的供给、社会政策的制定上,必然寻求与社会组织开展广泛的协商,实现国家与社会之间的有效互动。如党的十八届三中全会通过的《中共中央关于全面深化改革若干重大问题的决定》,在谈到"构建程序合理、环节完整的协商民主体系"时,特别提到要拓宽"社会组织的协商渠道"。③另一方面,社会组织为了更好地实现自己的组织目标,也必然通过相关的政治参与寻求自身生存与发展的最大空间。2014年10月,党的十八届四中全会进一步提出要发挥社会组织在立法协商及法治社会建设中的作用。

这一时期,2012年8月修订的《中华人民共和国民事诉讼法》、2013年10月修订的《中华人民共和国消费者权益保护法》、2014年

---

① 《中共中央关于全面深化改革若干重大问题的决定》,《人民日报》2013年11月16日。

② 《习近平谈治国理政》,外文出版社2014年版,第105页。

③ 《中共中央关于全面深化改革若干重大问题的决定》,《人民日报》2013年11月16日。

4月修订的《中华人民共和国环境保护法》，均分别以法律形式赋予社会组织以公益诉讼的主体资格，为更好地发挥社会组织在社会治理中的作用提供了法律保障。《中华人民共和国民事诉讼法》第五十五条规定："对污染环境、侵害众多消费者合法权益等损害社会公共利益的行为，法律规定的机关和有关组织可以向人民法院提起诉讼"；[①]《中华人民共和国消费者权益保护法》第四十七条规定："对侵害众多消费者合法权益的行为，中国消费者协会以及在省、自治区、直辖市设立的消费者协会，可以向人民法院提起诉讼"；[②]《中华人民共和国环境保护法》第五十八条规定："依法在设区的市级以上人民政府民政部门登记"且"专门从事环境保护公益活动连续五年以上且无违法记录"的社会组织，可以"对污染环境、破坏生态，损害社会公共利益的行为"向人民法院提起诉讼。[③] 如2014年9月，泰州市环保联合会就6家化工企业违法排污污染公共水域案成功提起公益诉讼，得到社会广泛关注，产生了良好的示范效应。社会组织公益诉讼主体资格的赋予，实际上已经体现了多元主体共治的理念，社会组织作为国家治理多元主体之一进一步得到确认。

而且，在国家相继出台的社会养老服务体系规划和促进生产性服务业、体育产业、科技服务业等产业发展的多项政策举措中，政府显示出将社会组织纳入整体工作体制和运行机制并加大培育扶持的态度，社会组织的资源短缺情况有望得到极大改善，其推动经济社会发展的独特优势将会进一步发挥。如2011年国务院办公厅颁布的《社会养老服务体系建设规划（2011—2015年）》提出："采取公建民营、委托管理、购买服务等多种方式，支持社会组织兴办或者运营的公益性养老机构"，"充分发挥专业化社会组织的力量，不断提高社会养

[①]《全国人民代表大会常务委员会关于修改〈中华人民共和国民事诉讼法〉的决定》，《司法业务文选》2012年Z2期。

[②]《中华人民共和国消费者权益保护法》，《司法业务文选》2013年第37期。

[③]《中华人民共和国环境保护法》，《中国环保产业》2014年第6期。

老服务水平和效率，促进有序竞争机制的形成，实现合作共赢"；①2014年5月，国务院办公厅《关于做好2014年全国普通高等学校毕业生就业创业工作的通知》提出："充分挖掘社会组织吸纳高校毕业生就业潜力，对到省会及省会以下城市的社会团体、基金会、民办非企业单位就业的高校毕业生，所在地的公共就业人才服务机构要协助办理落户手续，在专业技术职称评定方面享受与国有企事业单位同类人员同等待遇"；② 2014年7月，国务院《关于加快发展生产性服务业促进产业结构调整升级的指导意见》提出："完善政府采购办法，逐步加大政府向社会力量购买服务的力度，凡适合社会力量承担的，都可以通过委托、承包、采购等方式交给社会力量承担。研究制定政府向社会力量购买服务的指导性目录，明确政府购买的服务种类、性质和内容"；③ 2014年10月，国务院《关于加快发展体育产业促进体育消费的若干意见》提出："推行政社分开、政企分开、管办分离，加快推进体育行业协会与行政机关脱钩，将适合由体育社会组织提供的公共服务和解决的事项，交由体育社会组织承担"，"引导支持体育社会组织等社会力量举办群众性体育赛事活动"；④ 2014年10月，国务院《关于加快科技服务业发展的若干意见》提出："鼓励企业、社会组织和个人捐助或投资建设科普设施"，"依托科协组织、行业协会，开展科技服务人才专业技术培训，提高从业人员的专业素质和

---

① 《社会养老服务体系建设规划（2011—2015年）》，《司法业务文选》2012年第9期。
② 《国务院办公厅关于做好2014年全国普通高等学校毕业生就业创业工作的通知》，《中国劳动》2014年第9期。
③ 《国务院关于加快发展生产性服务业促进产业结构调整升级的指导意见》，《农业机械》2014年第15期。
④ 《国务院关于加快发展体育产业促进体育消费的若干意见》，国务院新闻办网（http://www.scio.gov.cn/xwfbh/xwbfbh/wqfbh/2015/33862/xgzc33869/Document/1458267/1458267.htm）。

能力水平"。①

二 社会组织培育体系化

(一) 优先发展策略

改革开放以来,社会组织的蓬勃发展,在提供公共服务、反映公民诉求、弘扬志愿精神、倡导公益理念等方面发挥了重要作用,但中国社会组织的发展仍处于初级阶段,社会组织发展仍难以满足人们日益增长的公共服务需求。因此,基于社会组织结构优化、布局合理的考量,这一时期,国家通过优先发展策略的选择,重点培育有利于改善民生、提高公共服务水平和有助于缓解社会矛盾、促进社会和谐的社会组织。

2003年10月,民政部《关于加强农村专业经济协会培育发展和登记管理工作的指导意见》提出培育农村专业经济协会的政策举措,允许"适当放宽登记条件,简化登记程序","边发展、边规范、边登记"。② 2005年12月,民政部发出《关于促进慈善类民间组织发展的通知》,强调"坚持以群众需求为导向,实行国家鼓励、社会参与、民间自愿的方针,发展与规范并重"。③ 2007年5月,民政部、中国科协发出《关于推进科技类学术团体创新发展试点工作的通知》,着手开展全国学会创新试点工作。2009年10月、2014年4月,民政部就加快民办社会工作服务机构两度发文,即《民政部关于促进民办社会工作服务机构发展的通知》和《关于进一步加快推进民办社会工作服务机构发展的意见》,力求通过培育民办社会工作服务机构,发挥其"社会工作专业人才发挥作用的重要平台"、"整合社会工作资源、提供社会工作服务的重要载体"、"承接政府社会服务职

---

① 《国务院关于加快科技服务业发展的若干意见》,中国政府网(http://www.gov.cn/gongbao/content/2014/content_ 2775509.htm)。

② 国家民间组织管理局编:《社会组织管理政策法规选编》,华龄出版社2010年版,第189—190页。

③ 同上书,第45页。

能的重要依托"作用。[①]

2007年5月,国务院办公厅《关于加快推进行业协会商会改革和发展的若干意见》,提出要在坚持"市场化方向、政会分开、统筹协调、依法监管"总要求的基础上,通过积极拓展行业协会的职能、大力推进行业协会体制机制改革、加强行业协会自身建设、完善促进行业协会发展政策措施等方式加快推进行业协会商会改革和发展。[②] 2008年3月,在中共中央、国务院下发的《关于促进残疾人事业发展的意见》中,提出"积极培育专门面向残疾人服务的社会组织"[③]。

2011年2月,胡锦涛在省部级主要领导干部社会管理及其创新专题研讨班上的讲话中,提出要"重点培育和优先发展经济类、公益慈善类、城乡社区社会组织和民办非企业单位"[④]。2011年12月,国务院发布《社区服务体系建设规划(2011—2015年)》,就社区社会组织培育提出具体要求,提出要"大力培育和发展各类服务性、公益性、互助性的社会组织,鼓励和支持社会组织、企事业单位和社区居民参与社区服务,完善民主决策机制,发挥多元主体在社区服务体系建设中的作用",并且明确社区社会组织的建设目标是到"十二五"期末,力争"每个社区拥有5个以上的社区社会组织"。[⑤]

党的十八大之后,国家进一步明确了社会组织的优先发展方向。党的十八届二中全会通过,而后交付十二届全国人大一次会议审议通过的《国务院机构改革和职能转变方案》和党的十八届三中全会通

[①] 《民政部关于进一步加快推进民办社会工作服务机构发展的意见》,民政部网(http://www.mca.gov.cn/article/zwgk/fvfg/shgz/201404/20140400622265.shtml)。

[②] 参见国家民间组织管理局编《社会组织管理政策法规选编》,华龄出版社2010年版,第181—186页。

[③] 中共中央文献研究室编:《十七大以来重要文献选编》上册,中央文献出版社2009年版,第364页。

[④] 中共中央文献研究室编:《十七大以来重要文献选编》下册,中央文献出版社2013年版,第154页。

[⑤] 参见国务院法制办公室编《中华人民共和国社会管理法典》,中国法制出版社2014年版,第14—19页。

过的《中共中央关于全面深化改革若干重大问题的决定》，都明确提出社会组织重点培育和优先发展的方向是行业协会商会类、科技类、公益慈善类、城乡社区服务类社会组织，并赋予民政部门对这四类社会组织予以直接登记的权力，取消了业务主管单位审查同意的限制。2014年12月，国务院制定《关于促进慈善事业健康发展的指导意见》，将慈善组织定位为"现代慈善业的运作主体"，提出直接登记、下放登记管理权限、公益创投、政府购买服务等培育举措。

（二）税费优惠

税费优惠是国际上社会组织扶持的通行做法。2003年7月，民政部、财政部《关于调整社会团体会费政策等有关问题的通知》对社会组织会费政策进行了根本性调整，取消了此前政府部门核定的统一会费标准，允许社会组织依据章程合理制定会费标准，而且将会费从国家收支两条线管理范围内进行了剥离，此举对于社会组织自主性的提升及实施灵活的会费政策大有裨益。

2008年1月1日，《中华人民共和国企业所得税法》开始施行。《中华人民共和国企业所得税法》及其实施条例，明确规定"符合条件的非营利组织的收入"可以免税。《中华人民共和国企业所得税法》将企业公益性捐赠税前扣除比例从原来的年度所得额的3%调整为年度利润总额的12%。2008年12月，财政部、民政部、国家税务总局出台《关于公益性捐赠税前扣除有关问题的通知》，就上述问题作了进一步的明确，且将税收优惠与社会组织登记管理、年度检查、评估等级等进行关联，这既有利于鼓励社会公益捐赠，解决社会捐赠不足、社会组织资金匮乏等长期以来制约社会组织健康发展的瓶颈问题，激励社会组织更多地从事公益活动，同样也有利于社会组织各种政策之间的相互衔接，加强社会组织规范管理。

（三）政府购买公共服务

政府购买公共服务，是指政府将原来由自身直接向社会提供的一些公共服务事项，通过定向委托、公开招标、项目申请等方式，转交给具备条件的社会组织等社会力量承担，最后根据服务数量和质量由政府向其支付服务费用。政府购买公共服务方式自 20 世纪 80 年代在欧美一些国家尝试之后，日益成为一种普遍的做法。萨拉蒙对 39 个国家政府购买公共服务情况分析后发现，有 14 个国家社会组织的最主要收益来自政府资助，其中爱尔兰政府资助占社会组织收入的 74%，比利时为 69%，德国和捷克均为 65%；在另外 25 个国家中，政府资助虽然并非最主要收益来源，但仍具相当规模，如美国社会组织收入结构，收费收入占 47%，政府资助占 40%，慈善捐赠占 13%。萨拉蒙的实证研究表明，"政府资助与社会组织的成长有紧密联系"[①]。

我国政府购买公共服务的尝试首先来自地方层面。1994 年，深圳市罗湖区通过环卫公司组建、政府购买相关服务实现了城市环境卫生服务的社会化，首开我国政府购买服务之先河。政府购买社会组织服务先例，则是 1996 年上海市浦东新区社会发展局委托上海基督教青年会创建罗山市民会馆。2006 年，国务院扶贫办进行扶贫模式创新试点，首次通过项目招标方式选择国际小母牛项目组织、中国国际民间组织合作促进会和陕西省妇女理论婚姻家庭研究会等 6 家社会组织在江西省 22 个重点贫困村实施村级扶贫规划项目。[②] 中央和地方政府的积极探索，使政府购买社会组织公共服务日渐普遍，购买领域也从最初的环境卫生、居家养老、农民工培训等领域渐次拓展至社会救助、社会矫正、社区民生服务、行业服务、社会公益服务等领域。

2012 年之后，推动社会组织等社会力量承接部分社会服务，成为普遍共识。2012 年 3 月，时任国务院总理温家宝在全国民政工作会议上，明确提出："政府的事务性管理工作、适合通过市场和社会提供的公共服务，可以适当的方式交给社会组织、中介机构、社区等

[①] 王浦劬、[美] 萨拉蒙等：《政府向社会组织购买公共服务研究：中国与全球经验分析》，北京大学出版社 2010 年版，第 206 页。

[②] 参见潘跃《江西：6 非政府组织与政府合作扶贫》，《人民日报》2006 年 11 月 8 日。

基层组织承担,降低服务成本,提高服务效率和质量。"① 当年,中央财政首次设立2亿元专项资金支持社会组织参与社会服务。自此之后,中央财政社会组织社会服务专项资金扶持机制实现常态化。② 2013年7月,国务院常务会议研究推进政府向社会力量购买公共服务,国务院总理李克强提出要"将适合市场化方式提供的公共服务事项,交由具备条件、信誉良好的社会组织、机构和企业等承担"③。

2013年10月,国务院下发《关于政府向社会力量购买服务的指导意见》,就购买主体、承接主体、购买内容、购买机制、资金管理、绩效管理等作出系统安排。此后,政府购买社会服务的相关制度安排日渐细化,如2014年10月,财政部、民政部发布《关于支持和规范社会组织承接政府购买服务的通知》;2014年12月,财政部、民政部、工商总局出台《政府购买服务管理办法(暂行)》;2015年5月,国务院办公厅转发文化部、财政部、新闻出版广电总局、体育总局《关于做好政府向社会力量购买公共文化服务工作意见的通知》。

(四) 人才支撑

人才资源是第一资源。社会组织的人才队伍建设,对于社会组织的持续健康发展至为关键。2006年10月召开的党的十六届六中全会,作出建设社会工作专业人才队伍的战略部署,提出"建立健全以培养、评价、使用、激励为主要内容的政策措施和制度保障"④。2010年《国家中长期人才发展规划纲要(2010—2020年)》确立了

---

① 《温家宝总理在第十三次全国民政会议上要求充分发挥民政在社会建设中的骨干作用》,《中国民政》2012年第4期。

② 2012—2015年,中央财政每年拨款专项资金额均在2亿元左右。具体情况参见民政部《2013年中央财政支持社会组织参与社会服务项目实施方案》《2014年中央财政支持社会组织参与社会服务项目实施方案》《2015年中央财政支持社会组织参与社会服务项目实施方案》。

③ 《国务院常务会研究推进政府向社会力量购买公共服务》,《电子政务》2013年第9期。

④ 《中共中央关于构建社会主义和谐社会若干重大问题的决定》,载中共中央文献研究室编《十六大以来重要文献选编》下册,中央文献出版社2011年版,第670页。

社会工作专业人才主体人才地位,并提出了社会工作专业人才队伍建设的具体发展指标。① 2011 年 7 月,中共中央、国务院发布《关于加强和创新社会管理的意见》,强调发展社会工作专业服务机构,加强社会工作专业人才队伍建设。随后,中央组织部、中央政法委、民政部等 18 个部门和组织联合发布《关于加强社会工作专业人才队伍建设的意见》,首次就社会工作专业人才队伍建设下发专门文件,并就岗位开发、人才使用、人才评价、薪酬保障、表彰奖励等作出制度安排。

(五) 孵化机制

孵化器 (incubator),本义是禽蛋的人工孵化设备。这一概念后来引入经济领域,出现了企业孵化器。1959 年创建的美国"贝特维亚工业中心"被誉为全球首个企业孵化器。中国孵化器事业同样发轫于经济领域,1987 年成立的武汉东湖创业服务中心,是中国首个企业孵化器。受此启发,2006 年 1 月,恩派 (NPI) 创始人吕朝注册成立民办非企业单位——上海浦东非营利组织发展中心,首创社会组织孵化器模式。作为支持性社会组织,恩派通过注册协助、场地支持、管理咨询、战略规划、政策辅导、人员培训、项目拓展等全方位的培育服务,助力社会组织创建与发展。据统计,恩派自 2006—2015 年,陆续发起"屋里厢""联劝""安逸舍""里仁"等近 20 家社会组织,为数千家社会组织提供成长支持服务,培训公益人才过万人。② 恩派社会组织孵化器模式引起民政部关注,2007 年 8 月、2008 年 7 月,民政部相关领导到恩派调研,随后这一模式逐渐在全国推广。如 2009 年 10 月,南京市民政局、建邺区政府和爱德基金会联合发起成立爱德社会组织培育中心;2010 年 3 月,深圳市建立社会组织孵化实验基地;2010 年 7 月,上海市建立社会创新孵化园,委托恩派管

---

① 《国家中长期人才发展规划纲要 (2010—2020 年)》将社会工作专业人才与党政人才、企业经营管理人才、专业技术人才、高技能人才和农村实用人才相并列,规划到 2015 年培养 200 万社会工作专业人才,到 2020 年培养 300 万社会工作专业人才。

② 参见恩派网 (http://www.npi.org.cn/aboutnpi.aspx)。

理；2010年12月，北京市社会建设工作办公室成立社会组织孵化中心；2011年12月，东莞市创建社会组织孵化基地，并于次年12月公布《东莞市社会组织孵化基地管理暂行办法》，首次就政府管理社会组织孵化基地出台政策性文件。社会组织孵化机制尽管发起主体不一、形式各异，但社会组织孵化机制的实践探索，既降低了初创社会组织的创业成本和风险，又倡导了社会组织理念，有利于形成社会组织培育的良好氛围，促进公益事业良性发展。

三 社会组织管理体制创新

这一时期，基本沿袭了分离型制度环境时期的社会组织管理体制，但基于培育发展社会组织的诉求，社会组织管理体制有了较大创新。2004年3月，国务院颁布《基金会管理条例》，不仅使基金会从社会团体中分离出来成为社会组织的一个独立分支，而且为加强基金会的规范管理奠定了制度基础。

社会组织规范管理纵深推进。在1996年《社会团体年度检查暂行办法》的基础上，2005年4月、2006年1月，民政部陆续颁布《民办非企业单位年度检查办法》《基金会年度检查办法》，年度检查制度实现了社会组织全覆盖。这一期间，民政部还先后以函件、文件等形式发布《关于开展民办非企业单位自律与诚信建设活动的通知》《关于进一步深入开展民办非企业单位自律与诚信建设活动的通知》《关于做好社团组织评比达标表彰活动清理工作的通知》《关于推进民间组织评估工作的指导意见》《关于深入开展民办非企业单位信息公开和承诺服务活动工作的意见》，引导社会组织加强自身建设，推动社会组织自我管理、自我完善。[①] 国家发展改革委、监察部、财政部、国家税务总局、国务院纠风办等部门也积极履行各自职责，与民政部就社会组织收费问题开展专项治理，进一步规范了社会组织收费

---

① 参见国家民间组织管理局编《社会组织管理政策法规选编》，华龄出版社2010年版，第48、167、309、316、321页。

行为。①

2011年3月,《中华人民共和国国民经济和社会发展第十二个五年规划纲要》就社会组织管理体制创新提出要"建立健全统一登记、各司其职、协调配合、分级负责、依法监督的社会组织管理体制"②。2012年党的十八大之后,社会组织管理体制改革上升为党的国家的战略部署,改革路径更为清晰。党的十八大和党的十八届二中全会都明确提出要"加快形成政社分开、权责明确、依法自治的现代社会组织体制"。党的十八届三中全会强调要"激发社会组织活力,正确处理政府和社会关系,加快政社分开,推进社会组织明确责权、依法自治、发挥作用"③。党的十八届四中全会首次提出"加强社会组织立法",以规范和引导各类社会组织健康发展。④ 这既反映出"国家权力显示的是有意让渡的姿态,国家在刻意向有限政府、服务政府方向形塑自身"⑤,同时也反映出国家将社会组织管理法治化的治理趋向。

党和政府对社会组织管理体制改革的高度重视,激发了地方层面社会组织管理体制的不断改革创新。2012年,"19个省份开展或试行了社会组织直接登记,9个省份下放了非公募基金会登记管理权限,8个省份下放了异地商会登记管理权限,4个省份开展了涉外民办非

---

① 参见民政部、国家发展改革委、监察部、财政部、国家税务总局、国务院纠风办《关于规范社会团体收费行为有关问题的通知》,2007-11-21;国家发展改革委、国务院纠风办、民政部、工商总局、中编办、人民银行、国资委、法制办、财政部《关于印发〈规范行业协会、市场中介组织服务和收费行为专项治理工作的实施意见〉的通知》,载国家民间组织管理局编《社会组织管理政策法规选编》,华龄出版社2010年版,第170—180页。

② 《中华人民共和国国民经济和社会发展第十二个五年规划纲要》,《领导决策信息》2011年第12期。

③ 《中共中央关于全面深化改革若干重大问题的决定》,《人民日报》2013年11月16日。

④ 《中共中央关于全面推进依法治国若干重大问题的决定》,《人民日报》2014年10月29日。

⑤ 师曾志、金锦萍:《新媒介赋权:国家与社会的协同演进》,社会科学文献出版社2013年版,第55页。

企业单位登记试点"①。如云南省2012年9月出台《云南省行业协会条例》，建立了行业协会直接登记制度。这些改革创新举措，体现了社会组织管理体制改革先行先试的原则，有利于进一步积累经验，从而实现由点到面的突破。

第三节 协同型制度环境下社会组织自主化

萨拉蒙对社会组织基本特征的分析，强调了其自治性的要求，认为应该"基本上是独立处理各自的事务"②。韦伯（Max Weber）就组织属性也指出，"一个组织可能是：（a）自治的或他治的，（b）自主的或他主的。自治（autonomy）意味着该组织的秩序并非产生于外来者制定法上的行动，而是产生于其成员自身的权威，不管这是怎么实现的。他治（heteronomy）的秩序则是由外来者强加的。自主（autocephaly）意味着首脑及其班子是按照该组织本身的自治秩序被挑选出来的，而不是像他主（heterocephaly）的组织那样由外来者任命，不管这种任命是如何进行的"③。社会组织界别意识的产生、党政机关与社会组织的脱钩行动和社会组织主体性的彰显，都意味着社会组织自治属性的强化以及由此带来的社会组织自主化。

一 社会组织党建力度加大

党组织在社会组织中的覆盖面比较小，一些社会组织对党组织的嵌入心存疑虑，有些社会组织由于没有党员或是党员数量过少不具备建立党组织条件；一些党组织发挥作用不充分，有些社会组织即便成

---

① 《在新的时代条件下推动民政事业科学发展，为全面建成小康社会贡献力量》，民政部网（http://jnjd.mca.gov.cn/article/zyjd/xxck/201311/20131100541932.shtml）。

② [美]萨拉蒙：《全球公民社会：非营利部门视界》，贾西津等译，社会科学文献出版社2007年版，第3页。

③ [德]韦伯：《经济与社会》第1卷，阎克文译，上海人民出版社2009年版，第142—143页。

立了党组织，但党组织的作用发挥不够；党组织在社会组织中的职能定位及其作用发挥途径与方法尚处探索过程之中……凡此种种，皆反映出社会组织中党的力量尚比较薄弱。党十分注重社会组织中的党建问题，社会组织的党建力度在这一时期得到进一步加强。

(一) 扩大组织覆盖面

2002 年党的十六大提出："要进一步加大在社会团体以及社会中介组织中建立党组织的力度。"① 2009 年 3 月，全国首家省级社会组织党工委——中共广东省社会组织工作委员会成立，其主要职责是："负责领导全省行业协会及无业务主管单位的社会组织的党建工作，指导、协调归属各级地方民政部门管理的社会组织和归属省直单位业务对口管理的社会组织的党建工作。"② 2009 年 9 月，党的十七届四中全会再次明确要求"加大在中介机构、协会、学会以及各类新社会组织中建立党组织力度"③。2009 年中共中央组织部、中央深入学习实践科学发展观活动领导小组《关于在深入学习实践科学发展观活动中建立健全新社会组织党组织的意见》，进一步明确，要"在保证质量的前提下，注重在没有党员和未建立党组织的新社会组织中发展党员，努力消除发展党员的空白点"④。数据表明，2006 年年底，全国 71985 个社会团体中建立党组织的尚不足 8500 个，仅占 11.7%；⑤ 到 2012 年，"4.03 万个社会团体建立党组织，占具备建立党组织条件的社会团体数的 99.21%。3.95 万个民办非企业单位建立党组织，占具

---

① 《江泽民文选》第 3 卷，人民出版社 2006 年版，第 572 页。

② 《全国首家省级社会组织党工委在广东成立》，《中国社会报》2009 年 3 月 27 日。

③ 《中共中央关于加强和改进新形势下党的建设若干重大问题的决定》，《人民日报》2009 年 9 月 28 日。

④ 国家民间组织管理局编：《社会组织管理政策法规选编》，华龄出版社 2010 年版，第 160 页。

⑤ 参见《全国新经济组织和新社会组织党建工作取得新进展》，《中国人事报》2007 年 9 月 5 日。

备建立党组织条件的民办非企业单位数的 99.61%"①；截至 2014 年年底，"全国 43.9 万个社会组织中，18.4 万个已建立党组织，占社会组织总数的 41.9%"②。

（二）社会组织界别意识

2006 年 11 月，中共中央发布的《关于党的十七大代表选举工作的通知》，首次规定党的十七大代表"要有适当数量的新经济组织和新社会组织的党员"③。党的十七大、党的十八大代表结构中，来自社会组织界别的代表引起媒体的广泛关注，这反映出社会组织党建工作进一步的深化。而在地方层面，有些省市直接设立了社会组织界别，如 2012 年宁夏社会组织以界别选举党代表出席区、市、县（区）党代会。党代会中社会组织界别意识的强化，既是社会组织地位提升的具体体现，同样也为社会组织有序政治参与拓展了新的重要渠道。

（三）设立党组

社会组织党组织的领导机关从"政治核心"走向"领导核心"，是社会组织党建工作力度加大的又一新动向。党的十七届四中全会审议通过的《中共中央关于加强和改进新形势下党的建设若干重大问题的决定》中，进一步明确社会组织中党组织的职能是"围绕贯彻党的方针政策、引导和监督遵守国家法律法规、团结凝聚职工群众、维护各方合法权益、促进健康发展等"④。而就社会组织中党组织的领导机关而言，依据《中国共产党章程》，社会组织的领导机关可以成立党组。社会组织领导机关的党委，实际发挥着政治核心作用，更多的是起政治方向的监督保证作用；而设立党组，则在本单位发挥领导

---

① 《截至 2012 年底：中共党员共有 8512.7 万名，基层党组织 420.1 万个》，新华网（http：//news.xinhuanet.com/politics/2013-06/30/c_116344187.htm）。

② 《2014 年中国共产党党内统计公报》，共产党员网（http：//news.12371.cn/2015/06/29/ARTI1435581292563585.shtml）。

③ 参见《党的十七大代表选举工作》，《中直党建》2007 年第 5 期。

④ 《中共中央关于加强和改进新形势下党的建设若干重大问题的决定》，《人民日报》2009 年 9 月 28 日。

核心作用。为了更好地发挥党总揽全局、协调各方的领导核心作用，确保党的理论和路线方针政策在社会组织中得到有效贯彻，避免党在社会治理中的"缺位"，党主动担负起社会组织这一新领域的领导责任。2015年6月11日起施行的《中国共产党党组工作条例（试行）》，正式规定要在社会组织领导机关中设立党组。

二 党政机关与社会组织脱钩

（一）人员脱钩

2004年颁布的《基金会管理条例》，吸收了此前的社会团体管理经验，较好地贯彻了政社分开之原则。其第二十三条明确规定："基金会理事长、副理事长和秘书长不得由现职国家工作人员兼任。"[①] 2004年10月，《关于现职国家工作人员不得兼任基金会负责人有关问题的通知》对限制现职国家工作人员任职问题做了进一步的明确。限制现职国家工作人员而不限制离退休人员的规避要求，自然有着鼓励离退休人员积极参与社会治理之愿望，然而由此却衍生了另一种现象，即不少离退休领导干部"以兼职为名，利用个人影响找地方、部门和企事业单位要钱要车要办公场所，甚至领取较高薪酬"[②]。为此，2014年6月，根据中央组织部《关于规范退（离）休领导干部在社会团体兼职问题的通知》作出的新规定，全国各地对离退休领导干部社会组织兼职现象进行了专项清理工作。2013年，党的十八届三中全会还将限制领导干部社会组织兼职扩展至领导干部亲属，提出要完善并严格执行领导干部亲属担任社会组织职务等相关制度规定。

（二）政社脱钩

人员脱钩虽然迈出了政社分开的关键一步，但社会组织由于在机

[①] 国家民间组织管理局编：《社会组织管理政策法规选编》，华龄出版社2010年版，第202页。

[②] 《中共中央组织部关于规范退（离）休领导干部在社会团体兼职问题的通知》，甘肃社会组织网（http://www.gsshzzw.gov.cn/articles/2014/08/29/article_12_198_1.html）。

构、财务等方面与行政机关仍存在较为紧密的联系,社会组织行政化倾向严重问题实际并未得到根本解决。以中国有色金属工业协会为例,1983年3月,国务院将冶金工业部的有色金属工业管理职能划归新成立的中国有色金属工业总公司;1998年中国有色金属工业总公司撤销后,其管理职能由新成立的国家有色金属工业局承接;2001年国家有色金属工业局撤销后,新成立的中国有色金属工业协会行使部分有色金属行业管理职能。2007年,国务院办公厅出台《关于加快推进行业协会商会改革和发展的若干意见》,要求"从职能、机构、工作人员、财务等方面与政府及其部门、企事业单位彻底分开,目前尚合署办公的要限期分开"①。2013年之后,在全面深化改革的大背景下,推进社会组织,特别是行业协会、商会与行政机关脱钩逐步提上议事日程。2013年7月,在推进社会建设创新社会组织座谈会上,民政部相关领导提出要"逐步推进行业协会商会与行政机关脱钩,强化行业自律,使其真正成为提供服务、反映诉求、规范行为的主体"②。2015年2月,李克强在国务院第三次廉政工作会议上从打造廉洁政府的高度,提出要"推进行业协会商会与政府部门彻底脱钩,斩断背后的利益链条"③。2015年7月,中共中央办公厅、国务院办公厅印发《行业协会商会与行政机关脱钩总体方案》,明确提出要"积极稳妥推进行业协会商会与行政机关脱钩,厘清行政机关与行业协会商会的职能边界,加强综合监管和党建工作,促进行业协会商会成为依法设立、自主办会、服务为本、治理规范、行为自律的社会组织"④。

---

① 国家民间组织管理局编:《社会组织管理政策法规选编》,华龄出版社2010年版,第183页。
② 《深入贯彻党的十八大精神,加快推进社会组织管理制度改革》,中华人民共和国民政部网(http://jnjd.mca.gov.cn/article/zyjd/xxck/201311/20131100541929.shtml)。
③ 李克强:《在国务院第三次廉政工作会议上的讲话》,中国社会组织网(http://www.chinanpo.gov.cn/1938/84522/index.html)。
④ 《行业协会商会与行政机关脱钩总体方案》,中华人民共和国民政部网(http://www.mca.gov.cn/article/zwgk/fvfg/mjzzgl/201507/20150700846310.shtml)。

三 社会组织主体性彰显

协同型制度环境的形成,社会组织数量和规模的迅猛增长,标志着社会组织的发展开始进入一个相对成熟和稳步发展的新阶段。社会组织活跃在教育、科技、文化、卫生、劳动、民政、体育、环境保护、法律服务、社会中介服务、工商服务、农村专业经济等社会生活的各个领域,成为党和政府联系人民群众的桥梁和纽带,成为中国特色社会主义总体事业推进的一支重要主体力量。

(一) 重要的经济力量

正如萨拉蒙所说:"除了社会和政治影响之外,非营利部门首先是区域中的一种重要的经济力量。"① 据可查询的资料,2006 年,我国社会组织增加值推算数据约为 247.5 亿元;到 2014 年,即在不到 10 年的时间内,社会组织增加值达到 638.6 亿元,增长 158.02%,远大于国内生产总值的增长速度。2014 年,社会组织形成固定资产 1560.6 亿元,占第三产业增加值的 0.21%(见表 5-5)。

表 5-5　　　　2008—2014 年社会组织经济发展指标　　　单位:亿元

年份	固定资产	增加值
2006		247.5
2007		307.6
2008	805.8	372.4
2009	1030	493.1
2010	1864.1	531.1
2011	1885	660
2012	1425.4	525.6
2013	1496.6	571.1

---

① [美] 萨拉蒙等:《全球公民社会:非营利部门视界》,贾西津等译,社会科学文献出版社 2007 年版,第 9 页。

续表

年份	固定资产	增加值
2014	1560.6	638.6

资料来源：2006—2007年数据出自民政部相关年度民政事业发展统计公报，http://www.Mca.gov.cn/article/sj/tjgb/?；2008年以后数据根据《中国民政统计年鉴（2009）》《中国民政统计年鉴（2010）》《中国民政统计年鉴：中国社会服务统计资料（2011）》《中国民政统计年鉴：中国社会服务统计资料（2012）》《中国民政统计年鉴：中国社会服务统计资料（2013）》《中国民政统计年鉴：中国社会服务统计资料（2014）》《中国民政统计年鉴：中国社会服务统计资料（2015）》等资料整理。

（二）重要的就业渠道

社会组织吸纳社会各类人员就业能力也得到显著增强，并成为吸纳新增就业的重要领域。2008年，社会组织吸纳社会各类人员就业475.8万人；2009年，社会组织吸纳社会各类人员就业544.7万人，比上年增长14.5%；截至2014年，社会组织吸纳社会各类人员就业达到682.3万人，约占全国就业人数的0.88%（见图5-2）。

而且，社会组织从业者以中青年为主，大多接受过高等教育，有着较强的公民意识和社会组织理念文化认知。以2009年为例，当年社会组织就业人员中，45岁以下的有389.84万，占社会组织总就业人数的71.57%；受过高等教育的人数为139.99万，占社会组织总就业人数的25.7%（见表5-6）。而根据《中国第三部门观察报告（2011）》数据显示，在东部沿海等发达地区，社会组织就业人员中接受过高等教育的人数所占比例更高，如2009年年底，上海市9000多家登记注册的社会组织中，具有高等教育背景的人数达到9万多，占68%。[1]

---

[1] 谢雪琳：《改变"依附式发展"社会组织亟待增强自主性》，《第一财经日报》2011年3月23日。

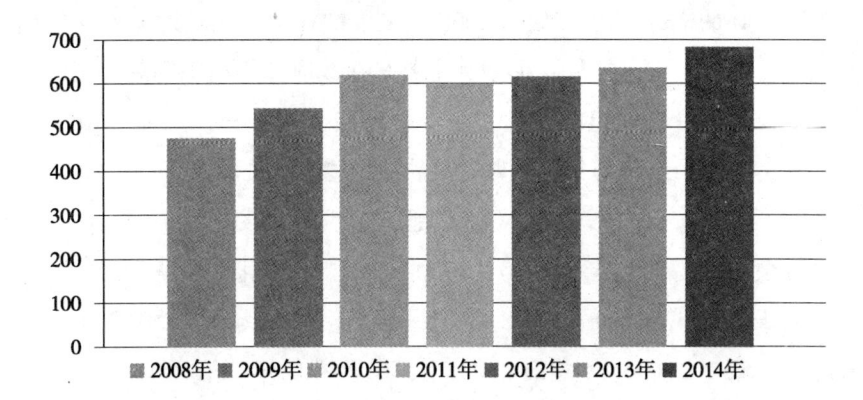

第五章 协同型制度环境与社会组织自主化（2002年— ） 161

图 5-2 2008—2014 年社会组织就业情况　单位：万人

资料来源：根据《中国民政统计年鉴（2009）》《中国民政统计年鉴（2010）》《中国民政统计年鉴：中国社会服务统计资料（2011）》《中国民政统计年鉴：中国社会服务统计资料（2012）》《中国民政统计年鉴：中国社会服务统计资料（2013）》《中国民政统计年鉴：中国社会服务统计资料（2014）》《中国民政统计年鉴：中国社会服务统计资料（2015）》等资料整理。

表 5-6　　2009 年中国登记注册社会组织人力资源状况　单位：人

		社会团体	民办非企业单位	基金会	合计
年末职工数		3356506	2078160	12000	5446666
受教育程度	大学专科	410126	496968	1582	808676
	本科以上	214103	275898	1011	491012
职业资格水平	助理社会工作师	3502	4743	70	8315
	社会工作师	448	732	33	1213
年龄结构	35 岁及以下	940970	813562	3241	1757773
	36—45 岁	1375157	762322	3169	2140648
	46—55 岁	673792	379057	2990	1055839
	56 岁以上	316587	123219	2600	492406

资料来源：中华人民共和国民政部：《中国民政统计年鉴（2010）》，中国统计出版社 2010 年版，第 434—453 页。

（三）接受社会捐赠的重要主体

邓国胜等人分析认为："中国目前的慈善捐赠还属于'动员与交

换'为主导的模式。"① 如果从2008年之前的社会捐赠情况来看，的确如此。长期以来中国的社会捐赠都主要是在政府部门组织筹集，由中国红十字会等负责具体组织并通过各单位动员公民捐赠。因而，2008年之前，民政部门组织筹集的捐赠往往占据社会捐赠的主要部分。

据不完全统计，1999年，民政部门组织筹集的社会捐赠16.4亿元，社会组织筹集资金2亿元；2000年民政部门组织筹集12.5亿元，社会组织筹集3.9亿元；2001年，民政部门组织筹集15.9亿元，社会组织筹集2.3亿元。直到2008年，民政部门依然在筹集社会捐赠上占据优势，当年民政部门筹集498.8亿元，社会组织筹集265.2亿元。2008年汶川地震救灾及灾后重建过程中，社会组织的活跃使得社会组织社会认可度得到极大提升，社会组织迅速成为接受社会捐赠的重要主体。2009年之后，社会组织接受社会捐款数首次超过民政部门，并渐次拉大差距（见图5-3）。

（四）社会治理创新的生力军

在公民利益诉求大规模增长的背景下，社会组织数量的增长，反映了社会组织化程度的逐步提高。社会组织作为社会治理创新的重要主体力量，在资源动员、公共服务、社会治理和政策倡导等方面有着十分重要的作用。通过社会组织实现公民的有序参与，"不仅可以减轻政府的政治成本，而且更能体现公民的主体性，更能表达民意，更能激发公民的参与热情，更符合民主的精神"②。社会组织创新性、贴近社会、灵活、高效的特点，能够较为迅速地与社会产生互动，能够较好地满足社会对公共物品的多样化需求。如邓飞联合中国社会福利基金会发起免费午餐基金公募计划，不仅帮助463所学校提供了免费午餐，而且直接影响了国务院启动实施农村义务教育学生营养改善计划；③北京佑安医院恬园工作室的建立，开创了一条医护人员与志

---

① 邓国胜：《个人捐赠是慈善事业发展的基石》，《中州学刊》2007年第1期。
② 俞可平：《中国公民社会研究的若干问题》，《中共中央党校学报》2007年第6期。
③ 参见免费午餐网（http://www.mianfeiwucan.org）。

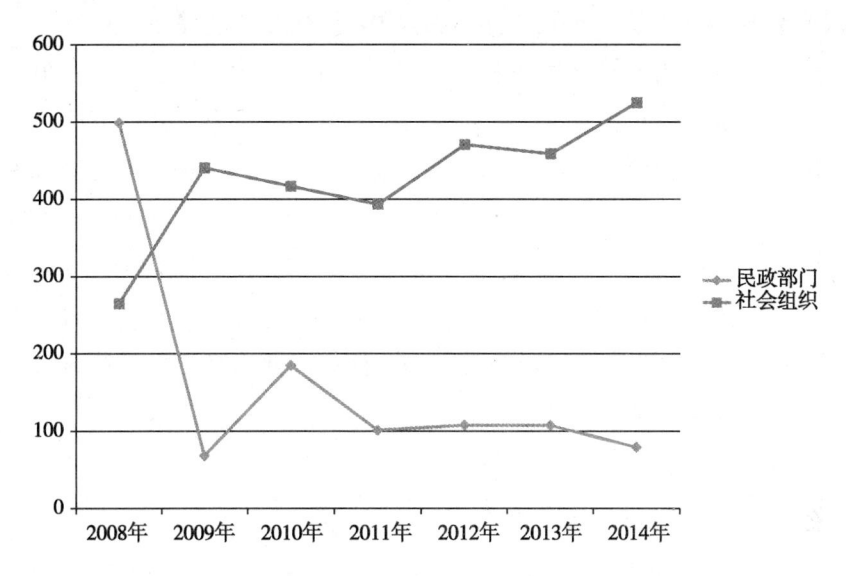

图 5-3　2008—2014 年民政部门与社会组织接受社会捐款对比（单位：亿元）

资料来源：2007 年以前数据出自民政部相关年度民政事业发展统计公报，http://www.mca.gov.cn/article/sj/tjgb/？；2008 年以后数据根据《中国民政统计年鉴（2009）》《中国民政统计年鉴（2010）》《中国民政统计年鉴：中国社会服务统计资料（2011）》《中国民政统计年鉴：中国社会服务统计资料（2012）》《中国民政统计年鉴：中国社会服务统计资料（2013）》《中国民政统计年鉴：中国社会服务统计资料（2014）》《中国民政统计年鉴：中国社会服务统计资料（2015）》等资料整理。

愿者艾滋病预防干预、防艾宣讲、检测咨询、患者关怀救助的新途径，2014 年 11 月 28 日，李克强到访时称赞志愿者们"做了很了不起的事！"[①] 一些社会组织通过政策倡导积极影响党和政府决策，如在 2004 年左右的怒江建坝之争中，绿家园志愿者、自然之友、云南大众流域等多个环境保护类社会组织活跃其间，使得国家发改委上报的《怒江中下游水电规划报告》未获得国务院通过，时任国务院总

[①] 《李克强看望艾滋患者，呼吁莫再"谈艾色变"》，搜狐网（http://news.sohu.com/20141130/n406506640.shtml）。

理温家宝在规划报告上批示:"对这类引起社会高度关注,且有环保方面不同意见的大型水电工程,应慎重研究,科学决策。"① 在 2008 年汶川地震救灾及灾后重建过程中,社会组织更是出现井喷现象,数百家社会组织和数百万志愿者积极参与,② 掀起了公益慈善捐赠与志愿服务热潮,社会组织在参与过程中进一步积累了经验,也增强了相互协同的意识。在 2010 年的玉树抗震救灾过程中,社会组织与党和政府有效协作,弥补了党和政府救助之不足,拓展了救助的面向,进一步提升了社会组织的社会认可度和公信力。社会组织志愿精神的弘扬,也极大地促进了公共精神的培育。

---

① 参见吴玉章《中国民间组织大事记:1978—2008》,社会科学文献出版社 2010 年版,第 140 页。
② 参见寇延丁《草根 NGO 的行动特点和后重建时期的行动策略》,新浪网(http://news.sina.com.cn/pl/2013-04-26/160226960909.shtml)。

第六章

中国特色社会组织发展的制度困境

社会组织制度环境演化的历程表明，制度环境总体朝着有利于社会组织发展的方向迈进。但是，社会组织发展对制度建构需求与现存制度不能满足其需求之间的矛盾依然十分突出，致使社会组织发展与经济社会发展程度相比明显滞后，社会组织参与社会治理无论是广度还是深度都十分有限。"尽管近年来，官方宣传口径一直是鼓励社会组织自主发展，但由于对政治风险的规避意识和对旧式管理格局的路径依赖，现有的社会组织管理体制明显滞后于社会组织的发展。"[①] 究其原因，其赖以成长的制度环境尚不够成熟，中国特色社会组织发展面临诸多困境。

第一节 政党—意识形态困境

一 社会组织定位模糊

党和政府对社会组织管理历史不久、经验不足，社会组织建设理论创新不足，对社会组织的本质、地位、作用、权利和义务的认识仍处在不断探索之中。如何在新的历史条件下重新定位历史遗留下来的事业单位、群众组织、人民团体及妥善解决社会组织与它们的关系，仍是党的意识形态建设上的一个薄弱环节。2005年2月27日，胡锦

[①] 师曾志、金锦萍：《新媒介赋权：国家与社会的协同演进》，社会科学文献出版社2013年版，第56页。

涛在省部级主要领导干部提高构建社会主义和谐社会能力专题研讨班上的讲话中特别强调，要围绕"如何有效整合社会关系，促进社会各种力量良性互动""如何建立健全有关社会建设和管理的法律法规，为构建社会主义和谐社会提供有力的法制保障""如何在党的领导下更好地发挥城乡基层自治组织、人民团体、社会团体、行业组织、中介组织等的积极作用，形成社会管理的整体合力""如何建立社会协调机制，促进社会成员和组织的自我管理、自我服务"等重大问题加强对相关理论研究，为构建社会主义和谐社会提供科学的理论指导。[1]

就其本质来说，宪法虽然规定了公民有结社自由的权利，可在很长的一段时期里，却不由分说地被剥夺了。结社并没有从应然状态向实然状态发展。改革开放后，虽然社会环境总体开放，但国家对社会仍是管控状态，社会组织的成立以政府职能的延伸形态出现，成立社会组织往往体现的是官方的意志，自上而下地成立。而那些自下而上自发成立的社会组织，往往因为官方受传统思维的影响会戴上有色眼镜看待，或是难以得到官方支持，或是即便能够朝着成立方向发展，但受制于双重管理体制而难以登记注册。这反映出党的意识形态层面仍未摆脱以限制与控制为主导的社会组织发展策略。

就其地位和作用来说，当前党的政策仍然只是将社会组织作为社会建设的重要参与力量，并没有赋予社会组织社会建设主体的地位。这既与当下我国社会组织无论是从数量上还是质量上都仍较为落后有关，也反映出党的意识形态方面仍更多地体现为党和政府大包大揽式的思维，政府过多地把社会建设的具体事务，即从设计公共产品、生产公共产品到提供公共产品都视为自己的责任，这不利于推进行政管理体制改革和打造"小政府、大社会"，政府在从经济事务中逐渐脱离出来的同时又不可避免地陷入社会事务之中。

就其与国家的关系来说，培育不足，管制有余，规则匮乏，监管

---

[1] 参见中共中央文献研究室编《十六大以来重要文献选编》中册，中央文献出版社2006年版，第718—719页。

缺位。总体判断：规制大于培育，规制与培育均在初步探索过程中，社会组织发展面临不少制度性障碍。虽然意识形态的空间已然打开，但从宏观来说，国家社会关系理论并不成熟，诸如国家与社会关系的走向，党的意识形态层面尚未展示一个清晰的改革目标和改革路径；从微观来说，对社会组织、政府的角色定位仍不够明晰，对社会组织的功能赋予仍不够充分，对西方社会组织发展理论抵制态度甚于吸收借鉴态度，政府职能偏移现象仍然比较突出。中国特色社会组织发展理论建构尚在努力，目前仍难以与西方理论抗衡，中国社会组织陷入西方社会组织发展理论包围之中难有建树，由此造成在社会组织发展方向的顶层设计上仍不明晰。意识形态上"趋于保守势力的存在及其噪音……在一定程度上阻碍了相关立法和制度建设"[①]。

就其与事业单位、群众组织、人民团体之间的关系来说，全能主义政治形态下一度以事业单位、群众组织、人民团体替代社会组织，对社会组织发展之必要性存在认识不足的问题。8个人民团体及中国文联等20余个群众组织是准政府组织，其发展定位并不是特别清晰，以至于无论是官方还是民间，都存在一定层面的认识含混不清的现象。这些准政府组织与社会组织无论是功能定位还是运作方式都存在较大程度的同质性，但由于准政府组织先天的优越条件，使得社会组织发展与其说是一种竞争关系，不如说目前仅能起到填补准政府组织的剩余空间及从创新的角度去拓展这些准政府组织未及关注的一些领域。准政府组织虽然也并非如往昔那般可以借助其行政与经济资源的垄断地位进行社会活动，但其庞大的组织网络及多年积淀的各种资源优势，仍令新兴的社会力量难以望其项背。

二 选择性放权

虽然说，无论是政府失灵理论、合约失灵理论，还是第三方管理

---

① 王名：《"公民社会"无关"姓资姓社"》，环球网（http://opinion.huanqiu.com/thought/2013-08/4222348.html）。

理论、社会治理理论等,无不赋予社会组织政治功能发挥的价值期待。然而,由各种各样的社会组织所主观建构的"公民社会",不过是"新自由主义编造的粗糙神话"[①]。社会组织的"双刃"作用,既使得社会组织可能成为促进社会发展的利器,也可能成为破坏社会发展的"绊脚石"。作为一种组织类型,社会组织与政治组织虽然组织目标上有根本的不同,但其在组织功能、组织建制、组织活动等方面有较强的同质性,一些国家社会组织政治化的现象并非个案:德国的绿党,就经历了最初的社会组织向政党组织转变的过程;菲律宾、智利、巴西等国家都曾出现过社会组织直接介入国家或地方选举的事例;"颜色革命"中也无不活跃着一些社会组织的身影……凡此种种,无不引发国家对社会组织的警惕。因而,在国家的政策层面上,双重管理体制、非竞争原则、限制分支原则、年检制度、重大活动报告制度、优先发展策略,这都可以看到其背后国家选择性放权的逻辑。

　　选择性放权带来社会组织发展的不均衡性。社会组织"在不同专业领域的发展并不平衡。在经济领域,因为政府在努力退出直接管理,就鼓励发展一些中间组织,这给了社会团体较大的发展空间,大量的贸易协会和商会建立起来。在社会福利和发展领域,政府希望动员社会资源来帮助政府解决一些社会问题,减轻政府的负担,因此社会团体也得到较大发展。而在与政治相关的领域,则基本上受到政府严密的控制,一般不会得到批准,即使被批准了,行动也受到种种限制"[②]。利用 CORREL 函数计算 2010 年万人社会组织数与人均 GDP 的相关系数,计算结果仅为 0.33,表明两者相关性不强,但剔除宁夏、福建、北京、天津等偏离度较大的省市,已总体表现出较强的正相关关系(见图 6-1)。而且,从社会结构层面进行分析,工人、农民人

[①] 王绍光:《"公民社会"vs."人民社会"——"公民社会":新自由主义编造的粗糙神话》,《人民论坛》2013 年第 22 期。

[②] 郑永年:《中国模式:经验与困局》,浙江人民出版社 2010 年版,第 159—160 页。

口数量众多，但真正服务于农村、农民工、产业工人的社会组织数量极少，代表这些群体利益而且能够维护其合法权益的社会组织更是少之又少。这一方面自然受其自身公民意识程度相对较低的影响；另一方面也与国家的选择性放权密切相关，"频繁发生的自发性社会运动和抗议事件表明，这些社会弱势群体依然缺乏有效的政治参与机制"①。

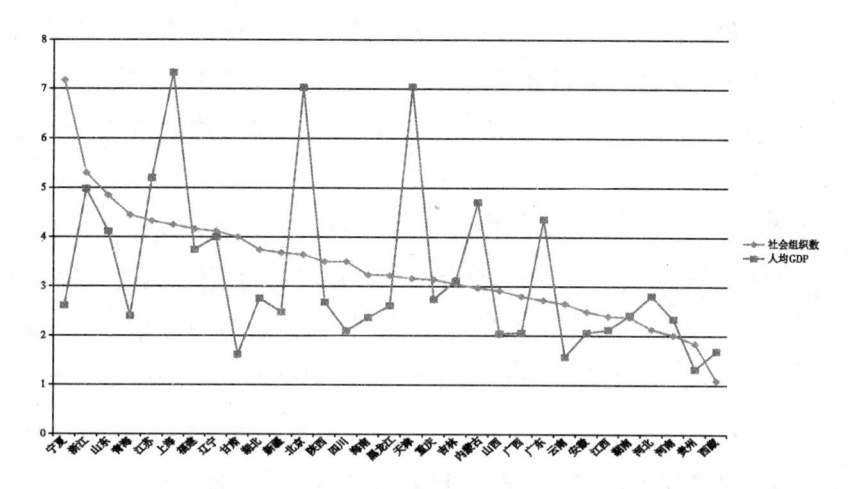

图 6-1　2010 年各省市万人社会组织数及与人均 GDP 的关联度对比

三　制度化政治参与渠道匮乏

社会组织的政治参与需要经由一定的渠道和途径，但这些渠道和途径既有制度化的，也有非制度化的。亨廷顿曾经用"政治参与÷政治制度化＝政治动乱"这一公式来说明政治参与制度化和政治稳定之间的关系。② 根据这一公式，社会组织政治参与的日趋活跃需要政治制度化水平的协同推进，如果政治体系不能向社会组织提供制度化的政治参与渠道，社会组织就必然寻求非制度化渠道的政治参与，从而

---

① 郑永年：《中国模式：经验与困局》，浙江人民出版社 2010 年版，第 181 页。
② ［美］亨廷顿：《变化社会中的政治秩序》，王冠华等译，上海人民出版社 2008 年版，第 42 页。

对政治稳定产生影响。制度的缺位或是制度化参与渠道的匮乏，往往使社会组织的政治参与诉求难以在制度的框架内得以实现，从而导致"制度外政治参与的无序化后果"[①]。当前，有较少的案例提供了零星的、碎片化的社会组织政治参与的实例，社会组织政治参与诉求虽然在一定程度上得到了回应，但就其相对稳定的、常态化的、可持续的制度化参与渠道却依然较为鲜见。党代会、人大、政协会议是国家提供的制度化政治参与的渠道，但社会组织如何利用这些制度化渠道影响政治决策尚处于不断的探索之中，虽然先后在郑州、广东、宁夏、云南等地有了初步尝试：2008年，郑州市青年联合会首次设立社会自组织界别，深圳市《关于进一步发展和规范我市社会组织的意见》提出"在党代会、人大增加社会组织的代表比例，在政协增加社会组织的功能界别"；2011年，广东省委、省政府《关于加强社会建设的决定》提出"鼓励有条件的市、县（市、区）政协设立新社会组织界别"，广东省委《关于加强新形势下人民政协工作的决定》提出"鼓励有条件的市、县（市、区）政协设立新社会组织界别"；2012年，宁夏社会组织以界别选举党代表出席区、市、县（区）党代会，广东省青年联合会首次增加"社会组织"界别，博罗县政协在全省率先设立了社会组织界别；2013年，云南省委下发了《关于大力培育社会组织加快推进现代化社会组织体制建设若干意见》，表示要增加社会组织代表在党代表、人大代表、政协委员中的比例，探索在政协中设立社会组织界别。但是，国家层面系统性的制度化参与架构尚不明朗。赵秀梅的研究表明，在保护滇金丝猴、保护藏羚羊、代理某省25名打工妹诉某制衣厂劳动报酬集体诉讼案件这些有代表性的案例中，一些社会组织仍然需要竭力利用关系、人情等非制度因素进行十分有限的政治参与。[②]

[①] 马雪松：《公民有序政治参与：现实诉求、理念定位及路径选择》，《行政管理改革》2011年第10期。

[②] 赵秀梅：《中国NGO对政府的策略：一个初步考察》，《开放时代》2004年第6期。

第二节 政府—法律法规困境

良好的法治环境是社会组织健康发展的基础。以宪法为基础，以 1998 年颁布的《社会团体登记管理条例》《民办非企业单位登记管理暂行条例》和 2004 年颁布的《基金会管理条例》为主体，辅之以其他单行法规、地方法规和规章制度，形成了当下社会组织发展的基本法律制度体系，奠定了社会组织发展法治化、规范化的坚实基石。然而，与社会组织迅猛发展的态势相比较，法律制度体系建设依然较为滞后，成为影响社会组织持续健康发展的重要瓶颈。

一 法律制度供给不足

马克思曾经说过："法律是肯定的、明确的、普遍的规范，在这些规范中自由获得了一种与个人无关的、理论的、不取决于个别人的任性的存在。法典就是人民自由的圣经。"[①] 相较于社会组织蓬勃发展的态势，社会组织立法工作严重滞后。

（一）立法主体多为行政主体

社会组织立法主要依赖民政部等行政部门制定的部门规章和规范性文件，表现为典型的行政主导，而非立法机关主导，立法之严肃性、权威性及稳定性都在一定程度上招致削弱。立法不仅具有局限性，而且极易受到部门利益之影响。

（二）立法位阶低且有所滞后

公民结社自由权利及社会组织的发展一直得到国家宪法保障，政府也制定了相应的登记管理领域的程序性规定和准入制度。从 1950 年《社会团体登记管理办法》，到 1988 年《基金会管理办法》、1989 年的《社会团体登记管理条例》，再到 1998 年的《社会团体登记管理条例》《民办非企业单位登记管理暂行条例》和 2004 年的《基金

[①]《马克思恩格斯全集》第 1 卷，人民出版社 1995 年版，第 176 页。

会管理条例》，形成了"一宪法三条例"的社会组织发展法律制度基本框架体系，但一直缺少全国人大层面立法的支撑。而且，对社会团体、民办非企业单位、基金会的立法都仅仅是国务院制定的行政法规，并非国家立法，反映出立法位阶低及法律体系建立尚不完善。而且，《社会团体登记管理条例》《民办非企业单位登记管理暂行条例》两个重要法规颁布至今几近20年，修订工作屡次提上议事日程，但直至2016年1月13日，国务院第119次常务会议方通过了新修订的《社会团体登记管理条例》，《民办非企业单位登记管理暂行条例》尚在修订过程之中并列入国务院2017年立法工作计划之中，这一方面反映出社会组织立法与社会组织突飞猛进发展的现实严重脱节；另一方面也反映出社会组织立法工作难以适应国家治理现代化对社会组织的现实需求。

（三）立法碎片化

法律法规内容滞后，法律体系尚不健全，存在不少立法空白点，政策配套并不完善。政府法律总体表现出规制大于培育、限制多于保障、准入重于监管的基本特征。法规之间缺乏协调互补，存在严重的漏洞和矛盾，亟待从立法方面改革完善。如对于社会组织的登记注册，相关法律法规进行了较为严密系统的制度设计，但对社会组织的监督管理，却涉及较少，甚至不得不经常性地通过清理整顿的方式来重新规范社会组织发展，由此造成的后果是"政府部门缺少有法可依的监管措施，对违法行为的认定和实施行政处罚缺少详细的法律依据和手段"[1]。法律法规下形成的双重管理体制正在进行改革，但培育尚处于起步、探索阶段，法律法规对社会组织发展的制约效应仍十分明显。

（四）限制型价值取向

政府社会组织立法上表现出以预防为基本策略的限制与控制价值取向。"社会组织的正常发育一直是一道没能迈过去的坎，社会组织

---

[1] 天津市民政局：《对改革我国社会团体登记管理制度的思考》，中华人民共和国民政部网（http://zyzx.mca.gov.cn/article/mzlt2012/hjlw/201303/20130300436885.shtml）。

总是被当作可能导致不稳定的假想敌,社会组织的发展仍受到诸多限制。"① 虽然说宪法规定结社自由,法律法规层面出台了社会组织培育政策体系,但仍未脱离限制发展、选择发展、替代发展、让渡发展之框架。法律法规的出台,在规制方面,在为社会组织发展提供最大便利及规定底线方面尚有不少努力空间;在培育方面,举措不多及举措乏力问题仍然较为突出。

二 双重管理体制困扰

政府法律法规确立了社会组织的双重管理体制。双重管理体制下,社会组织的业务主管单位一方面拥有成立社会组织的选择权;另一方面,业务主管单位还拥有社会组织成立后的内部治理决定权。在培育不足管制有余的社会组织发展制度环境影响下,"许多政府部门出于'害怕承担责任'的心理,在选择担任 NGO 业务主管单位的决策上非常谨慎,这就导致很多没有政府背景的 NGO 找不到业务主管单位"②。而在担任业务主管单位后,业务主管单位实际成为社会组织的一道"紧箍咒"。业务主管单位"几乎掌握了法律赋予'理事会'的全部重要权力"③,如社会组织的人事任免、重大决策裁定、财务、政治、日常活动原则上都受制于业务主管单位,业务主管单位也往往通过人员安置、项目安排,甚至是直接下属机构化、变相小金库等方式干预社会组织的正常发展。社会组织对政府的依附关系显然也难以根除。

双重管理体制将许多社会组织排挤在合法社会组织之外,甚至沦为非法社会组织的境地。因为业务主管单位需要为社会组织的行为承担责任,在"多一事不如少一事"的政府部门行为策略选择情况下,政府部门担任社会组织业务主管单位的动力不足。所以对社会组织而言,既存在找业务主管部门难的现象,也存在以弱自主性的方式寻求

---

① 清华大学社会学系社会展研究课题组:《走向社会重建之路》,《民主与科学》2010年第6期。
② 康晓光等:《NGO 与政府合作策略》,社会科学文献出版社 2010 年版,第 10 页。
③ 康晓光等:《依附式发展的第三部门》,社会科学文献出版社 2011 年版,第 20 页。

业务主管单位支持的变通策略。而且还有不少社会组织,采取变通方式暗度陈仓,或是进行工商注册,或是挂靠其他社会组织成为不具备独立法人资格的社会组织二级机构,用企业法人或非法人机构的身份开展活动。大量既无法找到业务主管部门又不愿变通的社会组织,甚至主动放弃登记,甘愿沦为非法存在的"草根组织"。如谢海定2002—2003年上半年在深圳、安徽部分地区实地调查后推论,"经过正式登记的民间组织数量只占民间组织实际数量的8%—13%",因而,他认为全国有"约10倍于登记在册数字的民间组织的存在"[①];王绍光2004年认为这一数据应超过800万个;[②] 王名2010年估算,"全国各类社会组织的总数大约在300万家"[③]。

对政府和社会组织而言,如此境况可谓是一个双输局面。从社会组织的角度,双重管理体制提高了社会组织的准入门槛及活动成本,而且政策掣肘徒增诸多不便,社会组织难以合法存在和自主发展;就政府而言,大量既无业务主管单位又无登记管理机关的社会组织游离于政府监管之外,使得加强政府监管的立法初衷无法实现。而且,虽然国家对非法社会组织有明确的界定,可实际上,政府对这些客观存在的"非法"社会组织所采取的默许态度,严重降低了法律的严肃性。

三 登记政策差别化

从现行政府法律法规而言,目前对社会组织的登记政策并非具备高度的一致性,而是呈现出差别化的登记政策:免予登记、可以免予登记、依法登记,甚至基于规避双重管理体制的需要,一些社会组织还可以通过工商注册的方式进行变相登记。

(一) 免予登记

对部分社会组织免予登记的条款始于1950年颁布的《社会团体

[①] 谢海定:《中国民间组织的合法性困境》,《法学研究》2004年第2期。
[②] 王绍光、何建宇:《中国的社团革命:中国人结社版图》,《浙江学刊》2004年第6期。
[③] 王名:《社会组织概论》,中国社会出版社2010年版,第5页。

登记暂行办法》。1989年和1998年颁布的《社会团体登记管理条例》均延续了此类规定。根据1998年颁布的《社会团体登记管理条例》，下列三种团体不属于规定的登记范围，即参加中国人民政治协商会议的人民团体；由国务院机构编制管理机关核定，并经国务院批准免予登记的团体；机关、团体、企业事业单位内部经本单位批准成立、在本单位内部活动的团体。民政部《关于对部分团体免予社团登记有关问题的通知》对此又做了进一步的规定，明确参加中国人民政治协商会议的人民团体即指中华全国总工会、中国共产主义青年团、中华全国妇女联合会、中国科学技术协会、中华全国归国华侨联合会、中华全国台湾同胞联谊会、中华全国青年联合会、中华全国工商业联合会8个人民团体。[①] 实际上，这8个人民团体都具有特定的行政功能。

(二) 可以免予社团登记

民政部《关于对部分团体免予社团登记有关问题的通知》规定，国务院批准可以免予登记的团体是指中国文学艺术界联合会、中国作家协会、中华全国新闻工作者协会、中国人民对外友好协会、中国人民外交学会、中国国际贸易促进会、中国残疾人联合会、宋庆龄基金会、中国法学会、中国红十字总会、中国职工思想政治工作研究会、欧美同学会、黄埔军校同学会、中华职业教育社14个团体。民政部同时下发的《关于对部分社团免予社团登记的通知》又规定：中国文联所属的11个文艺家协会，省、自治区、直辖市文联、作协可以免予社团登记，但省级文联所属文艺家协会和省级以下各级文联以及所属文艺家协会都应按《社会团体登记管理条例》规定履行登记手续。"可以免予登记"即指这些团体既可以进行登记注册，也可以不进行登记注册，实际上是将登记与否的选择权完全交给这些可以免予登记的社会组织。而且，《关于对部分团体免予社团登记有关问题的通知》《关于对部分社团免予社团登记的通知》都规定，这些可以免

[①] 参见国家民间组织管理局编《社会组织管理政策法规选编》，华龄出版社2010年版，第128页。

予登记的社会组织,"凡愿意按《社会团体登记管理条例》规定到社会团体登记管理机关进行登记和参加年检的,可按照有关规定办理登记手续";但若不愿登记,则不再颁发"社会团体法人证书"。①

(三) 依法登记

社会组织登记,是指按照《社会团体登记管理条例》《基金会管理条例》《民办非企业单位登记管理暂行条例》等规定的申请成立程序,各级民政部门进行登记注册。除经许可免予登记或可以免予登记的社会组织外,登记与否是判断一个社会组织身份是否合法的唯一标准。因而《社会团体登记管理条例》《基金会管理条例》《民办非企业单位登记管理暂行办法》以及《取缔非法民间组织暂行办法》等行政法规和部门规章都强制要求社会组织必须依法登记。依据《社会团体登记管理条例》第三十五条、《基金会管理条例》第四十条、《民办非企业单位登记管理暂行办法》第二十七条、《外国商会管理暂行规定》第十三条以及《取缔非法民间组织暂行办法》第二条,未经批准擅自开展筹备活动,或是未经登记擅自活动,或是被撤销登记后继续进行活动的社会组织都将予以行政取缔。②

---

① 国家民间组织管理局编:《社会组织管理政策法规选编》,华龄出版社2010年版,第128—130页。

② 《社会团体登记管理条例》第三十五条规定:"未经批准,擅自开展社会团体筹备活动,或者未经登记,擅自以社会团体名义进行活动,以及被撤销登记的社会团体继续以社会团体名义进行活动的,由登记管理机关予以取缔";《基金会管理条例》第四十条规定:"未经登记或者被撤销登记后以基金会、基金会分支机构、基金会代表机构或者境外基金会代表机构名义开展活动的,由登记管理机关予以取缔";《民办非企业单位登记管理暂行条例》第二十七条规定:"未经登记,擅自以民办非企业单位名义进行活动的,或者被撤销登记的民办非企业单位继续以民办非企业单位名义进行活动的,由登记管理机关予以取缔";《外国商会管理暂行规定》第十三条规定:"……外国商会违反本规定的,登记管理机关有权予以警告、罚款、限期停止活动、撤销登记、明令取缔的处罚。"《取缔非法民间组织暂行办法》第二条规定:"具有下列情形之一的属于非法民间组织:(一)未经批准,擅自开展社会团体筹备活动的;(二)未经登记,擅自以社会团体或者民办非企业单位名义进行活动的;(三)被撤销登记后继续以社会团体或者民办非企业单位名义进行活动的。"另外,《取缔非法民间组织暂行办法》对取缔非法民间组织的主体和程序等作了较为详细的规定。

（四）变相登记

现行社会组织相关行政法规规定基金会必须由省级以上民政部门批准和登记，其他社会组织也必须经业务主管单位同意后到各级民政部门登记注册，加之同一个区域不允许有多个专业领域相同的社会组织存在等诸多限制性要求，带来了社会组织登记注册的困难。因而，一些社会组织改为到工商局登记为企业，但带来的问题是不能享受到社会组织应有的税收等优惠政策。而且，由于其身份的特殊性，在资金募集、项目开展、人才吸纳、公信力塑造等方面都面临诸多掣肘。

登记政策的差别化对待，实际上是社会组织的不同地位致使，直接的后果即是带来了社会组织管理的复杂性及社会认知困扰。因此，在20世纪90年代初社会组织复查登记的过程中，就出现了"有的攀附比照，自行扩大不登记范围；有的社会团体本不在上述八个团体之列，但却寻找理由拒不登记"等现象。[①] 而且，登记政策的多样性带来了社会组织实际地位的不平等，以至于不同类型社会组织既没有站在"同一起跑线上"，而且在实际运行中同样享受不公平的待遇。免予登记或可以免予登记的社会组织实际上被纳入国家系统，享受政府的特殊关怀，如中国的红十字会是"国家一级预算单位"，编制为公务员编制；而那些纯粹民间性的社会组织，即便是在与政府合作过程中也可能遭受阻碍；而那些未取得法律合法性的社会组织，更是在开展活动上随时都承受非法论处的可能。

第三节　社会—公民文化困境

萨拉蒙认为："非营利部门不是一个单纯的事件。准确地说，非营利部门在不同地区的不同形式反映了文化、历史、政治和经济等力

[①] 《民政部关于严禁擅自扩大不登记社团范围的通知》，载国务院法制办公室编《中华人民共和国民政法典》，中国法制出版社2011年版，第79页。

量的共同作用。"① 当代中国社会组织发展之境况，与价值观念、文化传统紧密相关。因而，中国特色社会组织发展制度环境困境，亦有必要反观社会——公民文化层面的制约因素。

一 传统价值观念制约

（一）伦理本位社会关系建构

在社会关系的建构模式上，既有秉持个人本位，亦有秉持社会本位。而之于中国，社会关系建构则是伦理本位。国学大师梁漱溟以"伦理本位"这一著名论断就传统中国社会结构的基本特征进行了深刻剖析。他认为，中国社会关系的建构始于由家庭衍发的种种伦理关系，"吾人亲切相关之情，发乎天伦骨肉，以至于一切相与之人，随其与之深浅久暂，而莫不自然有其情分。因情而有义"②。家庭亲情关系的延展形塑了一个熟人社会的社会关系格局，"举整个社会各种关系而一概家庭化之，务使其情益亲，其义益重。由是乃使居此社会中者，每一个人对于其四面八方的伦理关系，各负有其相当义务；同时，其四面八方与他有伦理关系之人，亦各对他负有义务。全社会之人，不期而辗转互相连锁起来，无形中成为一种组织"③。

著名社会学家费孝通对此亦曾有过十分精辟的分析。恰若费孝通所比较的那样，与西方社会"团体格局"迥异，中国传统社会具有典型的"差序格局"特征。"中国的道德和法律，都因之得看所施的对象和'自己'的关系而加以程度上的伸缩。"④ 血缘、地缘、学缘、业缘关系建构社会关系，形成了中国社会结构显著的差序格局特征。"差序格局"既是传统中国社会结构的特征，也是传统中国社会文化的高度概括。"不但在我们传统道德系统中没有一个像基督教里那种

---

① ［美］萨拉蒙等：《全球公民社会：非营利部门视界》，贾西津等译，社会科学文献出版社 2007 年版，第 21 页。
② 梁漱溟：《中国文化要义》，上海人民出版社 2005 年版，第 72 页。
③ 同上书，第 73 页。
④ 费孝通：《乡土中国·生育制度》，北京大学出版社 1998 年版，第 36 页。

'爱'的观念——不分差序的兼爱；而且我们也很不容易找到个人对于团体的道德要素。"① 从改革开放后城乡"复兴"的一些传统社会组织来看，这些"复兴"的社会组织仍然固守传统的小共同体意识。正如马戎的研究表明，即便是这些组织在建立之初，成员来自"五湖四海"，形成了类似现代市民社会结构的"陌生人社会"，但受伦理本位的文化基因影响，团体成员社会关系的建构很快便进入重新建立私人关系网络的过程，从而形成一个又一个的圈子，使得其虽然"披着现代社会组织形式的外衣，但在机构内部真正运行的'潜规则'还是'差序格局'中的'圈子'：'圈子'内部的关系和'圈子'之间的关系"②。

（二）结社传统阙如

中国自古以来国家与社会高度同构，"大一统"思想根深蒂固，结社往往被视为结党营私。与西方发达国家相比较而言，英国、美国等西方发达国家有着较为长久且普遍的社会组织发展历史，而中国社会组织的发展，可追溯历史尽管久远，但中国古代的社会组织是"士绅社会"模式下的偶发现象，并没有形成普遍的社会组织结社现象。中国传统社会长期处于"专制政府高压政策"之下，"合法的合群结社自然成为一种忌讳"，社会组织"难以立足并展开活动"。③ 家国同构状态下形成国家对社会的吞噬，"古中国的'法治'思想尽管也有其积极的因素，但其关注的核心却是权力和秩序，没有'社会'观念而只有'国家'观念，权利和自由淹没于权力秩序之中，是一种自上而下的权力单行线设计"④。中国文化以集体主义立基，对国家权威的崇拜有久远的历史渊源。中国传统社会虽然有过一定的民间结

---

① 费孝通：《乡土中国·生育制度》，北京大学出版社1998年版，第35页。

② 马戎：《"差序格局"——中国传统社会结构和中国人行为的解读》，《北京大学学报》（哲学社会科学版）2007年第2期。

③ 参见蔡勤禹《民间组织与灾荒救治：民国华洋义赈会研究》，商务印书馆2005年版，第39—40页。

④ 马长山：《国家、市民社会与法治》，商务印书馆2002年版，第43页。

社现象,但正如邓正来所说,这种民间结社"并不是建立在市场经济之上的……不具有作为市民社会基础的市场经济所培育和发展出来的那种独立自治的精神"①。路风则进一步指出:"建立在个人权利能力平等基础上并以契约方式结合起来的组织则从未见诸历史。"② 因此,在中国传统权力体系之中,实际上并未形成与国家相对独立而言的社会,公民的权利可以随时受到国家权力的干预,所以更没有独立的社会组织的生存发展空间,社会组织要么完全纳入国家的权力体系,要么成为国家权力体系的延伸。徐秀丽在分析中国传统社会组织与现代社会组织区别时即已指出:"传统民间组织系统不构成政府系统的抗衡力量,不是影响政府决策的基本变量。"③

(三) 公共精神淡漠

公共精神是指"以全体公民和社会整体的生存和发展为依归,包含着对民主、平等、自由、秩序、公共利益和负责任等一系列最基本的价值目标的认肯与追求"④。公共精神强调公民在公共生活中能够超越个人狭隘眼界和个人直接功利目的,关怀公共事务、事业和利益,因而被认为是现代社会公民文化价值观念的精髓,这也是社会组织赖以生存发展的价值观念。事实上,梁漱溟在对比中西方文化时即已用"公德"指称这一概念,认为公德是"人类为营造团体生活所必需的那些品德",它包括公共观念、纪律习惯、组织能力、法治精神四个方面。⑤ 中国的历史文化传统及社会价值观念中,尽管具有"以儒家'仁爱'为轴心的传统思想文化基因的传承"和"以佛教、

---

① 邓正来:《国家与社会:中国市民社会研究》,北京大学出版社2008年版,第10页。
② 路风:《单位:一种特殊的社会组织形式》,《中国社会科学》1989年第1期。
③ 徐秀丽:《中国传统社会的社团及其与现代社团的区别》,《文史哲》2009年第2期。
④ 马俊锋、袁祖社:《中国"公民社会"的生成与民众"公共精神"品质的培养与化育》,《人文杂志》2006年第1期。
⑤ 参见梁漱溟《中国文化要义》,上海人民出版社2005年版,第59页。

基督教为代表的宗教情怀"①，但社会组织的发展，需要"与市场经济相适应的公民意识、自治观念、公益精神"②。中国长期封建社会造就依附性臣民文化，受积淀于民族心理中的依附意识、臣民意识、迷信盲从等心理顽疾传统观念等多种因素的制约，我国市民社会发育程度不高。黄辉等人通过对浙江 650 位民营企业家捐赠意愿调查后的数据分析表明，阻碍民营企业家捐赠的最主要因素依次为慈善理念、税收激励、慈善监管和企业实力；而在慈善理念这个影响因子上，存在"留更多的钱给子孙""捐赠无助于企业业务拓展""捐赠舆论环境不好""担心显露财富"等思想观念。③蒙牛乳业集团创始人牛根生，于 2005 年 1 月捐出在蒙牛所持的全部股份，创立"老牛基金会"。他的妻子申淑香 2013 年接受记者采访时对此仍耿耿于怀："这个人真是神经病。我们是 1981 年结的婚，也是从穷日子里慢慢奋斗过来的。刚刚有了钱，还没到手，就都要捐出去。别人都说他疯了。"④ 在此并非要对申淑香进行任何的道德审判，而是就此反映公民个体对自身在国家政治生活或社会生活中主体地位的一种普遍的认知。这也恰如海贝勒（Heberer Thomas）等人所说："中国在基准群体（家族，家庭，村庄，同乡会等）之外对人的同情非常少。"⑤ 公共精神的淡漠，使得中国文化传统中的义举往往注入了"善有善报""知恩图报"等回馈元素，而并非一种纯粹的利他主义的呈现。康晓光等人的研究认为，文化传统对社会组织行为有重大影响，"很多第三部门组织在从事公益事业时，更多体现出'救世主'式的中国传

---

① 康晓强：《公益组织与灾害治理》，商务印书馆 2011 年版，第 227 页。
② 胡冰冰：《公共危机管理中非政府组织的参与》，《北京航空航天大学学报》（社会科学版）2010 年第 4 期。
③ 黄辉等：《基于因子分析的浙江民营企业家捐赠意愿提升研究》，《科技与管理》2013 年第 1 期。
④ 《牛根生捐出所有股份做慈善 其妻：这人是神经病》，新华网（http：//news.xinhuanet.com/gongyi/2013 - 09/10/c_ 125357793.htm）。
⑤ ［德］海贝勒、舒耕德：《从群众到公民：中国的政治参与》，张文红译，中央编译出版社 2009 年版，第 174 页。

统文化公益观,而不是西方基于平等权利的公益文化观。绝大多数公益活动或者项目的设计,都是由提供公益的一方,根据自己对现实的理解或者自己的喜好和意愿,而单方面设计并实施的,他们很少听取受益方的意见或建议,真正参与式的项目设计还很少",而且,"受益方,包括广大公众在内,也大都认为,受益方应该对资助方充满感恩,否则就是忘恩负义,违背社会基本认同"。[1]

二 社会信任机制缺失

"信任"是西方社会科学研究中的一个重要命题。美国社会学家、政治科学家查尔斯·蒂利(Charles Tilly)就认为,"信任是人际关系中的一项资产,人们就此彼此承担着失败和背叛的风险"[2]。美国科学社会学代表人物伯纳德·巴伯(Bernard Barber)认为:"虽然信任只是社会控制中的一个工具,但它是一切社会系统中无所不在和重要的一种,在社会控制中权力若要充分或甚至最大程度的有效,就必须有信任在其中。"[3] 社会组织的发展,同样也离不开信任。中国传统社会国家与社会之间张力极度向国家倾斜的态势,不仅客观上制约了社会组织的发展,而且也形成了民众对国家的极度依赖。中国共产党领导中国革命取得成功之后,民众对作为执政党的中国共产党以及党领导的群众组织的拥护,使国家与社会的互动进入一个新的阶段,但对于非政府、民间社会生发的社会组织,既有基于社会认知缺失造成的不信任,也有基于社会组织公信力不足造成的对社会组织信任的困惑,恰若有学者所分析的那样:"对于一个陌生人组成的团体而言,要进入邻里并不容易,这不仅因为居委会会产生警惕,更重要的是居民无法对其产生信任。如果要让居民觉得有安全感,提供服务的组织或者需要和某个大家熟悉的正式组织有关联,或者干脆就是政府办的

---

[1] 康晓光等:《依附式发展的第三部门》,社会科学文献出版社2011年版,第24页。
[2] [美]蒂利:《信任与统治》,胡位钧译,上海人民出版社2010年版,第3页。
[3] [美]巴伯:《信任:信任的逻辑与局限》,牟斌等译,福建人民出版社1989年版,第31页。

第六章 中国特色社会组织发展的制度困境

团体。"① 就当下中国而言，政府官员的态度，同样是观察社会信任机制的一个非常重要的窗口。政府官员的态度并非完全属于党的意识形态与政府法律法规层面，值得注意的是，在对待社会组织的态度上，政府官员的一些态度时常会表现出与党的意识形态和政府法律法规相悖的一面。"政府及统治的实际运行也受正式制度之外的社会因素的深刻影响"②，这些与党的意识形态和政府法律法规迥异的政府官员态度，实际上从另外一个侧面反映了社会—公民文化的认知，折射了社会组织社会—公民文化层面信任机制的缺失。就社会组织发展而言，改革开放以后尽管政党—意识形态和政府—法律法规都指向社会组织承接部分政府职能的必然性，但在权力让渡的过程中，"不仅涉及政府部门的一些利益即将损失，而且也有可能会危及它的统治"，成本付出的迅速与收益获得的不确定性之间的矛盾使得政府难以"很积极很主动"地将原本该转移的部分政府职能转移给社会组织。③ 这必然对社会组织的发展及现有社会组织作用的发挥产生较大的掣肘。如北京红枫妇女心理咨询服务中心1998年成立时，挂靠中国管理科学研究院，时名为中国管理科学研究院妇女研究所，被誉为"中国第一家民间妇女组织"。成立大会，时任全国妇联名誉主席康克清致贺，全国妇联书记处书记关涛代表全国妇联致辞，全国总工会、中国管理科学研究院都派领导与会。尽管如此，但作为一个生发于民间的社会组织，其发展的历程却同样"充满了坎坷与艰辛"。在其初创时期，曾与中国妇女杂志合作，成功举办过9期全国女领导干部培训班，但"全国妇联的一个书记指令"，中国管理科学研究院妇女研究所却被"禁足"。1995年联合国第四次世界妇女大会前后，妇女研究所作为

---

① 朱健刚：《行动的力量：民间志愿组织实践逻辑研究》，商务印书馆2008年版，第110页。

② [英]波格丹诺主编：《布莱克维尔政治制度百科全书》，邓正来译，中国政法大学出版社2010年版，第275页。

③ 参见韩玲梅、黄祖辉《基于和谐社会的社会组织构建意义及作用空间：一种新制度经济学的视角》，《理论导刊》2007年第5期。

"中国第一家民间妇女组织",引来国外众多媒体和政府代表团的关注,如美国政府代表团团长希拉里·克林顿也提出了参观访问要求,这对于一个需要阳光雨露的民间生发的社会组织而言,本为幸事,但此举的结果恰恰是"惊动了中南海,也引起了他们的疑问",妇女研究所招致"领导人行动受到监控""隶属关系解除""不能再用原来的名称""失去事业单位法人身份"等多重打击,在坚持申诉的同时不得不通过工商注册的手段去寻求法律合法性。3年后,即1998年,北京市政法委领导的表态才使其度过信任危机。① 另外一个比较典型的事例是:2012年6月,由崔永元公益基金发起的第6期"爱飞翔——乡村教师培训"计划公益性活动湖南之行,受到当地教育厅"不反对、不支持、不参与"的"三不"冷遇。② 此举既有政府部门对公益活动的误读,亦有政府与社会组织关系的迷茫,背后的逻辑依然是社会—公民文化困境。

三 公民参与度不高

社会—公民文化层面民众存在对政府的过度依赖问题。公民普遍对社会组织接触不多,没有参与或是较少参与,因而对社会组织的了解程度普遍偏低,对社会组织的认识普遍不足。如《行业协会商会与行政机关脱钩总体方案》直陈:"一些地方和部门以及社会舆论对行业协会商会地位、作用的认识还停留在计划经济时代,对行业协会商会发展规律认识不足,对新形势下行业协会商会的发展意义、发展趋势认识不清。"③ 而一些服务于艾滋病、同性恋等边缘领域的社会组织,更是容易被污名化和遭受社会歧视。社会组织理念的缺失,直接

---

① 参见北京红枫妇女心理咨询服务中心网站之"红枫介绍"(http://www.maple.org.cn)。
② 参见周亮亮《湖南教育厅回应崔永元指责"三不"再引网友热议》,中国经济网(http://www.ce.cn/celt/wyry/201206/12/t20120612_23401309.shtml)。
③ 《行业协会商会与行政机关脱钩总体方案》,中华人民共和国民政部网(http://www.mca.gov.cn/article/zwgk/fvfg/mjzzgl/201507/20150700846310.shtml)。

制约了社会组织作用的发挥,人们在社会服务供给不足的情况下,往往是被动地等待政府层面的关切,而甚少寻求社会组织帮助。如近年来备受关注的农村空巢老人自杀问题,当农村空巢老人面临家庭情感缺失、传统社交方式衰减、"代际关系不断恶化"等现实困难时,越来越多的老人却以十分无奈的方式选择了自杀之路。① 海贝勒等人通过对中国城市社区选举与农村选举考察后,对中国公民政治参与与社会参与现状作出了一个判断,认为"目前中、高阶层的高度自我意识和潜在的自决意识、以自治或非政府形式(业主委员会、非政府组织、协会)的参与的可能性、逐渐成长的法律意识使得越来越多的个人和组织尝试通过法律(比如宪法)或党的文件、国家的文件来维护其权利……而社会弱势群体还处于参与性学习过程的起步阶段"②。加之在转型时期,人们更为关注的是自身的利益问题,一定程度上造成对自身所处社会责任的淡化或是漠视,组织动能降低,公众参与热情低,由此也影响到社会组织的发展。不少亲身参加社会组织活动的参与者都曾经体验过社会—公民文化对于社会组织这种志愿服务方式带来的不解、冷遇甚至是阻碍。③ 以公益捐赠为例,尽管这些年来,我国社会捐赠逐年攀升,2014年达到604.4亿元,约占国内生产总值的0.095%;④ 但同一时期,美国社会捐赠为3580亿美元,约占其国内生产总值的2.06%。⑤

---

① 陈柏峰对湖北京山农村的调查发现,农村老年人的自杀率从20世纪80年代前期的10万分之132.2上升至近年的10万分之702.5,参见陈柏峰《代际关系变动与老年人自杀:对湖北京山农村的实证研究》,《社会学研究》2009年第4期。

② [德]海贝勒、舒耕德:《从群众到公民:中国的政治参与》,张文红译,中央编译出版社2009年版,第215页。

③ 详细的案例参见杜倩萍《当代中国草根非政府组织的社会功能:以瓷娃娃关怀协会为主要案例》,博士学位论文,中央民族大学,2011年,第1页。

④ 中华人民共和国民政部:《中国民政统计年鉴:中国社会服务统计资料(2015)》,中国统计出版社2015年版,第10页。

⑤ 《美国去年慈善捐款3580亿美元创历史新高》,新浪网(http://finance.sina.com.cn/world/20150617/011322448853.shtml)。

第四节　中国特色社会组织发展困境

制度形塑组织。社会组织发展面临的党的意识形态、政府法律法规、社会公民文化方面的诸多制度困境，形成了中国社会组织发展制度环境的另一个面向，也由此对社会组织发展形成诸多困境。

一　合法性支持不足

高丙中通过对社会组织合法性的分析，解释了中国社会组织发展现状是因为"几种矛盾的秩序同时存在，社会必然存在以妥协为内容的默认机制"，"这里面潜含的问题会层出不穷"。① 各种合法性之间的张力恰恰为社会组织提供了生存与发展的缝隙，但显然，合法性不充分必然带来社会组织扭曲式生长，社会组织角色容易发生错位，社会组织运行容易偏离既定轨道。陶庆在对福街草根商会的实证研究中发现，福街现代商人"部落"并不愿生存于既有社会组织相关法律法规之外。这些"部落"曾经多次尝试登记注册，但"一地一会"与"业务主管单位"等法律法规条文规定从根本上否定了他们的愿望。1998年后，社会组织双重管理体制的进一步强化，使得基层社会组织"合法化"更为艰难。屡次的清理整顿使这些"部落"随时面临强制取缔的可能。实际运行中，福街草根商会虽然并未得到国家法律法规的正式接纳，但他们却靠"福街地方政府与福街商人社会共同遵守的'习俗'与'风俗'"得到地方政府和社会的广泛认同。② 然而，类似福街草根商会这样的社会组织，尽管能够获得社会合法性，政府也采取默许态度，一定程度上具备了行政合法性和政治合法性，但法律合法性的丧失让它们步履维艰。政府推出的一些面向社会

---

① 高丙中：《社会团体的合法性问题》，《中国社会科学》2000年第2期。
② 参见陶庆《"部落"的狂欢：福街商人自治组织的民族志》，载周星、于惠芳主编《民间社会的组织主体与价值表述》，北京大学出版社2010年版，第119—120页。

组织购买的社会服务项目，存在登记注册的门槛，使得这些社会组织拓展财源十分困难。政府监管的失范又难以使这些社会组织规范发展，造成社会组织自身建设及社会公信力不足。而且，法律合法性的缺失，行政合法性和政治合法性的不足，往往又会衍生社会合法性问题。社会组织的非政府性也使得社会上往往对它们心存疑虑，社会组织对其所开展的工作不得不考虑是否"敏感"。如番禺打工者文化服务部刚开始被不少工人认为是"搞传销的、骗人的"，而当其干事李支菊到医院沟通工伤探访事宜时，也经常因被认为是"变相的骗子"。[1] 而且，正如朱健刚撰文所指，番禺打工者文化服务部"关注劳工这样的议题在番禺其实相当敏感，因为企业和政府有时会担心它们是一个煽动打工者闹事的组织"，尽管其通过向政府部门寄发资料及参加相关会议等各种方式主动沟通，以打消政府部门的顾虑，但"有些政府部门，尤其是和地方利益紧密结合的部门却仍然有高度的戒备"，因为"他们不希望这样的组织的出现对现有的权力格局构成挑战和威胁"。[2]

二 角色定位失序

(一) 主体性缺失

中国的社会组织无论是从历史上来看还是从现实境况来看，其民间社会或行业治理主体的角色都并不是其最主要的定位。以行业协会为例，孙春苗等人2008年的调查数据显示，无论是社会组织自身还是地方政府，视行业协会为"政府与企业和市场的桥梁纽带"是一种主流论调（政府72%、行业协会61%持有此种观点），22%的行业协会认为地方政府"基本忽视了行业协会的存在"，地方政府仅有

---

[1] 参见朱健刚《打工者社会空间的生产——番禺打工者文化服务部的个案研究》，载张曙光《中国制度变迁的案例研究（广东卷）》第六集，中国财经出版社2008年版，第209—235页。

[2] 同上。

15%的受调查者认为行业协会是"行业治理的主体"。[①] 正因如此,即便党和政府一直强调政社分开,但由于社会组织与政府之间尚缺乏"明确的边界性和完全的独立性"[②],在实际运行中政社不分现象依旧严重,社会组织主体性缺失。如 2010 年玉树地震灾害救助中,民政部、国家发展改革委、监察部、财政部、审计署印发《青海玉树地震抗震救灾捐赠资金管理使用实施办法》,要求中国红十字会总会、中华慈善总会、中国扶贫基金会、中国老龄事业发展基金会、中国宋庆龄基金会、中国光华科技基金会、中国残疾人福利基金会、中国人口福利基金会、中国青少年发展基金会、中国儿童少年基金会、中国绿化基金会、中国教育发展基金会、中华环境保护基金会、中国妇女发展基金会、中国医药卫生事业发展基金会 15 家社会组织将接受的社会捐赠资金分别拨付青海省民政厅、红十字会、慈善总会,由青海省统筹安排,虽然最后终因所涉社会组织质疑未能有效实施,但这从一个侧面反映出社会组织与政府关系的尴尬,以及政府对社会组织自主性的侵蚀。

(二) 准政府化

社会组织与党和政府之间有着特殊的渊源关系。据统计,全国性行业协会 292 个,全部为政府所创办;广东省 112 个省级行业协会中,有 103 个由政府倡议成立。[③] 一方面,党和政府大都视其为桥梁纽带,其承担的一定的管理职能来源于党和政府的主动让渡及退出,并非来自法律授权;另一方面,社会组织的社会认同度较低,社会公众往往认为社会组织是党政职能部门的延伸,并非自身利益的代表。而且,在业务主管单位与社会组织的关系上,一些业务主管单位习惯

[①] 参见孙春苗《论行业协会:中国行业协会失灵研究》,中国社会出版社 2010 年版,第 10—11 页。

[②] 孙春苗:《论行业协会:中国行业协会失灵研究》,中国社会出版社 2010 年版,第 10 页。

[③] 沈恒超等:《转型时期的行业协会:角色、功能与管理体制》,社会科学文献出版社 2004 年版,第 124 页。

把社会组织当成下属部门或是附属机构来看待，业务主管单位负责社会组织人事安排、财务管理、事项决策等现象屡禁不止，因而社会组织往往成为完成业务主管单位任务的工具或是业务主管单位安排退休官员、设立小金库的渠道。最终形成了社会组织的权力化运作机制，社会组织往往比照行政部门定级别、编制、职数，听命于党和政府，而依照法律和自身章程开展工作、参与社会管理和公共服务、维护公民权益等原本功能弱化，甚至出现官僚化。如有的社会组织直陈，"以往的协会功能是为政府服务，政府布置什么就做什么，而忽略了市场的开拓，以及对企业的服务"①。

（三）营利趋向

非营利性是社会组织的基本属性之一。非营利性并非意指社会组织不能有营利行为，基于解决社会组织资金困扰的需要，不少国家都允许社会组织进行营利活动。但社会组织营利活动的根本目的，并非如企业那样追求利润最大化，而是旨在促进社会组织可持续发展及提供更多更好的社会服务，因而对社会组织营利所得提出利润不分配的强制限制。但社会组织营利所得利润分配与否，有赖于成熟的配套监管，而当下相关制度缺失往往使得社会组织营利监管失范，"法律存在着漏洞，使得那些不道德的操纵者利用非营利的外衣谋取私人财富"②，一些社会组织失去其非营利性的本性，甚至有一些社会组织存在"过度的市场行为"③，由此形成社会组织在营利与社会服务之间的严重错位。社会组织的营利趋向，不仅增加了公民参与社会组织的成本，而且降低了人们对社会组织的信任，因为这"不仅会威胁到公益性社会组织的资金安全，而且还会引诱公益性社会组织偏离组织

---

① 陈艳伟：《18名正处以上干部主动从江西省花卉协会辞职》，《江南都市报》2015年8月19日。

② [美]萨拉蒙等：《全球公民社会：非营利部门视界》，贾西津等译，社会科学文献出版社2007年版，第30页。

③ [韩]李源畯：《中国特色的非政府组织：挑战与应对》，《世界经济与政治》2008年第9期。

宗旨所设定的轨道而沦为谋取经济利益的工具；它不仅会导致国家税收优惠被规避，而且还会在商业组织特别是小型商业组织与公益性社会组织之间产生不公平竞争"①。

三 公信力不足

社会组织内部约束机制和外部约束机制的严重不足，致使社会组织公信力招致影响。一方面是社会组织自律机制缺失，信息公开主动性及公开程度严重不足，造成公众与社会组织之间的信息长期不对称，社会组织运行缺乏公开性、透明性。以 USDO 自律吧在对国内 1000 家社会组织信息采集基础上所发布的《2013 年度中国民间公益透明榜单》为例，社会组织透明指数平均分仅为 26.95（百分制）；60 分以上的，占 6.1%；60—50 分的，占 3.1%；50—40 分的，占 6.3%；40—20 分的，占 42.4%；20 分以下的，占 42.1%。② 另一方面，由于社会合法性在社会组织发展中的弱势地位，使得一些社会组织不重视自身能力建设，不通过社会合法性的取得来促进自身发展。社会组织服务社会能力的不足，又使得一些社会组织活动形式化，社会组织本身为了追求短期效应，将工作重心放在宣传造势之上，却忽视组织愿景和使命的兑现。朱健刚 1997 年在上海开展志愿服务研究项目时就发现，不少公营志愿组织因受到政府逻辑的严重制约，他们虽然被冠以志愿团队和志愿者称号，但传统运动型动员方式使志愿者缺乏参与的积极性，而且并没有对人们的日常生活产生什么影响。③ 更为极端的事例是一些社会组织"造势和作秀"所带来的负面效应，

---

① 杨道波：《公益性社会组织营利活动的法律规制》，《政法论坛》2011 年第 4 期。
② 参见 USDO 自律吧网（http://www.chinausdo.org/GTIList.html? cla = xwdt&ty = list）。
③ 参见朱健刚《行动的力量：民间志愿组织实践逻辑研究》，商务印书馆 2008 年版，第 5—9 页。

如有媒体报道,合肥市老年公寓有位老人在 2012 年重阳节被洗脚 7 次;① 一些社会组织甚至走上公益腐败之路。2011 年"郭美美事件"发酵后,社会组织领域一系列公益腐败事件曝光,进一步引发社会组织的信任危机。② 如民政部发布的《2011 年度中国慈善捐助报告》显示,受"郭美美事件"影响,2011 年中国红十字会接受社会捐赠约28.67 亿元,比 2010 年锐减 59.39%。③

四 策略选择错位

社会组织发展面临如此诸多的制度困境,使得不少纯粹民间生发的社会组织处于夹缝中生存的状态。出于生存与发展的需要,一些社会组织有时候是不得不采取不得已而为之的自保行为。

(一) 组织属性上的弱自主性发展策略

基于历史传承、政府职能替代和国家优先发展策略等方面的考量,人民团体、免予登记及官办社会组织等依附性较强的社会组织,往往能够利用它们与国家之间的紧密联系来完成其合法性的建构并有效获取资源;纯粹民间的社会组织,不仅很难完成其合法性的建构,而且也很难获得政府与社会的各种资源。因此,面对登记管理机关和业务主管单位双重许可、双重负责、双重监管的"双重管理体制",社会组织出于合法性及资源获取的需求,往往是通过弱自主性的方式,积极利用各种途径寻求与国家之间的互动。而借助国家系统的"吸纳"行为顺势而为,积极寻求为国家系统所"吸纳",成为不少

---

① 参见《重阳节老人被洗脚 7 次》(http://finance.sina.com.cn/roll/20121024/171513465548.shtml)。

② 比较典型的案例还有:"卢美美事件";尚德诈捐门事件;河南宋庆龄基金会地产事件等。

③ 《中民慈善捐助信息中心发布〈2011 年度中国慈善捐助报告〉核心数据》,中华人民共和国民政部网(http://www.mca.gov.cn/article/zwgk/gzdt/201206/20120600327110.shtml)。

社会组织的现实选择,即康晓光等人认为的"依附式发展的第三部门"①,抑或是邓宁华所比喻的"寄居蟹"式的发展策略②。因为国家与社会虽然存在相互渗透的关系,但两者之间并非一种博弈关系,社会组织的发展,国家的态度至关重要。因而,顺应国家的吸纳意愿,社会组织主动寻求被吸纳,虽属无奈,却也必然。

(二) 组织规模上的自我限制发展策略

组织的规模是决定其政治参与程度的一个重要维度。据说拥有3500万成员的美国退休人协会"跺个脚,国会山也要抖三抖"③。而在中国,社会组织采取了自我克制的方式,以有效地使自身在国家允许的尺度内作为。这除了国家本身对社会组织的规模及跨区域的限制外(图6-2),同样还有为了规避其政治风险的考量。如1993年成立的"自然之友"久负盛名,但在其会员人数上却一直未有较大突破。这并非组织吸引力不够,而是该组织"有意识控制的结果"④。

(三) 组织行为上的自我规避发展策略

基于社会组织尚处于兴起阶段、社会组织规制尚处于不断探索过程中,加之社会组织发展过程中的确存在鱼目混珠现象,少数非法组织表现出的危害社会政治稳定的个案时有出现,国家对社会组织在较长一段时期内采取了一种控制型的管理策略。为了避免因触及政治敏感领域而作茧自缚,一些社会组织通过严格自律、划清界限的方式与政治保持一定的距离,并且在其公共性品格的彰显上采取强化公共服务功能而弱化或遏制公共利益表达功能的应对之策,尽可能地避免与政党、政府等发生正面冲突。这些社会组织"在很大程度上仍扮演着

---

① 康晓光等:《依附式发展的第三部门》,社会科学文献出版社2011年版,第53页。
② 邓宁华:《"寄居蟹的艺术":体制内社会组织的环境适应策略——对天津市两个省级组织的个案研究》,《公共管理学报》2011年第3期。
③ [美]罗斯金等:《政治科学》,林震等译,中国人民大学出版社2009年版,第210页。
④ 赵秀梅:《中国NGO对政府的策略:一个初步考察》,《开放时代》2004年第6期。

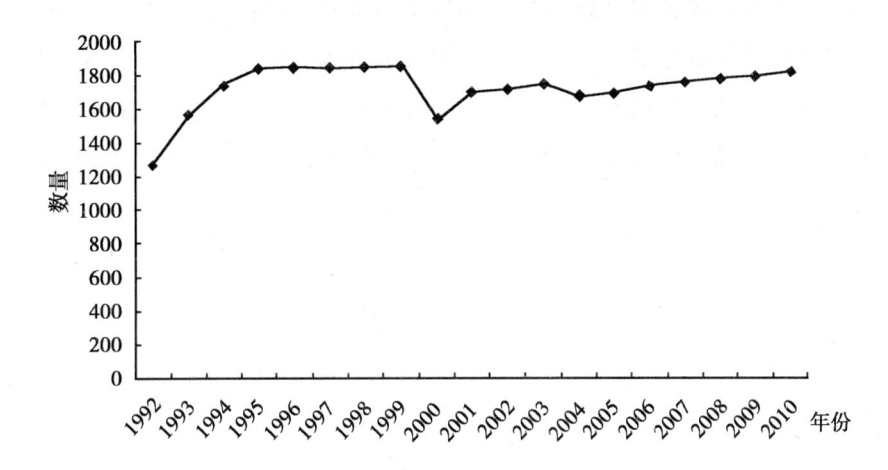

图 6-2　1992—2010 年全国性社会团体发展情况

资料来源：1992—2007 年数据出自民政部年度民政事业发展统计公报 http://www.mca.gov.cn/article/sj/tjgb/?）；2008—2010 年数据根据《中国民政统计年鉴（2009）》《中国民政统计年鉴（2010）》《中国民政统计年鉴：中国社会服务统计资料（2011）》等相关资料整理。

'好孩子'和'帮手'角色，它们在民间治理中也更多地进行行业自治管理、社会服务、信息咨询、协调利益、决策建议等等，缺少应有的对国家政治生活的有效参与和独立表达，更缺少个体公民在'生活政治'中的民主参与"[1]。如作为中国最早的环保社会组织之一的"自然之友"，曾在其章程中规定："自然之友支持中国政府、社会组织及个人一切有利于环境保护及社会持续发展的政策、措施和活动，并愿与他们合作；同时，根据条件，对与此相悖的事监督、批评、揭露和呼吁有关方面予以制止"[2]，这成为众多社会组织的学习样本，如根据百度百科检索，绍兴市朝露环保公益服务中心、衡水市地球女儿环保志愿者协会等社会组织在其章程中均有类似条款规定。而且，

---

[1]　陈金罗、刘培峰：《转型社会中的非营利组织监管》，社会科学文献出版社 2010 年版，第 11 页。

[2]　参见孙志祥《双重管理体制下的民间组织——以三个民间环保组织为例》，《中国软科学》2001 年第 7 期。

当有一家国外媒体曾经以"中国绿党"为标题介绍"自然之友"时,时任会长梁从诫赶紧予以澄清:"中国的环保组织与西方的'绿党'有本质的区别,我们不参与政治,不是政府的'反对党',也不是所谓的'压力集团',不采用'绿色和平组织'式的方式与政府对抗。"[①]

[①] 孙志祥:《双重管理体制下的民间组织——以三个民间环保组织为例》,《中国软科学》2001年第7期。

第七章

优化中国特色社会组织发展制度环境

社会组织的发展并非与国家之间形成一种"零和博弈"关系，而是一种正相关的双赢关系。制度环境和制度基础的缺失，是影响社会组织发展的主要障碍。任何一项制度的单项突进都难以取得预期成效，而需要进行综合配套的制度建设。制度环境既是中国特色孕育之结果，是中国特色彰显之要素，也是中国特色塑造之必然。中国特色社会组织发展，需要进行综合配套的制度建设，以突破一系列体制性障碍。

第一节 中国特色社会组织的理论阐释

社会组织的发展，并非是天然的社会的产物。"中国特色社会主义道路之所以完全正确、之所以能够引领中国发展进步，关键在于我们既坚持了科学社会主义的基本原则，又根据我国实际和时代特征赋予其鲜明的中国特色。"[①] 中国社会组织的发展，从其理论溯源上来说，受到多种理论的影响，正在经受多重理论的塑造。中国特色社会组织的发展，是中国特色社会主义社会建设的重要内容，也是坚持与发展中国特色社会主义事业的应有之义。

[①] 胡锦涛：《高举中国特色社会主义伟大旗帜 为夺取全面建设小康社会新胜利而奋斗——在中国共产党第十七次全国代表大会上的报告》，载中共中央文献研究室编《十七大以来重要文献选编》上册，中央文献出版社2009年版，第9页。

一 马克思共同体思想的时代表达

马克思创立了科学社会主义。科学社会主义是马克思主义的重要组成部分,是马克思主义的出发点和最终归宿。科学社会主义着眼人的全面自由发展,揭示了无产阶级解放运动发展规律,揭示了实现社会主义和共产主义的正确道路,指明了实现社会主义的阶级力量,科学地阐明了无产阶级的历史使命。科学社会主义的创立、科学社会主义理论与工人运动的结合,使无产阶级具备了科学的世界观,掌握了改造旧世界、建设新世界的强大的思想武器。在其科学社会主义中,马克思提出了"共同体"思想。他指出,在人类社会发展对人的依赖、对物的依赖阶段,造成了人的全面异化,人的能动性丧失了,遭到异己力量的奴役,从而使人的个性不能全面发展,只能片面发展,甚至畸形发展。因此,马克思认为:"个人力量(关系)由于分工而转化为物的力量这一现象,不能靠人们从头脑里抛开关于这一现象的一般观念的办法来消灭,而是只能靠个人重新驾驭这些物的力量,靠消灭分工的办法来消灭。没有共同体,这是不可能实现的。"[①] 马克思还不无深刻地揭示出阶级社会中存在的"种种冒充的共同体",认为这些完全虚幻的共同体对于渴盼获致全面发展的个人来说,是一种新的桎梏。正是在深刻批判资产阶级社会的物质关系的基础上,马克思发现了社会抑或说是市民社会的高次元发展形态——"真正的共同体",即共产主义社会,从而为人的自由全面发展找到了一条通路。马克思指出,"而在控制了自己的生存条件和社会全体成员的生存条件的革命无产者的共同体中,情况就完全不同了。在这个共同体中各个人都是作为个人参加的。它是各个人的这样一种联合(自然是以当时发达的生产力为前提的),这种联合把个人的自由发展和运动的条件置于他们的控制之下"[②]。中国特色社会主义,正是坚持以科学社

[①] 《马克思恩格斯选集》第 1 卷,人民出版社 1995 年版,第 118—119 页。
[②] 同上书,第 121 页。

会主义为理论指导及发展方向,因而在分析、研究和解决中国社会主义现代化建设过程中遇到的种种问题时,必须坚持和正确运用马克思主义的立场、观点和方法,坚持马克思主义普遍原理与中国实际相结合。党的十八大明确把"促进人的全面发展"纳入中国特色社会主义道路的内涵,并强调"必须更加自觉地把以人为本作为深入贯彻落实科学发展观的核心立场,始终把实现好、维护好、发展好最广大人民根本利益作为党和国家一切工作的出发点和落脚点,尊重人民首创精神,保障人民各项权益,不断在实现发展成果由人民共享、促进人的全面发展上取得新成效"[1]。这标志着中国特色社会主义把实现人的自由全面发展作为终极价值追求。中国特色社会组织的发展,正是坚持以人的自由全面发展、共同富裕、社会和谐为内核的社会主义基本价值观,赋予社会组织社会治理、社会创新主体地位,这是马克思共同体思想在中国特色社会主义伟大实践中的创新尝试,是社会主义模式下国家与社会关系革命性调整的预演,是促进人的自由全面发展的重要手段。

二 协同共治的秩序力量

"中国特色社会主义"这一重大命题是为了摆脱社会主义现代化建设道路上"苏联模式"的桎梏,在毛泽东提出"探索中国自己的社会主义道路"的基础上,由邓小平在党的十二大上率先提出。此后,随着20世纪90年代初苏联解体、东欧剧变和21世纪全球化的深入发展,立足于中国实际,立足于"三个没有变"的国情基础,[2]迫切要求我们保持中华民族鲜明特色,坚持高举社会主义伟大旗帜,坚持中国自己的发展道路。中国特色社会主义伟大事业的推进,是中

---

[1] 胡锦涛:《坚定不移沿着中国特色社会主义道路前进 为全面建成小康社会而奋斗——在中国共产党第十八次全国代表大会上的报告》,《人民日报》2012年11月9日。
[2] 即党的十八大报告所提出的:"我国仍处于并将长期处于社会主义初级阶段的基本国情没有变,人民日益增长的物质文化需要同落后的社会生产之间的矛盾这一社会主要矛盾没有变,我国是世界最大发展中国家的国际地位没有变。"

国共产党领导中国人民接力探索的结果。制度环境演化与社会组织演变的历史表明，中国特色社会组织是中国特有的制度环境演化的产物，中国特色社会组织也与中国特色社会主义事业发展相向而行。2013年11月，党的十八届三中全会确定将"推进国家治理体系和治理能力现代化"作为全面深化改革的总目标之一。习近平国家治理现代化思想的提出，意味着治国理政经由国家统治阶段、国家管理阶段迈向了国家治理的最新发展阶段。[①] 社会发展史表明，国家统治阶段，社会群体被割裂为统治者与被统治者两个群体，国家治理权为统治者所垄断，如在封建社会，国家治理权掌握在皇帝及其附属的国家官僚机器手中；国家管理阶段，国家治理模式虽然有了较大改变，但社会群体依然是管理者与被管理者相互割裂的并存状态，如传统社会主义时期，党和政府是国家治理的主体，人民当家作主的政治权利因参与渠道的匮乏等原因而难以真正实现。因而，可以说，统治与管理的主体都是单一的政府等国家公共权力。国家治理现代化最为显著的特征之一，便是强调治理主体多元化。国家治理的主体既包括党和政府等公共权力机构，也包括企业、社会组织和公民个体，社会组织被赋予国家治理多元主体之一的地位。而且，随着市场经济的深入发展、对外开放的扩大、公民素质的提升，特别是互联网的快速普及，政府的有限性越发显现，日益严峻的社会老龄化等诸多社会问题频出，迫切需要社会组织规模和能力的一并提升，形成多元共治的社会治理格局，提供多样化的公共服务产品，从而满足人民群众日益增长的社会服务需求。因此，中国特色社会主义事业的推进，需要高度重视社会组织在国家治理现代化中的重要作用。社会组织是国家治理的参与者、政府失灵的补台者、政府失范的抗衡者、民主政治的推进者。"在政府公权力面前，个人显得太渺小、太单薄。若没有代表自己利益和反映自己意愿的社会中介组织的存在，个体的力量无法与以国家

---

① 参见许耀桐《习近平的国家治理现代化思想析论》，《上海行政学院学报》2014年第4期。

为后盾的政府权力来抗衡，对政府权力的分割也就无能为力，自身利益的诉求就可能无法实现，就可能会导致政府权力的滥用。"① 由社会组织的发展孕育所形成的市民社会，是社会主义市场经济和民主政治的内在要求。

三 中国特色话语体系的重要载体

中国社会组织的发展，深受"全球社团革命"和国外社会组织相关理论之影响。对于中国社会组织的发展方向预设，也有不少学者赋予了西方社会组织发展路径的期待。这也正如邓正来教授在评述我国市民社会研究时所说的："大凡援用西方市民社会模式的论者……试图在中国的历史和现状中发现或希望发现西方市民社会的现象。这种努力最大的特征之一便是预设了西方市民社会的历史经验以及在其间产生的市民社会观念为一种普世化的、跨文化的经验和观念，……具体表现为：一、以西方市民社会为依据在中国社会之历史需求中发现或期望发现中国与西方二者之间的相似之处；二、以西方市民社会为判准，对中国不符合西方市民社会的现象进行批判；尽管此一方向的努力所针对的是中国与西方的差异，但其间却认定西方式市民社会发展之道为中国走向现代化的唯一法门。"② 尽管说，中国特色社会组织同样是市场经济的产物，中国特色社会组织的发展，离不开借鉴国外社会组织发展的有益经验，但中国特色社会组织发展所立基的历史文化基础、国情基础迥异于西方国家。如中国特色社会组织的经济基础，是公有制为主体、多种所有制经济共同发展的基本经济制度，这是"中国特色社会主义制度的重要支柱"和"社会主义市场经济体制的根基"，③ 自然也是中国特色社会组织赖以生存与发展的根基。

---

① 康晓光等：《依附式发展的第三部门》，社会科学文献出版社 2011 年版，第 32 页。
② 邓正来：《国家与社会：中国市民社会研究》，北京大学出版社 2008 年版，第 151 页。
③ 《中共中央关于全面深化改革若干重大问题的决定》，《人民日报》2013 年 11 月 16 日。

社会组织发展作为人类建构行为的一部分，中国有理由在探索社会组织发展路径上作出自己的努力，为人类社会的发展做出应有的贡献。坚持中国特色社会主义道路自信、制度自信、理论自信、文化自信，并非以中国特色为幌子，拒绝先进经验的汲取，拒绝融入世界，或是以此为依据为自身发展的滞后寻找依据。

第二节　优化中国特色社会组织发展制度环境的基本思路

制度环境演化与中国特色社会组织演变的历程表明，中国特色社会组织发展的过程，即是一个制度创新的过程。中国特色社会组织的发展，制度环境的优化势在必行。

一　理论创新：制度环境构建的根本动力

（一）社会组织发展是马克思主义理论的重要命题

从马克思的市民社会理论，到列宁的社会建设思想，这些马克思主义的经典作家都十分重视通过社会组织的建设，为人的自由全面发展奠定组织基础和制度基础。马克思市民社会理论立基于"现实的人"，其科学社会主义理论为实现人的自由全面发展指引了一条前进的方向。马克思认为，共产主义运动是"消灭现存状况的现实的运动"[1]，通过共产主义运动，在共产主义社会建立真正的属于公民的共同体。就此，马克思进行了十分生动而又具体的描述，"当阶级差别在发展进程中已经消失而全部生产集中在联合起来的个人的手里的时候，公共权力就失去政治性质。……代替那存在着阶级和阶级对立的资产阶级旧社会的，将是这样一个联合体，在那里，每个人的自由发展是一切人的自由发展的条件"[2]。

---

[1] 《马克思恩格斯选集》第 1 卷，人民出版社 1995 年版，第 87 页。
[2] 同上书，第 294 页。

列宁作为一名伟大的马克思主义者，不仅从思想上继承和发展了马克思主义，而且将马克思主义成功付诸领导俄国无产阶级革命和社会主义建设的实践与探索。列宁在领导俄国无产阶级革命和社会主义建设的实践过程中，经历了沙皇专制时期、二月革命后短暂的资产阶级临时政府时期、十月革命后苏维埃政权时期。在沙皇专制时期内忧外患的政治局面下，农民不断破产，工人贫困程度不断加深，民众开始自发地组织起来，以应对战争所带来的种种危机。1914年，列宁在总结德国工人运动的经验教训时，注意到德国社会民主党通过群众组织、报纸、工会、政治社团，使得"群众极广泛地组织起来了"，他也欣喜地看到，"这种局面在我国也正在明显地形成"。[①] 1917年"十月革命"胜利后，列宁提出"创造高于资本主义的社会结构"的根本任务，[②] 越发重视社会组织作用的发挥。列宁注意到政党组织与社会组织都有其特定的功能，有效区分组织类型对于明确其组织目标十分重要。在苏维埃政权建设过程中，俄国曾对工会的地位及其作用产生过非常激烈的论争，如托洛茨基提出"工会国家化"的理论主张，而施略普尼柯夫则提出"国家工会化"的理论主张。列宁针对托洛茨基等人挑起的关于工会问题的论争，对其间出现的这些偏离党的领导和无产阶级专政的错误观点进了严肃批评。1920年12月30日，列宁在苏维埃第八次代表大会俄共（布）党员代表、全俄工会中央理事会党员委员及莫斯科省工会理事会党员委员联席会议上的讲话中指出：工会"不是国家组织，不是实行强制的组织"，而是"一个掌权的、统治的、执政的阶级的组织，是实现专政的阶级的组织，是实行国家强制的阶级的组织"，是一个教育、吸引和训练的组织，是党和政府联系劳动群众的"传动装置"、国家政权的"蓄水池"。[③] 1921—1922年，列宁在《关于工会在新经济政策条件下的作用和任

[①] 参见《列宁全集》第25卷，人民出版社1988年版，第114页。
[②] 参见《列宁选集》第3卷，人民出版社1995年版，第477页。
[③] 参见《列宁选集》第4卷，人民出版社1995年版，第368—370页。

务的提纲草案》中提出，工会"必须在相当长的时期内坚决恢复自愿入会的做法，对于工会会员决不能要求具有一定的政治观点……无产阶级国家应当从权利上和物质上鼓励工人参加工会组织"①。而且，为了建立城市工人与农村劳动者之间的联系，列宁提出："必须在工厂的工人中组成许多以经常帮助农村发展文化为宗旨的团体（党的、工会的、个人的）。"② 与此同时，列宁十分强调坚持党对社会组织的领导，认为党的领导是无产阶级革命事业取得胜利的根本保证。列宁提出："哪里有群众，就一定到那里去工作。"③ 这是因为，只有坚持党的领导，"才能团结、教育和组织无产阶级和全体劳动群众的先锋队"，"才能抵制这些群众中不可避免的小资产阶级动摇性，抵制无产阶级中不可避免的种种行会狭隘性或行会偏见的传统和恶习的复发"，才能"领导全体无产阶级的一切联合行动"。④ 在《社会主义政党和非党的革命性》一文中，列宁痛斥了资产阶级革命过程中相继产生的一些非党组织不彻底的革命性问题，因为这些非党组织基于"对'人道的'文明生活的要求、对联合的要求、对保护自己的尊严以及人权和公民权的要求"，结果"由于对当前的、必需的起码的权利和改良的迫切需要，对以后的一切事情的想法和考虑都推迟了"。⑤ 而就工会问题，列宁多次提出工会应逐渐摆脱行会的狭隘性，如在1921 年的《论粮食税》中，列宁花了不少篇幅来解释为什么当务之急是要改善农民而不是工人的生活状况，"因为不经过这种办法，就无异是把工人的行会利益置于阶级利益之上"，而只有经过这种办法"才能做到既改善工人生活状况，又巩固工农联盟，巩固无产阶级专政"。⑥ 工会如何摆脱行会的狭隘性，列宁认为，唯其"在党的领导

---

① 《列宁选集》第 4 卷，人民出版社 1995 年版，第 622 页。
② 同上书，第 679 页。
③ 同上书，第 163 页。
④ 参见《列宁选集》第 4 卷，人民出版社 1995 年版，第 474 页。
⑤ 参见《列宁选集》第 1 卷，人民出版社 1995 年版，第 674 页。
⑥ 参见《列宁选集》第 4 卷，人民出版社 1995 年版，第 501 页。

之下，在无产阶级对非无产阶级劳动群众进行教育及其他各种诱导的过程中，变成包括本生产部门的大多数劳动者并且逐渐地包括全体劳动者的大规模的产业联合组织"①。因此，出于无产阶级革命和无产阶级专政的需要，为了促使这些非党组织保持其革命性，为了促使这些非党组织摆脱传统行会的狭隘性，列宁认为，"尤其有必要加强一切合法工人社团（工会、俱乐部、伤病救济保险基金会、合作社等等）中的工作"②。而从具体的举措来看，一是强调社会主义者"参加非党组织可能是必要的"③；二是提出"应该尽可能更广泛地吸收工人参加各种工人社团，不分党派观点，一律邀请加入工人社团"④；三是"应当在这些社团的内部建立党的小组……使这些社团和社会民主党之间建立最密切的关系"⑤。1920年10月，在全俄无产阶级文化协会第一次代表大会上，就无产阶级文化协会的定位问题，卢那察尔斯基认为无产阶级文化协会在教育人民委员部机构中应当是完全自治的。列宁严厉批评了卢那察尔斯基，指出："无产阶级文化协会的一切组织必须无条件地把自己完全看作教育人民委员部机关系统中的辅助机构，并且在苏维埃政权（特别是教育人民委员部）和俄国共产党的总的领导下，把自己的任务当作无产阶级专政任务的一部分来完成。"⑥

（二）社会组织发展是马克思主义中国化的基本线索

当代中国社会组织发展史表明，正是依靠党顺应时代条件的发展变化，不断推进马克思主义中国化、时代化、大众化，开拓出中国特色社会主义社会建设的新道路，丰富和发展了中国特色社会主义理论体系，社会组织发展的制度环境演化才有了前行的根本动力，由此推

---

① 《列宁选集》第4卷，人民出版社1995年版，第427页。
② 《列宁全集》第24卷，人民出版社1990年版，第59页。
③ 《列宁选集》第1卷，人民出版社1995年版，第678页。
④ 《列宁全集》第24卷，人民出版社1990年版，第59页。
⑤ 同上。
⑥ 《列宁选集》第4卷，人民出版社1995年版，第299页。

动了社会组织的大发展。

以毛泽东为核心的党的第一代中央领导集体，经历过旧中国一盘散沙的局面，因而十分重视如何将社会成员组织起来。毛泽东在描述20世纪20年代初期中国的社会现象的时候注意到："人民的组织，除开沿江沿海沿铁路应乎他们经济的情形有一点微弱的组织，像工商、教职员、学生等团体外，几乎全是家族的农村的手工业的自足组织。"[①]因而他在领导中国无产阶级进行新民主主义革命时期，要求"各种普通群众组织与群众活动，就应该公开利用一切可能的合法形式去进行。例如，利用已有各种伪组织（新民会、自卫团等），或成立各种灰色社会团体，或建立纯粹的但与群众有密切联系的社会职业机关与职业活动（茶馆、饭店、荐头房等），甚至利用工厂、工房、学校、店铺，在为了共同欺骗与应付敌人汉奸，保护中国人的口号下，成立其中所有人员某种无定形的联盟，亦是一种很好的群众组织形式"[②]。新中国成立以后，毛泽东发出了"组织起来"的倡议，要求将社会成员组织起来实行有效管理，使社会基础与社会理想和目标相适应。他指出："应当将全中国绝大多数人组织在政治、军事、经济、文化及其他各种组织里，克服旧中国散漫无组织的状态。"[③] "社会主义不仅从旧社会解放了劳动者和生产资料，也解放了旧社会所无法利用的广大的自然界。人民群众有无限的创造力。他们可以组织起来，向一切可以发挥自己力量的地方和部门进军，向生产的深度和广度进军，替自己创造日益增多的福利事业。"[④] 1953年6月，毛泽东在与中国新民主主义青年团代表的谈话中，实际上已经强调了社会组织的自治性问题，他说："青年团对党闹独立性的问题早已过去了。现在的问题是缺乏团的独立工作，而不是闹独立性"，"青年团要配合党的中心工作，但在配合党的中心工作当中，要有自己的独立工

---

① 《毛泽东文集》第1卷，人民出版社1993年版，第11页。
② 《毛泽东文集》第3卷，人民出版社1996年版，第163页。
③ 《毛泽东文集》第5卷，人民出版社1996年版，第348页。
④ 《毛泽东文集》第6卷，人民出版社1999年版，第457页。

作，要照顾青年的特点"。① 1957年2月，毛泽东在《关于正确处理人民内部矛盾的问题》的讲话中，指出"统筹兼顾、适当安排"方针并非意指政府包办一切，而是要善于调动社会组织等一切积极因素，"许多人，许多事，可以由社会团体想办法，可以由群众直接想办法，他们是能够想出很多好的办法来的"②。1962年1月，毛泽东在扩大的中央工作会议上的讲话中就社会组织的规范运行，提出"应当制定一些条例"，"好好地总结经验，制定一整套的方针、政策和办法"，确保社会组织沿着正确轨道运行。③

以邓小平为核心的第二代中央领导集体从社会主义民主政治建设的高度来看待社会组织的发展，并从加强和改善党的领导这一视角提出要理顺党和政府与社会组织之间的关系。党的十一届三中全会以后，党开始实行拨乱反正和改革开放的战略转变，邓小平强调社会主义民主的本质是人民当家作主，共产党执政就是领导和支持人民当家作主。在《党和国家领导制度的改革》的讲话中，他明确指出："政治上，充分发扬人民民主，保证全体人民真正享有通过各种有效形式管理国家、特别是管理基层地方政权和各项企业事业的权力，享有各项公民权利，健全革命法制，正确处理人民内部矛盾，打击一切敌对力量和犯罪活动，调动人民群众的积极性，巩固和发展安定团结、生动活泼的政治局面。"④ 由代表人民当家作主转向领导和支持人民当家作主，这意味着党的领导方式的重大转变。只有转变党的领导方式，充分发扬社会主义民主，使人民真正当家作主，实现好、维护好、发展好人民群众的根本利益，才能增强人民群众作为国家和社会主人翁的自豪感、责任感，调动广大人民群众的主动性、积极性、创造性，社会主义现代化建设事业才能顺利推进。1986年9月3日，邓

---

① 毛泽东:《青年团的工作要照顾青年的特点》（一九五三年六月三十日），载《毛泽东文集》第6卷，人民出版社1999年版，第276页。
② 《毛泽东文集》第7卷，人民出版社1999年版，第228页。
③ 参见《毛泽东文集》第8卷，人民出版社1999年版，第304页。
④ 《邓小平文选》第2卷，人民出版社1994年版，第322页。

小平在会见日本公明党委员长竹入义胜时说:"进行政治体制改革的目的,总的来讲是要消除官僚主义,发展社会主义民主,调动人民和基层单位的积极性。要通过改革,处理好法治与人治的关系,处理好党和政府的关系。"① 在1987年10月党的十三大报告中,就社会组织的发展,党的第二代中央领导集体提出了许多非常具有建设性的创新主张,如强调社会组织的自治性,提出"基层缺乏自主权,人民群众的积极性难以充分调动","应当充分尊重而不是包办"社会组织的工作,"要充分发挥群众团体和基层群众性自治组织的作用,逐步做到群众的事情由群众自己依法去办","群众团体的领导人员和工作人员、企事业单位的管理人员,原则上由所在组织或单位依照各自的章程或条例进行管理";强调理顺党与政府、社会组织之间的关系,做到"各司其职,并且逐步走向制度化",党委领导机关权力过于集中,造成党委领导机关"管了许多不该管、管不好、管不了的事,陷于事务主义而不能自拔",由此提出党对社会组织的领导是政治领导,即"政治原则、政治方向、重大决策的领导";强调社会组织表达民意功能的发挥,指出社会组织在维护全国人民总体利益的同时,应该"更好地表达和维护各自所代表的群众的具体利益",并"积极参与社会协商对话、民主管理和民主监督"。②

以江泽民为核心的党的第三代中央领导集体敏锐地注意到了社会结构发生的深刻变化,在社会组织的发展方针上,提出要一手抓培育,一手抓党建。1999年9月,在庆祝全国政协成立50周年大会时,江泽民指出:"随着改革开放的深入发展,出现了经济成分和经济利益多样化、社会生活方式多样化、社会组织形式多样化。这些新情况带来了经济结构和社会关系的新变化。"③ 2000年5月,江泽民在上海主持召开江苏、浙江、上海党建工作座谈会时的讲话中指出:"现

---

① 《邓小平文选》第3卷,人民出版社1993年版,第177页。
② 参见中共中央文献研究室编《十三大以来重要文献选编》上册,人民出版社1991年版,第45页。
③ 《江泽民文选》第2卷,人民出版社2006年版,第415页。

在，在党政事业机关和国有企业之外，出现了新的经济组织和社会活动领域。"①2001年7月，在庆祝建党80周年大会上的讲话中，江泽民进一步指出我国社会阶层构成上，"出现了民营科技企业的创业人员和技术人员、受聘于外资企业的管理技术人员、个体户、私营企业主、中介组织的从业人员、自由职业人员等社会阶层"②。而就社会组织的发展，1997年9月，党的十五大提出在推进机构改革的进程中要注重培育和发展社会中介组织。③2000年6月，在中央思想政治工作会议上，他又说，社会组织"直接面对群众，其作用和影响不可低估，一定要切切实实地管理好、建设好"④。江泽民指出，党的领导，使得"中国人民的组织程度前所未有地加强和提高起来，从而也大大加强和提高了改造社会、开发自然的创造伟力"⑤；中国共产党执政，"就是领导和支持人民当家作主，最广泛地动员和组织人民群众依法管理国家和社会事务，管理经济和文化事业，维护和实现人民群众的根本利益"⑥。因此，他也非常重视社会组织的党建工作，强调要"加大在社会团体和社会中介组织中建立党组织的工作力度"⑦。

在新的历史时期，以胡锦涛为总书记的党中央，将社会组织的发展上升到建设社会主义和谐社会的高度，强调要引导社会组织健康有序发展，充分发挥社会组织作用。在科学发展观的指引下，党提出要加快推进以民生为重点的中国特色社会主义社会建设，并将社会建设作为主体内容之一纳入中国特色社会主义事业的总体布局。胡锦涛强调必须坚持人民主体地位，并"从各个层次、各个领域扩大公民有序政治参与，最广泛地动员和组织人民依法管理国家事务和社会事务、

---

① 《江泽民文选》第3卷，人民出版社2006年版，第16页。
② 同上书，第286页。
③ 参见《江泽民文选》第2卷，人民出版社2006年版，第31页。
④ 《江泽民文选》第3卷，人民出版社2006年版，第97页。
⑤ 《江泽民文选》第2卷，人民出版社2006年版，第227页。
⑥ 《江泽民文选》第3卷，人民出版社2006年版，第553页。
⑦ 同上书，第572页。

管理经济和文化事业"①。面对"社会活力显著增强,同时社会结构、社会组织形式、社会利益格局发生深刻变化"的新形势,②胡锦涛不仅强调要做好"联系群众、宣传群众、组织群众、服务群众、团结群众的工作"③,而且要"发挥社团、行业组织和社会中介组织提供服务、反映诉求、规范行为的作用,形成社会管理和社会服务的合力"④。由此,对于社会组织的建设与管理,胡锦涛提出要引导社会组织健康有序发展,"加快形成政社分开、权责明确、依法自治的现代社会组织体制"⑤,"引导各类社会组织加强自身建设、增强服务社会能力"⑥,并要加大"社会组织党建工作力度"⑦,扩大党组织和党的工作覆盖面,以党的基层组织建设带动社会组织建设。

(三)大力推进中国特色社会组织建设理论创新

中国特色社会组织建设是在社会主义市场经济深入发展、社会主义政治体制改革探索、公民意识不断提升、现有制度环境渐成约束、自身发展理论与实践水平都相对薄弱、全球化发展的环境下进行的,这也决定了中国特色社会组织建设理论创新任务的艰巨性。中国特色社会组织建设理论创新需要在深刻把握中国国情及深刻洞悉中国文化的基础上,运用马克思主义的立场、观点和方法进一步加强社会组织在中国特色社会主义社会建设中地位和作用以及党和政府对社会组织

---

① 中共中央文献研究室编:《十七大以来重要文献选编》上册,中央文献出版社 2009 年版,第 22 页。

② 同上书,第 11 页。

③ 中共中央文献研究室编:《十六大以来重要文献选编》中册,中央文献出版社 2006 年版,第 717 页。

④ 同上书,第 287 页。

⑤ 胡锦涛:《坚定不移沿着中国特色社会主义道路前进 为全面建成小康社会而奋斗——在中国共产党第十八次全国代表大会上的报告》,《人民日报》2012 年 11 月 9 日。

⑥ 胡锦涛:《扎扎实实提高社会管理科学化水平》,新华网(http://news.xinhuanet.com/photo/2011-02/19/c_121101348_3.htm)。

⑦ 参见胡锦涛《坚定不移沿着中国特色社会主义道路前进 为全面建成小康社会而奋斗——在中国共产党第十八次全国代表大会上的报告》,《人民日报》2012 年 11 月 9 日。

建设规律、社会组织发展规律和人的自由全面发展规律的研究和理论构建。党的意识形态建设要紧紧围绕以上议题营造氛围，为社会组织发展做好思想发动、加强理论创新，为社会组织发展提供科学的理论指导。

中国特色社会组织建设理论创新，无疑应该首先立足于当代中国实践。始于问题、源于实践、顺应形势，是科学发展的基本规律，也是马克思主义理论创新的基本规律。没有实践上的探索，中国特色社会组织建设理论的创新将永远会似海市蜃楼般停留在虚幻的层面，或是成为聊以自慰的口号。"要加强对中国实践经验的总结提炼，加强战略性全局性问题研究，构建具有中国特色的话语体系。"① 中国特色社会组织建设理论属于中国特色社会建设理论、中国特色社会主义理论体系的重要内容。中国特色社会组织建设是一个新的重大课题，许多问题需要在实践中进一步探索。要从新形势下中国特色社会主义事业发展全局的高度，进一步发掘马克思主义社会建设理论资源，及时破解中国特色社会组织发展进程中所遇到的种种重大现实问题，及时对中国特色社会组织发展制度环境创新作出准确而又符合时代要求的新阐发，加深对中国特色社会组织发展制度环境演进规律的认识，用马克思主义中国化的最新理论成果来指导中国特色社会组织建设，为推进中国特色社会组织建设提供有力的思想保证和理论支持。

中国特色社会组织建设理论创新具有借鉴和吸纳一切先进理论成果的必要性。"一种新的意识形态要适应并引导社会发展的现实，必须容纳诸多现代社会的价值观，并超越它们，明确向人表明党领导国家发展的中长期目标以及实现这些目标的途径。只有这样，政党认同感才能再生，党也才能再次强化其领导能力。"② 全球化发展使中国

---

① 《刘云山同部分高校党委书记、校长座谈》，新华网（http://news.xinhuanet.com/politics/2015-03/28/c_1114795079.htm）。

② 郑永年：《中国模式：经验与困局》，浙江人民出版社2010年版，第75—76页。

社会组织发展制度环境越来越需要放在全球视野中去认识与构建，并接受检验。社会组织作为一种组织类型，无论是在东方国家还是西方国家，都可以追溯到很久以前，但作为区别于国家秩序与市场秩序的一支相对独立的社会力量而言，也就是20世纪七八十年代全球社团革命之后的事情。中国则是在第四次世界妇女大会在北京召开后，才开始逐渐萌生和形成培育社会组织作为新生社会力量的制度环境。因而，中国特色社会组织制度环境的创设，既要借鉴西方发达国家的经验，也要从中国本土经验的角度认真研究中国社会组织产生与发展的历史脉络，更要探析全球社团革命以来社会组织作为一支新生社会力量在国家与社会良性互动关系建构过程中的经验教训，在此基础上更好地揭示中国特色社会组织发展的规律性特征，从而为中国特色社会组织制度环境的创设提供坚实的理论支撑。

二 培育与规制：制度环境构建的双重任务

对于社会组织，目前依然存在"提防论"和"完美论"两种论调，要么认为社会组织是不稳定因素，应该予以提防；要么认为社会组织是社会管理创新的利器，应该无条件地予以扶持发展。实际上，社会组织具有双重作用，这也就决定了社会组织发展制度环境构建面临着双重任务：一方面，既要通过培育型制度环境的营建，为社会组织发展创造健康持续发展的条件；另一方面，也要通过规制型制度环境的营建，消除社会组织的负向功能，最大限度地发挥社会组织的积极作用，推进社会主义和谐社会建设。

（一）培育

社会组织是现代社会重大的组织创新与制度创新。无论是市民社会理论，还是市场失灵理论、政府失灵理论、合约失灵理论，抑或是新三元结构理论、新公共管理理论、公共物品理论，尽管其理论视角不同，甚至说还存在学科迥异的现象，但无一例外的是，这些理论都赋予社会组织以不少的价值期许。的确，"作为一种在公共部门和私人市场部门之间调节社会发展的组织制度设计"①，社会组织独具特色的社会功能、经济功能、文化功能、外交功能，使得社会组织在我国社会生活中的作用愈加重要。社会功能是社会组织的本质功能，社会组织主要活动在公益慈善、社会救助、扶贫开发、教育培训、医疗卫生、环境保护、科学研究、社区建设、行业发展等社会领域，其产生伊始即担负着利益协调、社会服务、社会治理、社会监督、维护社会公平正义的使命。而且，社会组织能够"极大地提高社会整体的组织化程度、形成分工合理的社会治理体系、提高社会运行的整体效能、加速改良原有的不良的社会要素和培育新的社会要素"②。就其经济功能而言，萨拉蒙通过对社会组织的国际比较研究发现，由于社会组织在就业和国家支出中占有非常重要的比例，所以社会组织除了发挥其社会和政治影响之外，还成为区域中的一种重要的经济力量。③当代中国社会组织发展状况同样表明，社会组织不仅能够在经济领域起到规范市场秩序、协调成员利益、制定行业标准、弥补市场失灵等作用，而且其在第三产业中的比重日渐提升，也成为提供就业岗位的新领域。就其文化功能而言，社会组织公益精神、志愿精神的倡导，对于公民意识培养、社会主义核心价值观弘扬、社会主义文化大发展大繁荣都能起到重要的推动作用。就其外交功能而言，我们可以看到，社会组织的对外交流，长期以来一直是我国民间外交的重要渠道。社会组织通过民间外交，能够在国际规则制定、国际交流合作、国际人道救助、知识产权保护、纠纷争端处理等方面发挥重要作用，推动中国与外部世界的沟通与理解，展示中国的和平发展价值理念，提升中国的国际形象和国际影响力。

然而，当前我国社会组织发展仍处于初级阶段，社会组织的培育

---

① 王名：《社会组织概论》，中国社会出版社2010年版，第21页。

② 谢舜：《从当代中国社会转型的视角分析非政府组织的社会功能》，《江汉论坛》2005年第1期。

③ 参见[美]萨拉蒙等《全球公民社会：非营利部门视界》，贾西津等译，社会科学文献出版社2007年版，第9页。

任务依然十分艰巨（参见图 7-1）。从数量上来说，要使社会组织规模尽可能满足经济社会发展需求；从类型上来说，要使社会组织类别尽可能涵盖社会多样化的需求；从资源供给上来说，要通过税收优惠、培育举措、权益保障等，从物质资源、人力资源、非物质资源等方面为社会组织发展提供便利；从其能力建设上来说，要使社会组织能够高质量地提供社会服务。

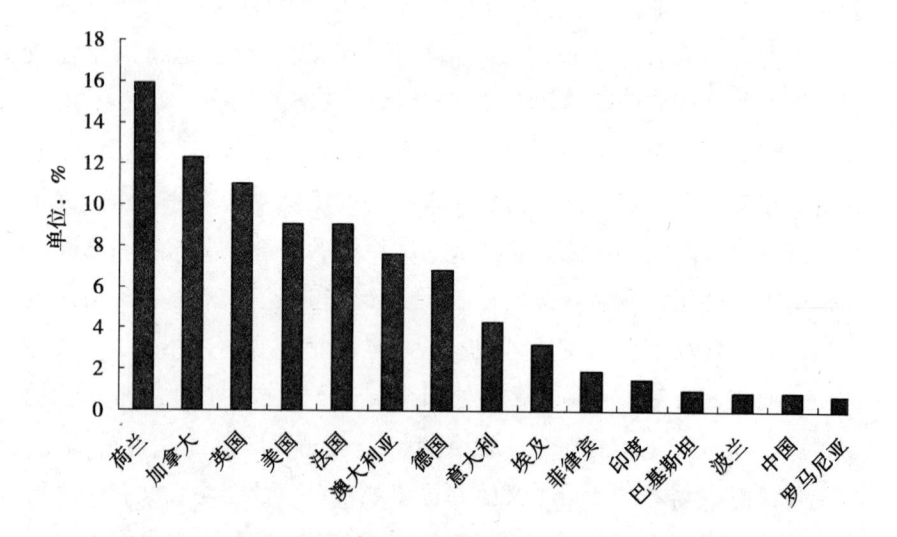

图 7-1　社会组织就业人数占经济活跃人口比例的国际比较

资料来源：国外数据来源于王浦劬、[美]萨拉蒙等《政府向社会组织购买公共服务研究：中国与全球经验分析》，北京大学出版社 2010 年版，第 203 页；中国数据来源于中华人民共和国民政部编《中国民政统计年鉴：中国社会服务统计资料（2015）》，中国统计出版社 2015 年版，第 13 页。

正因如此，加快推进中国特色社会组织发展，需要我们立足培育，进一步优化制度环境。政党—意识形态方面，要牢牢把握积极规范和主导社会组织发展的主动权，从控制、限制策略向培育策略转型，通过党的意识形态建设，在党的路线方针政策等方面加大党的政策供给。政府—法律法规方面，要形成培育型法律制度体系，明确界定社会组织的地位、权利义务及其与党和政府之间的关系；结合行政管理体制改革，推动政府职能转变以及企业分离社会功能等，统筹规划社会组织承载社会服务功能的问题；根据社会组织民间性、自治性、公益性等基本属性的特点，在税收等政策层面上，鼓励和支持发展行业性、公益性、慈善性的社会组织和协助政府进行社会管理、公共服务的社会组织；进行社会组织管理体制的改革创新，中国特色社会组织制度环境演化的历史经验表明，地方的创新探索对于全国整体性的改革创新具有降低改革成本、先行先试检验制度绩效、总结提升、公民文化引导等功效，因而要鼓励地方创新，甚至是在社会组织发达地区设立社会组织改革创新实验区，允许其大胆探索。社会—公民文化方面，要加大舆论引导，通过培育成功的社会组织及社会组织的自身建设努力、社会组织发达地区的示范效应的发挥、公共精神的培育、鼓励公民参与等，形成有利于社会组织发展的社会环境。

(二) 规制

对社会组织的规制，主要是因为以下方面。其一，社会组织与国家关系，并非天然的合作伙伴关系。当今世界，国家与社会组织的关系主要有对抗、制衡、从属、合作伙伴这样几种关系，在对抗型国家与社会组织关系的国家，社会组织往往又成为破坏社会稳定的"地雷"。托克维尔很早就已经指出："结社自由在一些国家可促进和加快繁荣，那么在另一些国家又可能因为滥用和歪曲结社自由而使它由积极因素变为破坏的原因。"[1] 也有一些西方学者在分析东欧解体中注意到社会组织与国家形成的对抗关系，认为"东欧政权的崩溃速率首先取决于'市民社会'的孕育成形，直至它足以达成与国家权威相抗衡的社会力量"[2]。从后来独联体国家的"颜色革命"，这种对抗关系再次得到印证。而且，社会组织往往成为国家之间意识形态交锋的载体，"西方敌对势力不断插手民间组织，企图把民间组织作为向我渗透的阵地，同我进行'合法'斗争，他们往往以资助、合作为

---

[1] [法] 托克维尔：《论美国的民主》上卷，董果良译，商务印书馆2011年版，第218页。

[2] 参见张静《国家与社会》，浙江人民出版社1998年版，第197页。

手段，实施其对我西化、分化的阴谋"①。其二，就社会组织本身而言，社会组织也并非天然的合法者。一方面，社会组织公益腐败现象屡见不鲜；另一方面，社会组织还有沦为利益集团的可能。美国日益发展的游说政治背后，就活跃着数量庞大的游说组织，它们"通过影响公共政策的制定来谋求集团的利益"②。警惕政府被利益集团绑架之说，实际上也反映出利益集团的活跃已经影响到公共政策制定的公平公正。其三，就社会组织的政治功能而言，社会组织的政治功能具有"双刃剑"作用。社会组织的非政府性抑或说是民间性，并非意味着社会组织并不具备政治功能。事实上，社会组织具有政治功能，政治功能是社会组织的衍生功能，这是正确看待和认识社会组织所不容忽视的。社会组织虽然是以社会功能为主导，但正如罗斯金所言，"即便是非政治性的团体也有着政治方面的内容"③。一方面，公民参加社会组织，必然带来政治参与的意愿和诉求；另一方面，国家也需要通过社会组织对社会实现有效控制和合理引导，社会组织组织化的行动"因其有社会整合和输入输出功能而具有政治性质"④。社会组织为了争取、实现和维护自身或成员利益，必然通过接近政府进行政治沟通、诉诸公众寻求社会支持或是监督制约公权力等方式，直接或间接地对政治体制的构成、运行方式、运行规则和政治决策产生影响，从而发挥其政治功能。当然，社会组织政治功能的发挥是一把"双刃剑"，它既可能与国家之间保持良性互动的关系，成为监督和制约国家权力的一把利器；也可能与国家之间形成一种对立与抗衡的

---

① 《民政部部长多吉才让在加强民间组织管理工作会议上的讲话》（1999年12月6日），载民政部民间组织管理局编《民间组织管理最新法规政策汇编》（内部资料），2000年6月，第137页。

② 张志尧：《西方国家政党政治与政治发展》，中国社会科学出版社2010年版，第67页。

③ ［美］罗斯金等：《政治科学》，林震等译，中国人民大学出版社2009年版，第205页。

④ 赵子陆：《论非政府组织与政治稳定的关系：基于国家与社会关系的分析》，《德宏师范高等专科学校学报》2007年第4期。

关系，成为经济社会发展中的不稳定因素。意大利共产党领袖、西方马克思主义的早期代表人物——安东尼奥·葛兰西（Antonio Gramsci, 1891—1937）在分析市民社会发展的历史阶段性时就注意到，市民社会是伴随着集体政治意识的发展而不断发展的。他认为，集体政治意识发展的最初阶段是"经济—团体阶段"。在这个阶段中，同业集团的成员只是出于狭隘的经济利益的诉求，而认识到了自身内部团结和组建同业公会的必要，但并未从更大的社会集团的视域出发。集体政治意识发展的第二阶段，虽仍然只是局限在经济范围内，并不触及现存根本制度，但此时的团体利益诉求开始"要求有参与立法和行政的权利"。集体政治意识发展的第三阶段，团体利益诉求进入了"十足的政治阶段"，不同的社会集团为了争取成为整个社会之主导力量，"开始彼此冲突，互相斗争"，最终形成"主导社会集团对许多从属社会集团的领导权"。[①]

因此，制度环境的优化，规范社会组织发展，同样十分重要。首先，国家与社会组织的关系，并非必然以对抗方式存在，才能寓示着一个国家政治文明的必然形态。中国特色社会组织不应是国家的对立面，而是与国家在根本利益上有着内在的一致性，这就有必要通过制度建设避免政治性判断标准这一不确定因素的干扰，使社会组织监管纳入科学化、规范化、法治化轨道。其次，从社会组织的自身建设来说，社会组织自律、他律机制的建设至关重要，因为无论对于党和政府而言，还是对于社会公众而言，一个具有公信力的社会组织场域，才是值得信赖和依托的。最后，从社会组织政治功能的发挥来说，可以以非政治化的方式，引导社会组织有序地参与政治，保持国家与社会组织的良性互动，以充分发挥社会组织的协同作用，增强社会自治功能。

培育与规制是社会组织制度环境表征的一体两面，两者并不是截

[①] 参见［意］《葛兰西文选》，国际共运史研究所编译，人民出版社1992年版，第372—373页。

然对立的，而是相容的。培育不足的规制会抑制社会组织发展，而规制不足的培育将会造成社会组织发展的失范。国家与社会组织的利益和目标不会完全自然地一致，要使社会组织的行为符合国家的整体利益，国家不但要推行有效的培育制度，而且要通过有效的管控系统来对其行为过程进行必要的监督和约束。

三 新型合作伙伴关系：制度环境构建的目标导向

现有理论多关注政府与社会组织关系。之于中国，妥善处理社会组织与执政党、政府之间的关系至关重要。中国特色社会组织的发展，绝非是要孕育一个与国家相抗衡的市民社会。在中国，市民社会与政治社会不是对立关系，两者之间的矛盾不是不可调和的，而是可以相互协调相互发展的。社会主义市民社会与中国特色社会主义制度的根本利益的一致，无论是国家与社会关系调整的"强国家—强社会"目标模式，还是"小政府—大社会"或者"有限政府"的公共治理目标取向，都使得国家与社会组织两者之间的内在张力可以得到协调。"在中国历史的发展中，'国家'与'社会'的关系一直维持着一种微妙的均衡状态……中国'国家'与'社会'的边界分立并非是绝对的，二者有实质性的关联。"[①] 因此，中国特色社会组织制度环境的构建，必须基于中国特殊的国情、历史、文化，形成政党、政府与社会组织之间的良性互动，塑造新型合作伙伴关系。

（一）政党、政府与社会组织的合作基础

1. 共同理想

马克思主义认为，人的发展与社会进步是紧密联系在一起的，社会进步为人的发展提供了必要的物质条件和现实基础，人的发展是社会进步的前提、基础和尺度，两者具有内在的一致性。坚持和发展中国特色社会主义，实现中华民族伟大复兴中国梦，是当代中国社会发

[①] 杨念群：《近代中国史学研究中的"市民社会"》，载张静主编《国家与社会》，浙江人民出版社1998年版，第204页。

展进步的旗帜,是全党全国各族人民的共同理想。中国梦把政党、政府和社会组织凝聚成为命运共同体,把国家利益、民族利益、政党利益、团体利益与每个人的具体利益都紧紧地联系在一起。共同的使命和共同的目标,使得政党、政府和社会组织应当而且完全可以秉承共同合作之原则,发挥各自力量为社会提供更多更好的公共服务,共同为弘扬社会主义核心价值观、实现中华民族伟大复兴的中国梦而努力。

2. 协同共治

国家治理现代化要求政党、政府、企业、社会组织等多元主体形成协同共治的"善治"模式。就社会领域而言,政党、政府、社会组织在满足社会服务需求或者说是公共物品的供给上,各具优势和劣势,如萨拉蒙在驳斥质疑政府与社会组织合作可能的阐述中即提道:"社会组织作为公共物品提供者的优点能很好地补充政府在提供和交付公共物品方面的局限性,而政府作为税收的发动者和社会福利权利的创造者能很好地补充社会组织在这些方面的局限。"[①] 这既显示出执政党、政府、社会组织是各种各样公共服务的有效组织方式,在各自领域发挥不同作用;而且,执政党、政府与社会组织的合作显示出它们互相依赖的逻辑结果,要求三者相互协同配合,从而达致"帕累托最优"。政党、政府是国家体系的主体。中国共产党不仅具有执政地位,而且拥有庞大的组织体系。据统计2014年,全国共有436万个基层党组织。[②] 覆盖各个领域的基层党组织,动员能力强。政府掌握国家机器、把持政权,拥有全国自上而下庞大而又周密的科层化行政系统,同时也是社会服务的主要供给者。但正如汉斯所说:"政府

[①] Lester M. Salamon and Stefan Toepler, "Goverment – Nonprofit Cooperation: Anomaly or Necessity?" *Voluntas International Journal of Voluntary & Nonprofit Organizations*, Vol. 26, No. 6, 2015.

[②] 中共中央组织部:《2014年中国共产党党内统计公报》,共产党员网(http://news.12371.cn/2015/06/29/ARTI1435581292563585.shtml)。

的角色不可取代,然而也并非已经完备。"① 各种具有非政府性、非营利性、公益性或互益性特征的社会组织,是社会体系的主体,协同政府提供社会服务,且在社会服务上具有独特作用。社会组织之于政党、政府,既是治理客体,也是治理主体。社会组织是自治性的组织,具有充分的自主权,与政党组织、政府组织是相对独立的、相对平等的治理主体,从而使得三者能够成为分工合作、各司其职、协同配合的合作伙伴。

3. 社会组织化

社会组织化是现代社会的基本特征。在高度复杂的现代社会,原子化的公民个体很难实现社会自组织的有效运行和进行政治参与。正如托克维尔所分析的那样,"他们几乎不能单凭自己的力量去做一番事业,其中的任何人都不能强迫他人来帮助自己。因此,他们如不学会自动地互助,就将全都陷入无能为力的状态"②。当下公民参与制度体系不健全与公民利益诉求难以满足之间矛盾的客观存在,一直是社会冲突频发的一大诱因。非组织化、非制度化、非理性方式的社会参与,不仅使社会背负较高的发展成本,而且背离公民有序政治参与的价值旨趣。与非组织化参与相比,组织化的参与方式"有能力提供一种更为可靠、更为有用的路径,来建构参与者、行动者与主顾的人类领域"③。因而,经由社会组织化,"使社会系统达到并充分发挥其预期的功能,使系统从组织无序、效率低下到组织有序、功能充分发挥"④,最终达致治理目标的实现成为一种必然选择。显然,社会组织并非社会组织化的唯一途径,但这是国家治理现代化的重要选项。

---

① [美]蒂芬·汉斯:《NGOs 在现代社会的角色》,朱健刚译,《学会》2006 年第 8 期。

② [法]托克维尔:《论美国的民主》下卷,董果良译,商务印书馆 2011 年版,第 637 页。

③ [法]克罗齐耶、费埃德伯格:《行动者与系统:集体行动的政治学》,张月等译,上海人民出版社 2007 年版,第 5 页。

④ 胡仙芝等:《社会组织化发展与公共管理改革》,群言出版社 2010 年版,第 10 页。

（二）政党、政府与社会组织的职能定位

厘清政党、政府、社会组织职能的边界，加快推进党政分开、政社分开、政企分开，明确政党、政府、社会组织各自在社会领域的活动空间，在社会治理与促进社会组织发展方面，行使各自权力，保障社会组织权益，从而构建政党、政府与社会组织合作共治的社会治理局面。

1. 政党

中国共产党是中国特色社会主义事业的领导核心，因而也具有领导中国特色社会组织发展的合法性。正如邓小平所说："在中国这样的大国，要把几亿人口的思想和力量统一起来建设社会主义，没有一个由具有高度觉悟性、纪律性和自我牺牲精神的党员组成的能够真正代表和团结人民群众的党，没有这样一个党的统一领导，是不可能设想的。"[①] 在党的领导框架内寻求社会组织与政党之间良性互动的合作关系，是一种必然选择。当代中国政党—政府—社会三元政治结构中，执政党的核心地位决定了其在社会组织发展制度环境创设中起着引领者与把关者的作用。这决定了执政党必然通过理论创新，加强党的意识形态建设，为引领社会组织发展提供理论支撑；与此同时，执政党应对其领导范畴进行必要限定，确保社会组织能够在党的领导之下在法律框架内自主活动。

2. 政府

"以暴力为后盾的自上而下的控制体系，使政府在执行上级命令时能够更为畅通，推广经验时更为彻底和迅速，其动员能力及其雷厉风行的执行力较之其他任何组织都更为突出。因此，只要拥有足够的行动动机，政府就可以凭借其强大的行政网络来完成既定的目标。"[②] 政府以管制、税收、购买服务等方式介入社会组织，也与社会组织一

[①] 《邓小平文选》第2卷，人民出版社1994年版，第341页。

[②] 康晓光等：《NGO与政府合作策略》，社会科学文献出版社2010年版，第11—12页。

起向社会提供公共服务。面对公民日益增长的公共物品的供给需求，政府能够在法律规制、资源供给、制度创新等方面提供较好支撑。政府担负着将党的意识形态转换为政府层面的法律法规的重要责任，从而为规范管理社会组织提供法律依据。与此同时，政府担负着规划、协调、指导、服务社会组织的职能，需要通过行政管理体制改革，把更多的精力放到宏观决策，并进一步理顺政府与社会组织之间的关系。此外，当代中国政府还面临着推进政社分开、政府职能转移的艰巨任务，政府能够通过政府机构改革，加快推进政府社会职能转移。

3. 社会组织

国家与社会的相对分离，可以使社会组织获得一定程度的自主性，而这种自主性恰恰是成就社会创新、活跃社会氛围、提升社会服务的必然需求。而且，实现政党、国家与社会之间的良性互动，社会组织独特的中介桥梁作用不可替代。社会组织是党和政府联系公民的中介和桥梁，能够把党和国家与社会紧密联系起来。相较于企事业单位、党政机构，社会组织与基层民主强烈的共生关系，使其具有整合社会积蓄力量的独特优势。而且，社会组织这种组织化、理性化、程式化的参与机制，"不仅释放了公民的利益主张和权利诉求，也实现了'积极公民'的民主参与价值，从而奠定了公共决策的合法性基础"[1]，有助于"公民性的养成"，能够"为民主化法治化的社会治理转型培育出社会基础"[2]。

（三）政党、政府与社会组织新型合作伙伴关系

政党、政府与社会组织职能的界定，越发使我们认识到中国特色社会组织的价值，以及其在社会生活中所能发挥的重要作用。通过政党、政府、社会组织三方共同努力，探索政党、政府与社会组织之间的良性互动机制，促进政党、政府与社会组织新型合作伙伴关系的形

---

[1] 陈金罗、刘培峰：《转型社会中的非营利组织监管》，社会科学文献出版社2010年版，第11页。

[2] 朱健刚：《社区组织化参与中的公民性养成：以上海一个社区为个案》，《思想战线》2010年第2期。

成，既是中国特色社会组织发展的必然要求，又是国家治理现代化的客观需要。

1. 政党

中国共产党担负好社会组织制度供给者、政治领导、基层党组织领导角色。其一，前瞻设计社会组织发展路线图，制定相关党的路线方针政策，为社会组织制度化政治参与谋篇布局并提供实施机制。其二，加强和改善党的领导，以统战部门代表各级党委主动沟通联系社会组织。其三，加强和改善社会组织党建工作，领导社会组织基层党组织发挥好基层党组织的战斗堡垒作用，党员发挥好先锋模范作用。党的根本宗旨、党员奉献社会的价值理念与社会组织服务社会的价值旨趣具有内在一致性。加强社会组织的党员发展工作，鼓励党员参与社会组织活动，当好社会服务的表率，既可以使党员通过社会组织更好地联系广大人民群众，也可以使党员在参与社会组织活动中实现自己的人生价值。

2. 政府

政府担负好社会组织制度供给者、社会组织管理者、社会组织服务者、社会组织资源供给者、社会服务基本供给者角色。其一，加强社会组织立法，提供系统完备的社会组织法律法规，形成现代社会组织的法治体制、监管体制、支持体制、合作体制、治理体制、运行体制；建立社会组织负面清单制度，社会组织法无禁止即可为，政府部门法无授权不可为。其二，建立政府职能部门与社会组织之间以服务为轴心的新型关系，以民政部门代表各级政府加强对各社会组织进行管理服务，进行社会组织登记注册、年度检查、日常监督检查；其他部门各司其职。尤其是现今大量存在的未登记注册社会组织，要尽快通过改革管理体制、加强对接服务、帮助顺利转型等方式，纳入规范管理渠道，而不是通过简单取缔或是默许的方式。其三，进一步释放社会空间，加快推进政府职能转型、事业单位改革、群众组织转型，加强社会服务的宏观调控功能，加大政府购买社会服务力度。其四，作为社会服务的基本供给者，政府与社会组织的社会服务领域必然可能发生交叉,政府不能成为社会组织社会服务的竞争者,而应是基本社会服务的保障者。

3. 社会组织

社会组织担负好社会服务提供者、制度环境优化的能动者、党和政府中介桥梁角色。其一,社会组织通过加强自身建设,充分发挥社会组织在人才和技术上的优势,积极承接转移职能,积极提供社会服务,以自主、创新和可持续的方式为社会提供更多优质的公共产品和社会服务,促进社会公平和推动社会善治,发挥好自身独特功能与作用。其二,通过实践创新能够为优化自身发展制度环境累积经验,并主动作为。其三,担负起党和政府联系公民的桥梁和纽带作用,凝聚民意,表达民意,同时化被动为主动,加强社会组织党建,党建与组织愿景使命实现并行不悖。

第三节 优化中国特色社会组织发展制度环境的具体对策

制度环境是一个整体,其优化应在顶层设计的基础上,从具体的制度安排创新上开始,保持正式制度与非正式制度的协同共进。

一 完善社会组织法律体系

"在发展阶段,在支持非营利部门发展的方向中,如果在法律制度上非营利法人的基本的原则完善,其结果,将会减少民间组织以及政府、社会的成本,为非常理想的方向。"[①]《宪法》实际上已经预留了社会组织发展足够的制度空间,但如何拓展社会组织发展自主性空间,需要党和国家把握社会组织建设的主动权,加强中国特色社会组织法律制度的顶层设计与系统建构,善于通过法律引导和管理社会组

---

① [日]冈室美惠子:《日本民间非营利部门的现状及其对中国的启示》,载中国物流与采购联合会编《全国省区市物流社团组织座谈会资料汇编》,2003年,第97页。

织。在现有行政法规的基础上，积极推动制定促进社会组织发展的系列法律法规，形成规范统一、层次不同、充满活力的社会组织法律法规体系，强化法律的严肃性、指导性和可操作性。形成以《宪法》为统领，以《结社法》《社会组织促进法》《涉外社会组织管理法》为主干，以行政法规和地方法规等为分支所共同构筑的完备的中国特色社会组织法律体系。如加快制定《结社法》《社会组织促进法》《行业协会商会法》《涉外社会组织管理法》，将公民结社和社会组织管理纳入法治轨道，保障公民的结社自由权利。1987年党的十三大曾提出制定《结社法》的立法任务，随后，民政部启动了《结社法》起草工作，并于1993年报送国务院，[①] 但此后《结社法》的立法工作一直处于停滞状态。加快出台有序引导公民结社活动的实体法，使之与宪法相互衔接，有利于形成一个稳固的社会组织发展支持性制度环境。与此同时，可以借鉴发达国家经验，制定统一的关于社会组织的法律，如出台《社会组织促进法》，明晰社会组织的设立宗旨、功能定位、基本权利和义务、登记管理、法律责任监管办法等，引导社会组织有序承接政府公共服务方面的职能，提高社会组织政治地位，为社会组织的建设和管理提供法律依据。与行政法规相适应的地方性法规和各种具体的规章制度，是社会组织法律体系必不可少的重要组成部分，地方立法既为国家立法奠定基础，又为社会组织发展提供更多创新动力。同时，完善社会组织扶持政策体系，推动政府部门向社会组织转移职能，向社会组织开放更多的公共资源和领域；建立健全政府购买社会服务的招标、委托、代理等办法，形成扩大政府购买服务力度和领域的常态机制；健全税收优惠政策，扩大税收优惠种类和范围；通过社会工作专业人才社会保障制度的完善，吸引更多优秀人才加入社会组织，促进社会组织更好、更快发展。

[①] 《民政部杨衍银副部长在北京市第三次社会团体管理工作会议上的讲话》（1993年12月4日），载民政部社团管理司管理处编《社会团体管理工作手册》（内部资料），1996年7月，第122页。

二 进行社会组织管理体制改革

部分社会组织直接登记的创新尝试,寓示着社会组织管理体制改革创新的开启。国外社会组织管理的诸多经验亦启迪我们,社会组织的管理重心应由入口向过程转移。首先,实行社会组织直接登记制度。社会组织的准入制度对于社会组织规范有序管理确属必要。但是,过分倚重严格的准入制度来进行社会组织管理,既有悖于社会组织管理之初衷,更无益于适应经济社会发展的需要,促进社会组织的快速发展。放宽社会组织准入制度,实行社会组织登记注册由双重许可向直接登记转变,简便社会组织法律合法性的获得,将大量客观存在的具备社会合法性和政治合法性的"非法"社会组织纳入统一规范管理的范畴,这既有利于社会组织的规范有序管理,又有利于增强法律的严肃性。其次,加快推进群团改革和事业单位改革,让群团组织和一些本该属于社会组织范畴的事业单位回归社会组织本原,实行统一规范的社会组织管理体制,创造社会组织规范一致、公平竞争的制度环境,激发社会组织活力。最后,实行社会组织政府间接管理,社会组织规模的扩张,使得政府对社会组织的直接管理越发流于形式,这必然要求政府转变管理方式,通过"建立稳定有效的激励机制、约束机制以及严格的事后处罚机制"[1],加强社会组织的过程管理,形成统一登记、各司其职、协调配合、分级负责、依法监管的社会组织治理格局。

三 建立枢纽型服务机制

社会组织服务社会组织机制,是国际上较为通行的方法。如澳大利亚即存在不少社会组织的同业组织,起着"帮助非营利组织维护合法权益,协助非营利组织开展工作,同时又协助政府监督管理非营利

---

[1] 侯安琪:《慈善组织准入的法律规制:兼论慈善组织准入制度的价值取向》,《社会主义研究》2010年第5期。

组织，促进非营利组织的自律"①作用。中国的社会组织目前尚缺乏一个整合的纽带，因而虽然作为学术研究而将之概括为一个整体，而事实上，这个整体的抽象性远大于其实际的存在。在国家与社会这个宏大的关系命题中，社会是离散型的。而且，就基层社会的运作而言，还有许多西方社会组织所具有的职能，实际上早已为执政党的基层组织和城乡基层的自治组织所担负。因而，社会组织要成为一支有效的社会力量，其自身的整合问题，及如何妥善处理其与基层党组织、基层自治组织、群众组织等方面的关系，这是中国特色社会组织发展不容回避的一个话题。基于中国目前的社会组织发展格局，建立枢纽型社会组织，形成枢纽型服务机制，较为现实可行。枢纽型社会组织是"对同类别、同性质、同领域社会组织进行联系、服务和管理，在政治上发挥桥梁纽带作用、在业务上处于龙头地位、在管理上承担业务主管职能的联合性社会组织"②。现有的一些人民团体，如共青团、工会、妇联、工商联，均可以转型为枢纽型管理服务机构。这些人民团体有着覆盖城乡的发达组织网络，积累了一定的社会组织管理服务经验，而且有着长期的与党和政府合作的历史渊源，相互之间建立了良性互动机制。因而，随着社会组织直接登记注册制度的推行，通过人民团体转型与枢纽型社会组织创建，发挥枢纽型社会组织在国家与社会组织关系中的桥梁与纽带作用，形成国家管理体系之外整合、支持、服务、规范和引导社会组织的又一运行机制，实现社会组织的健康有序发展。

四 完善社会组织监管体系

完善法律监督、行政监督、社会监督与自我监督四位一体的社会组织综合监管体系，实现内部约束机制与外部约束机制相互制衡、协

---

① 廖鸿等：《澳大利亚非营利组织》，中国社会出版社2011年版，第116—117页。
② 《北京市关于构建市级"枢纽型"社会组织工作体系暂行办法》，北京通州区社会办网（http://shgw.bjtzh.gov.cn）。

调运行。法律监督重在科学立法、严格执行,要加快社会组织立法,完善社会组织监管的法律体系,并严格依法监管,做到有法必依,从而逐步规范社会组织依法监管的法治秩序。行政监督重在事中事后有效监管,需要通过社会组织管理体制改革,完善年度检查制度、重大活动报告制度、财务审计制度,进一步依法强化社会组织日常监管,及时查处社会组织违法行为和非法社会组织,逐步建立健全社会组织综合监管格局,形成有关部门齐抓共管的局面。社会监督重在透明公开,社会组织评估引入第三方评估机制,进一步扩大评估覆盖面和提升评估结果的科学性,强化评估结果的公信力;适应大数据时代的需要,建立全国统一的社会组织数据采集与查询系统,实现社会组织登记注册、年度检查、评估结果、重大活动、机构设置、财务运行等基本信息及时汇总、动态更新,以大数据分析等方式为社会组织规范化管理、便利社会公众有效监督提供有力支撑。同时,随着公民参与热情和参与程度的提升,公民参与的方式也由既往的单一式参与、介入式参与逐步深入到决策性参与,甚至是一体化参与。[①] 因而,通过建立良好的公众监督和舆论监督机制,"加大公众监督力度,实现公众监督从边缘到常态的转变,使公众成为社会组织的监督者与积极参与者,营造公开、透明的良性运作环境"[②],尤为必要。

五 引导社会组织有序政治参与

政治参与有工具性参与、发展性参与、沟通性参与三种方式。工具性参与旨在促进或维护参与者利益;发展性参与旨在提升"参与者普遍的道德、社会和政治诸方面的觉悟";沟通性参与旨在"促进公共利益"。[③] 大部分经验研究表明,社会组织的政治参与基本上都是

[①] 参见陈津利《中国慈善组织个案研究:慈善组织的成功、策略和公众参与》,中国社会出版社 2008 年版,第 51 页。

[②] 诸彦含:《建立健全现代社会组织体制》,《光明日报》2014 年 3 月 1 日。

[③] [英]波格丹诺主编:《布莱克维尔政治制度百科全书》,邓正来译,中国政法大学出版社 2010 年版,第 494 页。

工具性参与。然而,政治参与非仅限于此,政治参与同时还是一个政治社会化的过程,社会组织政治参与的工具性参与、发展性参与、沟通性参与的多元发展,既是彰显社会组织非政治化参与目标取向的需要,更是国家与社会组织之间良性互动的基础。社会组织政治参与的非政治化,是指社会组织在进行政治参与活动时,其价值取向是旨在促进或维护参与者利益、提升参与者普遍的道德、社会和政治诸方面的觉悟和促进公共利益,并非为了达到某种政治目的,也并非意味着其要朝着政治组织的方向发展。马克思在分析市民社会时就指出,在社会组织即市民社会的组织中,公民"作为一个私人处于国家之外:这种社会组织不触及政治国家本身"[①]。社会组织政治参与应是其社会功能的延展,不能以政治参与的必要性而忽视社会组织的本质属性和本质功能,同样,也不能以非政治化的方向而忽视社会组织政治参与的必要性。毕竟,"社会组织一旦丧失了公共性品格,其价值诉求难免蜕化成为虚假的符号,其生存和发展也将步履维艰"[②]。党的十八届三中全会通过的《中共中央关于全面推进依法治国若干重大问题的决定》提出,要"建立健全社会组织参与社会事务、维护公共利益、救助困难群众、帮教特殊人群、预防违法犯罪的机制和制度化渠道"[③]。亨廷顿认为,"制度就是稳定的、受珍重的和周期性发生的行为模式","制度化是组织和程序获取价值观和稳定性的一种进程"。[④] 非制度化参与、去政治性的策略选择,是社会组织为了自身生存发展适应选择性支持环境的暂时状态。引导社会组织健康发展,必然要求建立社会组织依法参政议政机制,使社会组织以一种相对稳定、常态

[①] 《马克思恩格斯全集》第3卷,人民出版社2002年版,第96页。

[②] 崔月琴、袁泉:《转型期社会组织的价值诉求与迷思》,《南开学报》(哲学社会科学版)2013年第3期。

[③] 《中共中央关于全面深化改革若干重大问题的决定》,《人民日报》2013年11月16日。

[④] [美]亨廷顿:《变化社会中的政治秩序》,王冠华等译,上海人民出版社2008年版,第10页。

化、可持续的制度化参与方式进行政治参与,从而避免国家与社会组织互相心存芥蒂。一是充分发挥党的领导、人民当家作主、依法治国对于社会组织政治参与的指导作用,通过坚持和完善党代表大会制度、人民代表大会制度、多党合作与政治协商制度,逐年增加社会组织代表人士在党代会代表、人大代表、政协委员中的比例,甚至直接设立社会组织界别,积极引导社会组织有序参政议政。二是建立重大决策征询社会组织意见制度,就经济社会发展重大问题和关涉群众切身利益的实际问题,充分发挥社会组织在重大决策的制定、执行、监督和评估中专业性强的优势,加强国家与社会组织之间的对话协商,以进一步完善重大决策信息和智力支持系统,增强重大决策透明度和社会组织参与度。三是完善基层民主制度,以扩大公民有序政治参与、推进信息公开、加强议事协商、强化权力监督为重点,充分发挥社会组织协同作用,增强社会自治功能,推进基层协商制度化、规范化和科学化。

六 注重社会组织能力建设

"工欲善其事,必先利其器。"社会组织社会治理主体力量的展现,最为关键的是社会组织自身能力的发挥。社会组织能力是"社会组织形成组织与环境的良性互动,获得竞争优势,有效履行组织使命,确保组织可持续发展,为社会提供公益服务的能力"[①]。社会组织能力,可以分解为社会组织的战略规划能力、组织治理能力、资金募集能力、专业社会服务能力。注重社会组织能力建设,需要引导社会组织以社会组织章程为依据,完善权责明确、运转协调、有效制衡的法人治理结构,建立健全议事决策、民主选举、机构运行、财务资产管理、人力资源管理、信息公开等有关制度,明确会员大会、董事会、理事会、监事会和管理机构的职责,形成董事会、理事会、监事会相互制约又协同配合的社会组织内部治理机制,并紧紧围绕组织愿

---

① 马庆钰等:《社会组织能力建设》,中国社会出版社2011年版,第17页。

景和使命，通过持续的社会服务供给，发挥自身作用，形成良性的发展动力。"社会组织的功能主要集中在四大领域，即政府力量不及的领域、政府改革中职能转移或退出的领域、社会变革中的新生需求领域以及市场机制不能发挥作用的领域。"① 政府力量不及的领域，社会组织能否有效填补空白；政府改革中职能转移或退出的领域，社会组织能否有效承接相应职能；社会变革中的新生需求领域，社会组织能否有效提供创新的公共服务产品；市场机制不能发挥作用的领域，社会组织能否有效跟进，担负社会责任和形成民生诉求的社会支持，这是社会组织能力发挥的主要场域，亦是社会组织能力检验的舞台。

七 加强公共精神培育

社会组织制度环境的优化，离不开公民文化的发展。公民文化的发展，公共精神的孕育，是社会组织发展的重要基础，也是社会变革的重要前提。"当一个领域的个体有共识时，一致的意识形态就会出现，而歧异的意识形态源于对现实感知的差异和矛盾。"② "仅仅有各种各样的 NGO、NPO 组织是不够的，我们还要看这些组织是否和'公民资格'的生产相关。"③ "不生产'公民资格'的组织不过是一大堆没有意义的空壳而已，它们是真正的'形同质异'。"④ 尽管中国并没有结社与自治的传统，也缺少西方长期的以慈善为代表的公共精神的熏陶；但公益精神、公益文化并非西方独有，中国传统文化中也包含许多具有利他主义因素的公益精神和公益文化，如儒家主张"仁者爱人"，而且特别强调要"推己及人"，"老吾老以及人之老，幼吾

---

① 诸彦含：《建立健全现代社会组织体制》，《光明日报》2014 年 3 月 1 日。

② 参见 [美] 诺思《经济史中的结构与变迁》，陈郁等译，上海三联书店、上海人民出版社 1994 年版，第 229 页。需要说明的是，诺思的"意识形态"概念与本书使用的"社会—公民文化"是一个较为接近的概念。

③ 沈原：《公民资格建设是"和谐社会"的基本依据》，《社会学研究》2007 年第 2 期。

④ 同上。

幼以及人之幼","德业相劝、过失相规、礼俗相交、患难相恤"。进一步挖掘这些宝贵的精神资源,以公共精神培育为重点,培育与弘扬社会主义核心价值观,能够营造中国特色社会组织发展的良好社会文化氛围。而且,社会组织是社会教育系统的重要载体,本身具有公民素养教化功能,对公民素质提升具有重要作用。公民作为一个政治权利主体,凭借隐约萌动的公共参与精神,通过社会组织切实参与社会政治生活和公共生活,能够充分感受到自身的责任,有助于唤起和形成与社会主义市场经济体制相适应的公民意识。"经验分享能增进社会黏性,帮助解决共同的问题,鼓励人民视他人为同胞,有时还能确保人们对真正的问题和需求有所反应,甚至帮助他人认同自己。"①

---

① [美]桑斯坦:《网络共和国:网络社会中的民主问题》,黄维明译,上海人民出版社2003年版,第74页。

结　　语

　　从柏拉图的哲学王、马基雅弗利的君主、卢梭的仁君,到莫尔的乌托邦,再到马克思的共同体,对理想社会的向往,莫不引人关注:谁之治理?谁能治理?如何治理?

　　党的十八届三中全会提出了"国家治理体系与治理能力现代化"这一重大命题,中国由此迈出了走向治理时代的新步伐。现代国家治理愈加强调公民的个体自觉与充分发挥社会组织等多元治理主体的作用。

　　当代中国社会组织发展的历史逻辑表明,中国特色社会组织的产生与发展,与其制度环境演进密切相关。新中国成立以来,社会组织的发展始终伴随着其制度环境的演化而不断变化。新中国成立初期,在与计划经济体制相适应的全能主义政治形态下,党和政府成为社会治理的主体,社会组织的发展受到严重抑制。改革开放以来,随着社会主义市场经济体制逐步确立以及政治环境、社会生活、文化观念的变化,社会组织发展的制度环境有了较大变化,党和政府不断出台相关的路线方针政策、法律法规,不断调整社会组织治理手段和治理策略,为社会组织发展提供了制度性保障,促进了中国特色社会组织的形成和发展。

　　当代中国社会组织制度环境依循总体型制度环境→依附型制度环境→分离型制度环境→协同型制度环境的轨迹演进;与之相呼应,社会组织也朝着准政府化→功能化→专业化→自主化的角色演变,社会组织在国家治理,尤其是社会治理中的作用越发凸显。循其根本,制度环境演化与中国特色社会组织发展的轨迹,既与党的执政理念的不断更新有着密切的关系，与市场经济的不断深入有着密切的关系，与政治体制改革的不断推进有着密切的关系，也与公民意识的不断发展有着密切的关系。

制度环境的不断演化，推动了中国特色社会组织的发展；而中国特色社会组织的不断发展，也推进了制度环境的不断优化，中国特色社会组织发展与制度环境优化之间的双向建构关系，是中国特色社会组织制度环境演化的一个基本逻辑。

中国特色社会组织的发展，伴随着中国公民意识唤起的进程。中国从过去的"臣民社会"，转型到"人民社会"，抑或是"市民社会"，都极大地唤起了人们的公民意识。对人的解放，对个体权利的承认，对社会权力的重构，党和政府逐渐从社会领域退守，使得社会组织得以崛起，社会力量得以彰显，由此推动了公民结社与社会参与的自觉自为。

历经风雨，艰难探索，当代中国现代化的努力，中国正在融入世界，世界也在见证中国。富强、民主、文明、和谐，国家繁荣富强的蓝图愈加清晰；自由、平等、公正、法治，社会互助共建的感受愈加真切；爱国、敬业、诚信、友善，公民豪迈自信的步伐愈加坚定。

"无穷的远方，无数的人们，都和我有关。"[①] 本书行将结束之际，恰恰迎来《中华人民共和国慈善法》经十二届全国人大四次会议审议通过。我们深信，随着国家治理现代化步伐的加快，中国特色社会组织作为社会主义现代化建设多元治理主体之重要一维，其制度环境将日益完善，其地位将日益凸显，其作用将日益发挥。在执政党—政府—社会组织新型合作伙伴关系下，一个协同共治的局面，值得我们期许。

[①] 鲁迅：《这也是生活》，载《鲁迅全集》第6卷，人民文学出版社1981年版，第601页。

参考文献[①]

一 著作

（一）经典著作

[1]《马克思恩格斯选集》第1卷，人民出版社1995年版。
[2]《马克思恩格斯选集》第2卷，人民出版社1995年版。
[3]《马克思恩格斯选集》第4卷，人民出版社1995年版。
[4]《马克思恩格斯全集》第1卷，人民出版社1995年版。
[5]《马克思恩格斯全集》第3卷，人民出版社2002年版。
[6]《马克思恩格斯文集》第4卷，人民出版社2009年版。
[7]《列宁选集》第1卷，人民出版社1995年版。
[8]《列宁选集》第2卷，人民出版社1995年版。
[9]《列宁选集》第3卷，人民出版社1995年版。
[10]《列宁选集》第4卷，人民出版社1995年版。
[11]《列宁全集》第24卷，人民出版社1990年版。
[12]《列宁全集》第25卷，人民出版社1988年版。
[13]《毛泽东选集》第1卷，人民出版社1991年版。
[14]《毛泽东文集》第1卷，人民出版社1993年版。
[15]《毛泽东文集》第3卷，人民出版社1996年版。

[①] 参考文献依照著作、论文、报纸、网络分类尽可能地按姓氏拼音排序，本书最终完成正是得益于众多前人的研究成果，因此尽可能地详列，但仍难以穷尽，谨致谢意并敬请谅解。

[16]《毛泽东文集》第 5 卷, 人民出版社 1996 年版。

[17]《毛泽东文集》第 6 卷, 人民出版社 1999 年版。

[18]《毛泽东文集》第 7 卷, 人民出版社 1999 年版。

[19]《毛泽东文集》第 8 卷, 人民出版社 1999 年版。

[20]《邓小平文选》第 2 卷, 人民出版社 1994 年版。

[21]《邓小平文选》第 3 卷, 人民出版社 1993 年版。

[22]《江泽民文选》第 1 卷, 人民出版社 2006 年版。

[23]《江泽民文选》第 2 卷, 人民出版社 2006 年版。

[24]《江泽民文选》第 3 卷, 人民出版社 2006 年版。

[25]《习近平谈治国理政》, 外文出版社 2014 年版。

[26]《刘少奇选集》下卷, 人民出版社 1985 年版。

(二) 文献资料

[1] 中共中央文献研究室编:《建国以来重要文献选编》第 1 册, 中央文献出版社 1992 年版。

[2] 中共中央文献研究室编:《建国以来重要文献选编》第 10 册, 中央文献出版社 1994 年版。

[3] 中共中央文献研究室编:《建国以来重要文献选编》第 19 册, 中央文献出版社 1997 年版。

[4] 中共中央组织部、中共中央党史研究室、中央档案馆编:《中国共产党组织史资料》第 9 卷, 中共党史出版社 2000 年版。

[5] 中共中央文献研究室编:《十三大以来重要文献选编》上册, 人民出版社 1991 年版。

[6] 中共中央文献研究室编:《十六大以来重要文献选编》上册, 中央文献出版社 2005 年版。

[7] 中共中央文献研究室编:《十六大以来重要文献选编》中册, 中央文献出版社 2006 年版。

[8] 中共中央文献研究室编:《十六大以来重要文献选编》下册, 中央文献出版社 2011 年版。

[9] 中共中央文献研究室编:《十七大以来重要文献选编》上册, 中

央文献出版社 2009 年版。

[10] 中共中央文献研究室编：《十七大以来重要文献选编》中册，中央文献出版社 2011 年版。

[11] 中共中央文献研究室编：《十七大以来重要文献选编》下册，中央文献出版社 2013 年版。

[12] 中央档案馆、中共中央文献研究室编：《中共中央文件选集》第 6 册，人民出版社 2013 年版。

[13] 中央档案馆编：《中共中央文件选集》第 7 册，中共中央党校出版社 1991 年版。

[14] 中央档案馆编：《中共中央文件选集》第 13 册，中共中央党校出版社 1991 年版。

[15] 中华人民共和国民政部编：《中国民政统计年鉴（2009）》，中国统计出版社 2009 年版。

[16] 中华人民共和国民政部编：《中国民政统计年鉴（2010）》，中国统计出版社 2010 年版。

[17] 中华人民共和国民政部编：《中国民政统计年鉴：中国社会服务统计资料（2011）》，中国统计出版社 2011 年版。

[18] 中华人民共和国民政部编：《中国民政统计年鉴：中国社会服务统计资料（2012）》，中国统计出版社 2012 年版。

[19] 中华人民共和国民政部编：《中国民政统计年鉴：中国社会服务统计资料（2013）》，中国统计出版社 2013 年版。

[20] 中华人民共和国民政部编：《中国民政统计年鉴：中国社会服务统计资料（2014）》，中国统计出版社 2014 年版。

[21] 中华人民共和国民政部编：《中国民政统计年鉴：中国社会服务统计资料（2015）》，中国统计出版社 2015 年版。

[22] 中央办公厅法规室等编：《中国共产党党内法规选编（1978—1996）》，法律出版社 2000 年版。

[23] 中央办公厅法规室等编：《中国共产党党内法规选编（1996—2000）》，法律出版社 2001 年版。

[24] 中共中央文献研究室编：《刘少奇年谱》（下），中央文献出版社1996年版。

[25] 李桂才主编：《中国工会四十年资料选编（1948—1988）》，辽宁人民出版社1990年版。

[26] 中共中央党史研究室第一研究部编：《李立三百年诞辰纪念集》，中共党史出版社1999年版。

[27] 中国工运学院编：《李立三赖若愚论工会》，档案出版社1987年版。

[28] 全国工商联文史办公室编：《中华全国工商业联合会重要历史文献选编（1953—1993）》，中华工商联合出版社1993年版。

[29] 中共中央统一战线工作部、中共中央文献研究室编：《新时期统一战线文献选编》续编，中共中央党校出版社1997年版。

[30] 国务院法制局编：《中华人民共和国法规汇编（1989年1月—12月）》，中国法制出版社1990年版。

[31] 国务院法制办公室编：《中华人民共和国法规汇编》第5卷，中国法制出版社2005年版。

[32] 国务院法制办公室编：《中华人民共和国法规汇编》第6卷，中国法制出版社2005年版。

[33] 国务院法制办公室编：《中华人民共和国社会管理法典》，中国法制出版社2014年版。

[34] 国家民间组织管理局编：《社会组织管理政策法规选编》，华龄出版社2010年版。

[35] 《中国民间组织年志》首卷，中国社会出版社2005年版。

[36] 吴玉章主编：《中国民间组织大事记：1978—2008》，社会科学文献出版社2010年版。

[37] 金锦萍等主编：《外国非营利组织法译汇》，北京大学出版社2006年版。

[38] 金锦萍等主编：《外国非营利组织法译汇（2）》，社会科学文献出版社2010年版。

（三）中文论著

[1] 中共中央党史研究室：《中国共产党历史》第 2 卷，中共党史出版社 2011 年版。

[2] 毕监武：《社团革命：中国社团发展的经济学》，山东人民出版社 2003 年版。

[3] 蔡磊：《非营利组织基本法律制度研究》，厦门大学出版社 2005 年版。

[4] 蔡勤禹：《民间组织与灾荒救治：民国华洋义赈会研究》，商务印书馆 2005 年版。

[5] 陈宝良：《中国的社与会》，浙江人民出版社 1996 年版。

[6] 陈沸：《非营利组织战略管理问题研究》，黑龙江人民出版社 2003 年版。

[7] 陈华：《吸纳与合作：非政府组织与中国社会管理》，社会科学文献出版社 2011 年版。

[8] 陈金罗：《社团立法与社团管理》，法律出版社 1997 年版。

[9] 陈金罗、刘培峰：《转型社会中的非营利组织监管》，社会科学文献出版社 2010 年版。

[10] 陈津利：《中国慈善组织个案研究：慈善组织的成功、策略和公众参与》，中国社会出版社 2008 年版。

[11] 陈晓春：《市场经济与非营利组织》，湖南人民出版社 2001 年版。

[12] 陈宪、徐中振：《体制转型与行业协会：上海培育和发展行业协会研究报告》，上海大学出版社 1999 年版。

[13] 褚松燕：《中外非政府组织管理体制比较》，国家行政学院出版社 2008 年版。

[14] 邓国胜：《非营利组织评估》，社会科学文献出版社 2001 年版。

[15] 邓伟志：《创新社会管理体制》，上海社会科学院出版社 2008 年版。

[16] 邓正来：《国家与市民社会》，中央编译出版社 1999 年版。

[17] 邓正来：《国家与社会：中国市民社会研究》，北京大学出版社 2008 年版。

[18] 丁元竹等：《中国志愿服务研究》，北京大学出版社 2007 年版。

[19] 范丽珠：《全球化下的社会变迁与非政府组织（NGO）》，上海人民出版社 2003 年版。

[20] 范如国：《制度演化及其复杂性》，科学出版社 2011 年版。

[21] 方福前：《公共选择理论》，中国人民大学出版社 2000 年版。

[22] 费孝通：《乡土中国·生育制度》，北京大学出版社 1998 年版。

[23] 《费孝通文集》第 1 卷，群言出版社 1999 年版。

[24] 高丙中、袁瑞军：《中国公民社会发展蓝皮书》，北京大学出版社 2008 年版。

[25] 高红、高青：《非营利组织与公共事务社会化管理模式的选择》，南京大学出版社 2005 年版。

[26] 郭道晖：《社会权力与公民社会》，译林出版社 2009 年版。

[27] 郭文亮等：《当代国外社会主义意识形态发展导论》，人民出版社 2010 年版。

[28] 高国舫：《新经济社会组织党建研究》，中共中央党校出版社 2006 年版。

[29] 郭国情：《现代非营利组织研究》，首都师范大学出版社 2001 年版。

[30] 龚咏梅：《社团与政府的关系：苏州个案研究》，社会科学文献出版社 2007 年版。

[31] 顾建键：《非政府组织的发展与管理：中国和加拿大比较研究》，上海交通大学出版社 2009 年版。

[32] 何增科：《公民社会与第三部门》，社会科学文献出版社 2000 年版。

[33] 何增科：《公民社会与民主治理》，中央编译出版社 2007 年版。

[34] 何宗美：《明末清初文人结社研究》，南开大学出版社 2003 年版。

[35] 侯小状:《打开另一扇门:中国社团组织的现状与发展》,群众出版社 2003 年版。

[36] 黄浩明:《非营利组织战略管理》,中国人民大学出版社 2003 年版。

[37] 黄晓勇:《中国民间组织报告(2008)》,社会科学文献出版社 2008 年版。

[38] 黄晓勇:《中国民间组织报告(2009—2010)》,社会科学文献出版社 2009 年版。

[39] 黄晓勇:《中国民间组织报告(2011—2012)》,社会科学文献出版社 2012 年版。

[40] 胡鞍钢等:《第二次转型:国家制度建设》,清华大学出版社 2009 年版。

[41] 胡仙芝等:《社会组织化发展与公共管理改革》,群言出版社 2010 年版。

[42] 贾西津等:《转型时期的行业协会:角色、功能与管理体制》,社会科学文献出版社 2004 年版。

[43] 贾西津:《第三次改革:中国非营利部门战略研究》,清华大学出版社 2005 年版。

[44] 景跃进:《政治空间的转换——制度变迁与技术操作》,中国社会科学出版社 2004 年版。

[45] 荆新:《非营利组织会计准则理论框架》,清华大学出版社 1997 年版。

[46] 康晓光:《权力的转移——转型时期中国权力格局的变迁》,浙江人民出版社 1999 年版。

[47] 康晓光:《扶贫行为研究》,中国经济出版社 2001 年版。

[48] 康晓光等:《NGO 与政府合作策略》,社会科学文献出版社 2010 年版。

[49] 康晓光等:《依附式发展的第三部门》,社会科学文献出版社 2011 年版。

［50］康晓强：《公益组织与灾害治理》，商务印书馆 2011 年版。

［51］李本公：《国外非政府组织法规汇编》，中国社会出版社 2003 年版。

［52］李军林：《制度变迁的路径分析》，经济科学出版社 2002 年版。

［53］李立志：《变迁与重建：1949—1956 年的中国社会》，江西人民出版社 2002 年版。

［54］李路路、李汉林：《中国的单位组织》，浙江人民出版社 2000 年版。

［55］李强：《当代中国社会分层与流动》，中国经济出版社 1993 年版。

［56］李永忠：《中国社会组织发展研究》，中国书籍出版社 2012 年版。

［57］李珍刚：《当代中国政府与非营利组织互动关系研究》，中国社会科学出版社 2004 年版。

［58］黎熙元、姚书恒：《港澳非营利组织发展比较研究》，中国社会科学出版社 2013 年版。

［59］梁漱溟：《中国文化要义》，上海人民出版社 2005 年版。

［60］林伯承：《人权的发展与非政府组织》，新世界出版社 2005 年版。

［61］林尚立：《当代中国政治形态研究》，天津人民出版社 2000 年版。

［62］林尚立：《中国共产党与国家建设》，上海人民出版社 2009 年版。

［63］林毅夫：《再论制度、技术与中国农业发展》，北京大学出版社 2000 年版。

［64］刘春湘：《非营利组织治理结构》，中南大学出版社 2007 年版。

［65］刘华光：《商会的性质、演进与制度安排》，中国社会科学出版社 2009 年版。

［66］刘玉能等：《民间组织与治理：案例研究》，社会科学文献出版

社 2012 年版。

[67] 刘贞晔：《国际政治领域中的非政府组织：一种互动关系的分析》，天津人民出版社 2005 年版。

[68] 卢现祥：《西方新制度经济学》，中国财政经济出版社 2000 年版。

[69] 卢宪英、韩恒：《非营利组织前沿问题研究》，郑州大学出版社 2010 年版。

[70] 廖鸿等：《澳大利亚非营利组织》，中国社会出版社 2011 年版。

[71] 廖鸿等：《国外非营利组织管理创新与研究》，中国言实出版社 2011 年版。

[72] 陆明远：《培育与规制：中国政府的社会管理模式研究》，天津人民出版社 2010 年版。

[73] 陆晓文：《社会建设：世界经验与中国道路》，上海人民出版社 2007 年版。

[74] 罗峰：《嵌入、整合与政党权威的重塑：对中国执政党、国家和社会关系的考察》，上海人民出版社 2009 年版。

[75] 马长山：《国家、市民社会与法治》，商务印书馆 2002 年版。

[76] 马庆钰：《中国非政府组织发展与管理》，国家行政学院出版社 2007 年版。

[77] 马庆钰等：《社会组织能力建设》，中国社会出版社 2011 年版。

[78] 孟令君：《中国民间组织管理概论》，中国言实出版社 2001 年版。

[79] 孟昭华、王涵：《中国民政通史》（下），中国社会出版社 2006 年版。

[80] 尚晓援：《冲击与变革：对外开放中的中国公民社会组织》，中国社会科学出版社 2007 年版。

[81] 盛红生、贺兵：《当代国际关系中的"第三者"：非政府组织问题研究》，时事出版社 2004 年版。

[82] 沈恒超等：《转型时期的行业协会：角色、功能与管理体制》，

社会科学文献出版社2004年版。
[83] 沈中元：《全球化下非政府组织之研究》，复旦大学出版社2003年版。
[84] 时和兴：《关系、限度、制度：政治发展过程中的国家与社会》，北京大学出版社1996年版。
[85] 苏力等：《规制与发展：第三部门的法律环境》，浙江人民出版社1999年版。
[86] 师晓霞：《中国共产党执政期间执政党与社会关系研究》，人民日报出版社2010年版。
[87] 师曾志等：《新媒介赋权：国家与社会的协同演进》，社会科学文献出版社2013年版。
[88] 孙春苗：《论行业协会：中国行业协会失灵研究》，中国社会出版社2010年版。
[89] 孙立平：《现代化与社会转型》，北京大学出版社2006年版。
[90] 孙伟林：《社会组织管理》，中国社会出版社2009年版。
[91] 孙永福：《中外民间组织交流与合作》，中国对外经济贸易出版社2001年版。
[92] 谭融：《美国利益集团政治研究》，中国社会科学出版社2002年版。
[93] 谭崇台：《西方经济发展思想史》，武汉大学出版社1997年版。
[94] 谈志林：《走向公民社会：地方社团发展的制度分析》，中国社会出版社2010年版。
[95] 唐晋：《大国策——公民社会》，人民日报出版社2009年版。
[96] 唐士其：《国家与社会的关系：社会主义国家的理论与实践比较研究》，北京大学出版社1998年版。
[97] 陶传进：《社会公益供给：NPO、公共部门与市场》，清华大学出版社2005年版。
[98] 陶传进：《民间组织的发育与社会重建》，社会科学文献出版社2008年版。

[99] 王邦佐：《执政党与社会整合：中国共产党与新中国社会整合实例分析》，上海人民出版社2007年版。

[100] 王长江：《现代政党执政规律研究》，上海人民出版社2002年版。

[101] 王长江：《中国政治文明视野下的党的执政能力建设》，上海人民出版社2005年版。

[102] 王长江：《政党论》，人民出版社2009年版。

[103] 王沪宁：《政治的逻辑：马克思主义政治学原理》，上海人民出版社2004年版。

[104] 王建芹：《非政府组织的理论阐释：兼论我国现行非政府组织法律的冲突与选择》，中国方正出版社2005年版。

[105] 王杰：《全球治理中的国际非政府组织》，北京大学出版社2004年版。

[106] 王名等：《中国社团革命：从政府选择到社会选择》，社会科学文献出版社2001年版。

[107] 王名：《非营利组织管理概论》，中国人民大学出版社2002年版。

[108] 王名、刘培峰：《民间组织通论》，时事出版社2004年版。

[109] 王名等：《德国非营利组织》，清华大学出版社2005年版。

[110] 王名：《中国民间组织30年：走向公民社会（1978—2008）》，社会科学文献出版社2008年版。

[111] 王名等：《英国非营利组织》，社会科学文献出版社2009年版。

[112] 王名：《社会组织概论》，中国社会出版社2010年版。

[113] 王名：《社会组织论纲》，社会科学文献出版社2013年版。

[114] 王浦劬、［美］萨拉蒙等：《政府向社会组织购买公共服务研究：中国与全球经验分析》，北京大学出版社2010年版。

[115] 王奇生：《革命与反革命：社会文化视野下的民国政治》，社会科学文献出版社2010年版。

［116］王日根：《中国会馆史》，东方出版中心 2007 年版。

［117］王绍光：《多元与统一：第三部门国际比较研究》，浙江人民出版社 1999 年版。

［118］王世刚等：《中国社团史》，安徽人民出版社 1994 年版。

［119］王威海：《政治社会学：范畴、理论与基本面向》，上海人民出版社 2008 年版。

［120］王颖等：《社会中间层：改革与中国的社团组织》，中国发展出版社 1993 年版。

［121］王智：《当代中国政治结构变迁：以执政党为中心的政党—政府—社会》，中国社会科学出版社 2010 年版。

［122］吴锦良：《政府改革与第三部门发展》，中国社会科学出版社 2001 年版。

［123］吴忠泽等：《社团管理工作》，中国社会出版社 1996 年版。

［124］吴忠泽等：《发达国家非政府组织管理制度》，时事出版社 2001 年版。

［125］文军、王世军：《非营利组织与中国社会发展》，贵州人民出版社 2004 年版。

［126］徐家良：《社会团体导论》，中国社会出版社 2011 年版。

［127］徐湘林：《渐进政治改革中的政党、政府与社会》，中信出版社 2004 年版。

［128］徐宇珊：《论基金会：中国基金会转型研究》，中国社会出版社 2010 年版。

［129］杨继绳：《中国当代社会各阶层分析》，甘肃人民出版社 2006 年版。

［130］杨团、唐均：《非营利机构评估》，华夏出版社 1998 年版。

［131］叶常林等：《非政府组织前沿问题研究》，中国科学技术大学出版社 2009 年版。

［132］俞可平等：《治理与善治》，社会科学文献出版社 2000 年版。

［133］俞可平等：《中国公民社会的兴起与治理的变迁》，社会科学

文献出版社 2002 年版。

[134] 俞可平：《权利政治与公益政治》，社会科学文献出版社 2003 年版。

[135] 俞可平：《市场经济与公民社会——中国与俄罗斯》，中央编译出版社 2005 年版。

[136] 俞可平等：《中国公民社会的制度环境》，北京大学出版社 2006 年版。

[137] 曾峻：《公共秩序的制度安排：国家与社会关系的框架及其运用》，学林出版社 2005 年版。

[138] 张静主编：《国家与社会》，浙江人民出版社 1998 年版。

[139] 张静：《法团主义》，中国社会科学出版社 2005 年版。

[140] 张良：《我国社会组织转型发展的地方经验：上海的实证研究》，中国人事出版社 2014 年版。

[141] 张勤：《中国公民社会组织发展研究》，人民出版社 2008 年版。

[142] 张曙光主编：《中国制度变迁的案例研究（广东卷）》第六集，中国财经出版社 2008 年版。

[143] 张玉周：《非营利组织绩效三维评价体系研究》，经济科学出版社 2009 年版。

[144] 张志尧：《西方国家政党政治与政治发展》，中国社会科学出版社 2010 年版。

[145] 张钟汝、范明林：《政府与非政府组织合作机制建设：对两个非政府组织的个案研究》，上海大学出版社 2010 年版。

[146] 赵黎青：《非政府组织与可持续发展》，经济科学出版社 1998 年版。

[147] 赵黎青：《非营利部门与中国发展》，香港社会科学出版社 2001 年版。

[148] 赵梅：《美国公民社会的构建》，中国社会科学出版社 2010 年版。

[149] 朱健刚：《行动的力量：民间志愿组织实践逻辑研究》，商务印书馆 2008 年版。

[150] 朱世达、姬虹：《美国市民社会研究》，中国社会科学出版社 2005 年版。

[151] 朱英：《近代中国商会、行会及商团新论》，中国人民大学出版社 2008 年版。

[152] 邹谠：《二十世纪中国政治：从宏观历史与微观行动角度看》，香港牛津大学出版社 1994 年版。

[153] 周星、于惠芳主编：《民间社会的组织主体与价值表述》，北京大学出版社 2010 年版。

[154] 周旭亮：《非政府组织"第三次分配"的财税激励制度研究》，经济科学出版社 2011 年版。

[155] 郑国安等：《非营利组织与中国事业单位体制改革》，机械工业出版社 2002 年版。

[156] 郑永年：《中国模式：经验与困局》，浙江人民出版社 2010 年版。

[157] 中国社团研究会编著：《中国社团发展史》，当代中国出版社 2001 年版。

[158] 中国青少年基金会、基金会发展研究委员会编：《处于十字路口的中国社团》，天津人民出版社 2001 年版。

（四）中文译著

[1]［美］阿德勒：《美国慈善法指南》，NPO 信息咨询中心译，社会科学文献出版社 2002 年版。

[2]［美］阿尔蒙德、鲍威尔：《比较政治学：体系、过程和政策》，曹沛霖等译，上海译文出版社 1987 年版。

[3]［美］奥尔森：《集体行动的逻辑》，陈郁等译，上海三联书店、上海人民出版社 1995 年版。

[4]［美］奥斯特罗姆：《公共事物的治理之道：集体行动制度的演讲》，余逊达、陈旭东译，上海译文出版社 2012 年版。

[5] ［美］巴伯:《信任,信任的逻辑与局限》,牟斌等译,福建人民出版社1989年版。

[6] ［美］鲍威尔、迪马吉奥:《组织分析的新制度主义》,姚伟译,上海人民出版社2008年版。

[7] ［德］贝克:《风险社会》,何博闻译,译林出版社2004年版。

[8] ［美］彼得斯:《政治科学中的制度理论:"新制度主义"》,王向民等译,上海人民出版社2011年版。

[9] ［英］波格丹诺主编:《布莱克维尔政治制度百科全书》,邓正来译,中国政法大学出版社2010年版。

[10] ［美］博曼:《公共协商:多元主义、复杂性与民主》,黄相怀译,中央编译出版社2006年版。

[11] ［美］布莱克:《比较现代化》,杨豫等译,上海译文出版社1996年版。

[12] ［美］布劳:《社会生活中的交换与权力》,孙非等译,华夏出版社1988年版。

[13] ［日］城塚登:《青年马克思的思想:社会主义思想的创立》,尚晶晶等译,求实出版社1988年版。

[14] ［美］德鲁克:《非营利组织的管理》,吴振阳译,机械工业出版社2009年版。

[15] ［美］彼得·德鲁克著、［日］上田惇生编:《卓有成效的社会管理》,齐思贤译,东方出版社2009年版。

[16] ［美］蒂利:《信任与统治》,胡位钧译,上海人民出版社2010年版。

[17] ［美］多姆霍夫:《谁统治美国:权力、政治和社会变迁》,吕鹏等译,译林出版社2009年版。

[18] ［美］凡勃伦:《有闲阶级论》,蔡受百译,商务印书馆1964年版。

[19] ［法］费埃德伯格:《权力与规则:组织行动的动力》,张月等译,上海人民出版社2005年版。

[20]［美］费希尔：《NGO 与第三世界的政治发展》，邓国胜等译，社会科学文献出版社 2002 年版。

[21]［日］夫马进：《中国善会善堂史研究》，伍跃等译，商务印书馆 2005 年版。

[22]［意］葛兰西：《葛兰西文选》，国际共运史研究所编译，人民出版社 1992 年版。

[23]［美］弗兰泽奇：《技术年代的政党》，李秀梅译，商务印书馆 2010 年版。

[24]［德］哈贝马斯：《交往与社会进化》，张博树译，重庆出版社 1993 年版。

[25]［德］哈贝马斯：《公共领域的结构转型》，曹卫东等译，学林出版社 1999 年版。

[26]［德］哈贝马斯：《合法性危机》，刘北成等译，上海人民出版社 2000 年版。

[27]［德］哈贝马斯：《在事实与规范之间：关于法律和民主法治国的商谈理论》，童世骏译，生活·读书·新知三联书店 2003 年版。

[28]［德］海贝勒、舒耕德：《从群众到公民：中国的政治参与》，张文红译，中央编译出版社 2009 年版。

[29]［英］海伍德：《政治学核心概念》，吴勇译，天津人民出版社 2008 年版。

[30]［美］汉密尔顿等：《联邦党人文集》，程逢如等译，商务印书馆 1980 年版。

[31]［德］柯武刚、史漫飞：《制度经济学：社会秩序与公共政策》，韩朝华译，商务印书馆 2000 年版。

[32]［英］赫尔德：《民主的模式》，燕继荣等译，中央编译出版社 1998 年版。

[33]［德］黑格尔：《法哲学原理》，范扬、张企泰译，商务印书馆 1979 年版。

［34］［美］亨廷顿：《变化社会中的政治秩序》，王冠华等译，上海人民出版社 2008 年版。

［35］［英］吉登斯：《现代性的后果》，田禾译，译林出版社 2000 年版。

［36］［法］卡泽纳弗：《社会学十大概念》，杨捷译，上海人民出版社 2003 年版。

［37］［美］康芒斯：《制度经济学》上册，于树生译，商务印书馆 1962 年版。

［38］［美］科斯等：《财产权利与制度变迁：产权学派与新制度学派译文集》，刘守英译，上海三联书店、上海人民出版社 1992 年版。

［39］［美］科特勒、安德瑞森：《非营利组织战略营销》，孟延春译，中国人民大学出版社 2003 年版。

［40］［法］克罗齐耶、费埃德伯格：《行动者与系统：集体行动的政治学》，张月等译，上海人民出版社 2007 年版。

［41］［美］莱特：《持续创新：打造自发创新的政府和非营利组织》，张秀琴译，中国人民大学出版社 2004 年版。

［42］［美］伦斯基：《权力与特权：社会分层的理论》，关信平等译，浙江人民出版社 1988 年版。

［43］［英］洛克：《政府论》，叶启芳、瞿菊农译，商务印书馆 1996 年版。

［44］［美］罗斯金等：《政治科学》，林震等译，中国人民大学出版社 2009 年版。

［45］［美］马奇、［挪］奥尔森：《重新发现制度：政治的组织基础》，张伟译，生活·读书·新知三联书店 2011 年版。

［46］［美］麦克法夸尔、费正清：《剑桥中华人民共和国史：革命的中国的兴起（1949—1965）》，谢亮生等译，中国社会科学出版社 1990 年版。

［47］［美］麦克法夸尔、费正清：《剑桥中华人民共和国史：中国革

命内部的革命（1966—1982）》，孟庆龙等译，中国社会科学出版社 1992 年版。

[48]［英］曼：《社会权力的来源》第 1 卷，刘北成等译，上海人民出版社 2002 年版。

[49]［英］曼：《社会权力的来源》第 2 卷，陈海宏等译，上海人民出版社 2007 年版。

[50]［美］梅罗维茨：《消失的地域：电子媒介对社会行为的影响》，肖志军译，清华大学出版社 2002 年版。

[51]［英］米勒主编：《布莱克维尔政治思想百科全书》，邓正来译，中国政法大学出版社 2010 年版。

[52]［德］米歇尔斯：《寡头统治铁律——现代民主制度中的政党社会学》，任军锋译，天津人民出版社 2003 年版。

[53]［美］诺思：《经济史中的结构与变迁》，陈郁等译，上海三联书店 1994 年版。

[54]［美］诺思：《制度、制度变迁与经济绩效》，杭行译，格致出版社、上海人民出版社 2008 年版。

[55]［美］帕森斯：《社会行动的结构》，张明德等译，译林出版社 2003 年版。

[56]［美］帕特南：《独自打保龄：美国社区的衰落与复兴》，刘波译，北京大学出版社 2011 年版。

[57]［美］帕特南：《使民主运转起来》，王列等译，江西人民出版社 2001 年版。

[58]［英］奇达夫等：《社会网络与组织》，王凤彬等译，中国人民大学出版社 2007 年版。

[59]［美］萨拉蒙：《全球公民社会：非营利部门视界》，贾西津等译，社会科学文献出版社 2007 年版。

[60]［美］萨拉蒙：《公共服务中的伙伴》，田凯译，商务印书馆 2008 年版。

[61]［美］萨拉蒙等：《全球公民社会：非营利部门国际指数》，陈

一梅等译，北京大学出版社 2007 年版。

[62]［意］萨托利：《政党与政党体制》，王明进译，商务印书馆 2006 年版。

[63]［美］萨瓦斯：《民营化与公私部门的伙伴关系》，周志忍等译，中国人民大学出版社 2002 年版。

[64]［美］桑德尔：《自由主义与正义的界限》，万俊人等译，译林出版社 2001 年版。

[65]［美］斯科特：《制度与组织：思想观念与物质利益》，姚伟、王黎芳译，中国人民大学出版社 2010 年版。

[66]［美］斯塔夫里阿诺斯：《全球通史：从史前史到 21 世纪》，董书慧等译，北京大学出版社 2005 年版。

[67]［美］汤森、沃马：《中国政治》，顾速等译，江苏人民出版社 1995 年版。

[68]［法］托克维尔：《论美国的民主》上卷，董果良译，商务印书馆 2011 年版。

[69]［法］托克维尔：《论美国的民主》下卷，董果良译，商务印书馆 2011 年版。

[70]［德］韦伯：《经济·社会·宗教》，郑乐平译，上海社会科学院出版社 1997 年版。

[71]［德］韦伯：《经济与社会》第 1 卷，阎克文译，上海人民出版社 2009 年版。

[72]［德］韦伯：《经济、诸社会领域及权力》，李强译，生活·读书·新知三联书店 1998 年版。

[73]［德］韦伯：《支配社会学》，康乐等译，广西师范大学出版社 2004 年版。

[74]［德］韦伯：《经济行动与社会团体》，康乐等译，广西师范大学出版社 2004 年版。

[75]［德］韦伯：《社会学的基本概念》，顾忠华译，广西师范大学出版社 2005 年版。

[76][英]沃拉斯:《政治中的人性》,朱曾汶译,商务印书馆1996年版。

[77][日]星野昭吉:《全球化时代的世界政治:世界政治的行为主体与结构》,刘小林等译,社会科学文献出版社2004年版。

(五)英文著作

[1] Burton Weisbrod, *The Voluntary Nonprofit Sector: An Economic Analysis*, New York: Lexington Books, 1978.

[2] E. S. Phelps, *Altruism, Morality and Economic Theory*, New York: Russel Sage Foundation, 1975.

[3] Jean L. Cohen and Andrew Arato, *Civil Society and Political Theory*, Cambridge: MIT Press, 1992.

[4] John Keane, *Democracy and Civil Society*, London: Verso, 1988.

[5] John R. Commons, *The Legal Foundations of Capitalism*, New York: Macmillan, 1924.

[6] Kingsley Davis, *Human Society*, New York: Macmillan, 1949.

[7] Talcott Parsons, *Structure and Process in Modern Societies*, New York: Free Press, 1960.

二 论文

(一)学位论文

[1] 杜倩萍:《当代中国草根非政府组织的社会功能:以瓷娃娃关怀协会为主要案例》,博士学位论文,中央民族大学,2011年。

[2] 范省伟:《基于组织变迁视角的行业协会发展研究》,博士学位论文,西北大学,2005年。

[3] 刘春:《当代中国社会组织发展史研究》,博士学位论文,中国社会科学院研究生院,2013年。

[4] 穆方平:《马克思市民社会理论及其中国化阐释》,博士学位论文,复旦大学,2011年。

[5] 周浩集:《改革开放以来党与社会组织的关系研究》,博士学位

论文，中共中央党校，2010年。

(二) 期刊论文

[1] 白景坤：《我国社会组织管理体制改革的目标及路径探析》，《理论探讨》2010年第2期。

[2] 白平则：《如何认识我国的社会组织》，《政治学研究》2011年第2期。

[3] 包国宪、潘旭：《"新三元结构"与公民社会发展——从政府体制改革的视角分析》，《湘潭大学学报》(哲学社会科学版) 2007年第6期。

[4] 陈柏峰：《代际关系变动与老年人自杀：对湖北京山农村的实证研究》，《社会学研究》2009年第4期。

[5] 陈洪涛：《"社会组织"概念的政策与理论考察及使用必要性探析》，《社团管理研究》2009年第6期。

[6] 陈晓春等：《非政府组织可持续发展的制度构建探析》，《湖湘论坛》2010年第3期。

[7] 程玥、马庆钰：《关于非政府组织分类方法的分析》，《政治学研究》2008年第3期。

[8] 崔萍、李磊：《和谐社会视野下我国社会组织发展探析》，《中国特色社会主义研究》2008年第5期。

[9] 崔月琴、袁泉：《转型期社会组织的价值诉求与迷思》，《南开学报》(哲学社会科学版) 2013年第3期。

[10] 邓国胜：《个人捐赠是慈善事业发展的基石》，《中州学刊》2007年第1期。

[11] 邓宁华：《"寄居蟹的艺术"：体制内社会组织的环境适应策略——对天津市两个省级组织的个案研究》，《公共管理学报》2011年第3期。

[12] 邓伟志、钱海梅：《中国社团发展的八大趋势》，《学术界》2004年第5期。

[13] 邓锁：《双重制度逻辑与非营利组织的运行：一个新制度主义

视角的解释》,《华东理工大学学报》(社会科学版) 2005 年第 4 期。

[14] 高丙中:《社会团体的合法性问题》,《中国社会科学》2000 年第 2 期。

[15] 高丙中、夏循祥:《作为当代社团的家族组织——公民社会的视角》,《北京大学学报》(哲学社会科学版) 2012 年第 4 期。

[16] 高新民:《从执政党、政府、社会三者关系角度谈转变党的执政方式》,《中国党政干部论坛》2013 年第 7 期。

[17] 高中伟:《新中国初期党对城市旧式慈善救助社团的解构》,《西南交通大学学报》(社会科学版) 2011 年第 6 期。

[18] 葛道顺:《中国社会组织发展:从社会主体到国家意识——公民社会组织发展及其对意识形态构建的影响》,《江苏社会科学》2011 年第 3 期。

[19] 顾昕、王旭:《从国家主义到法团主义:中国市场转型过程中国家与专业团体关系的演变》,《社会学研究》2005 年第 2 期。

[20] 郭文亮:《党对建立相互制约又相互协调权力运行机制的可贵探索》,《毛泽东邓小平理论研究》2011 年第 11 期。

[21] 韩玲梅,黄祖辉:《基于和谐社会的社会组织构建意义及作用空间:一种新制度经济学的视角》,《理论导刊》2007 年第 5 期。

[22] [美] 汉斯:《NGOs 在现代社会的角色》,朱健刚译,《学会》2006 年第 8 期。

[23] 贺枭:《非政府组织参与灾害救助困境的制度性分析:以"汶川大地震"为例》,《法制与社会》2009 年第 24 期。

[24] 胡冰冰:《公共危机管理中非政府组织的参与》,《北京航空航天大学学报》(社会科学版) 2010 年第 4 期。

[25] 黄粹:《民间妇女组织发展的制度环境析论》,《重庆大学学报》(社会科学版) 2011 年第 4 期。

[26] 黄辉等:《基于因子分析的浙江民营企业家捐赠意愿提升研

究》,《科技与管理》2013年第1期。

[27] 侯安琪:《慈善组织准入的法律规制:兼论慈善组织准入制度的价值取向》,《社会主义研究》2010年第5期。

[28] 贾霄锋:《社会组织介入民族传统文化调适的功能研究:以青藏高原民族为例》,《西南民族大学学报》(人文社会科学版)2013年第1期。

[29] [法] 勒努阿:《没有国家的市场》,李其庆编译,《国外理论动态》1992年第41期。

[30] 李立凡:《"颜色革命"后西方非政府组织在独联体国家的发展演变》,《国际问题研究》2011年第4期。

[31] 李庆四:《社会组织的外交功能:基于中西互动的考察》,《世界经济与政治》2009年第6期。

[32] [韩] 李源畯:《中国特色的非政府组织:挑战与应对》,《世界经济与政治》2008年第9期。

[33] 梁波:《中国特色社会组织建设》,《黑龙江社会科学》2008年第5期。

[34] 梁海宏:《制度内在张力分析》,《社会科学》1998年第7期。

[35] 梁治平:《"民间"、"民间社会"和 Civil Society——Civil Society 概念再检讨》,《云南大学学报》(社会科学版)2003年第1期。

[36] 林岗、刘元春:《制度整体主义与制度个体主义:马克思与新制度经济学的制度分析方法比较》,《中国人民大学学报》2001年第2期。

[37] 林兆木:《发挥各类社会组织在促进社会和谐中的作用》,《党建研究》2006年第12期。

[38] 刘伯红:《95世界妇女大会和中国妇女研究》,《云南民族学院学报》(哲学社会科学版)1999年第2期。

[39] 刘和旺:《马克思与诺思制度分析方法之比较:兼论宏观制度分析的微观基础》,《学习与实践》2011年第3期。

[40] 刘文瑞、谷秀洁：《中国特色的非营利组织剖析：对"平民教育会"的管理学透视》，《西北大学学报》（哲学社会科学版）2004年第6期。

[41] 刘祖云：《非政府组织：兴起背景与功能解读》，《湖南社会科学》2008年第1期。

[42] 路风：《单位：一种特殊的社会组织形式》，《中国社会科学》1989年第1期。

[43] 马桂萍：《马克思恩格斯制度观及其对社会和谐发展的重要价值》，《当代世界与社会主义》2011年第1期。

[44] 马俊锋、袁祖社：《中国"公民社会"的生成与民众"公共精神"品质的培养与化育》，《人文杂志》2006年第1期。

[45] 马青艳、周庆华：《非政府组织的制度分析》，《中国行政管理》2005年第8期。

[46] 马戎：《"差序格局"——中国传统社会结构和中国人行为的解读》，《北京大学学报》（哲学社会科学版）2007年第2期。

[47] 马雪松：《公民有序政治参与：现实诉求、理念定位及路径选择》，《行政管理改革》2011年第10期。

[48] 齐久恒：《中国公民社会组织的批判性反思》，《探索》2012年第1期。

[49] 齐久恒、刘国栋：《中国特色公民社会组织自主性发展的智慧觉察：基于"自然之友"的个案分析》，《科技管理研究》2015年第7期。

[50] 清华大学社会学系社会展研究课题组：《走向社会重建之路》，《民主与科学》2010年第6期。

[51] 沈原：《公民资格建设是"和谐社会"的基本依据》，《社会学研究》2007年第2期。

[52] 石国亮：《中国社会组织成长困境分析及启示：基于文化、资源与制度的视角》，《社会科学研究》2011年第5期。

[53] 孙立平等：《改革以来中国社会结构的变迁》，《中国社会科学》

1994 年第 2 期。

[54] 孙录宝:《社会组织对国家软实力提升的作用研究》,《社团管理研究》2012 年第 9 期。

[55] 孙静:《试析我国非政府组织的中国特色与成因》,《临沂大学学报》2011 年第 3 期。

[56] 孙志祥:《双重管理体制下的民间组织——以三个民间环保组织为例》,《中国软科学》2001 年第 7 期。

[57] 汤华:《募集、运作民间基金步入规范:从中国科技发展基金会看我国基金会管理》,《瞭望》1998 年第 22 期。

[58] 唐文玉、马西恒:《去政治的自主性:民办社会组织的生存策略:以恩派(NPI)公益组织发展中心为例》,《浙江社会科学》2011 年第 10 期。

[59] 陶庆:《地方政府与民间组织"正当妥协"的宪政维度:南方市福街草根商会的"民族志"视角》,《国际政治研究》2006 年第 3 期。

[60] 田凯:《非协调约束与组织运作——一个研究中国慈善组织与政府关系的理论框架》,《中国行政管理》2004 年第 5 期。

[61] 王名、孙伟林:《社会组织管理体制:内在逻辑与发展趋势》,《中国行政管理》2011 年第 7 期。

[62] 王名、朱晓红:《社会组织发展与社会创新》,《经济社会体制比较》2009 年第 4 期。

[63] 王名、刘求实:《中国非政府组织发展的制度分析》,《中国非营利评论》2007 年第 1 卷。

[64] 王绍光、何建宇:《中国的社团革命:中国人的结社版图》,《浙江学刊》2004 年第 6 期。

[65] 王绍光:《"公民社会"vs."人民社会"——"公民社会":新自由主义编造的粗糙神话》,《人民论坛》2013 年第 22 期。

[66] 王诗宗、宋程成:《独立抑或自主:中国社会组织特征重思》,《中国社会科学》2013 年第 5 期。

[67] 王世谊:《社会中介组织发展与公民社会制度环境的培育》,《国家行政学院学报》2007年第2期。

[68] 王智、许晓斌:《1978年以来中国政治结构的分野化——以"党—政府—社会"三元关系为中心》,《社会主义研究》2009年第6期。

[69] 卫欢:《中国公民社会组织的政治功能》,《吉首大学学报》(社会科学版)2011年第4期。

[70] 吴福生:《对发展紧密型企业集团的认识与金融介入的对策思考》,《新金融》1991年第3期。

[71] 吴涛、陈正芹:《资源整合与功能超越——论社会组织在公共管理改革中的重要作用》,《中国行政管理》2008年第6期。

[72] 吴玉章:《结社与社团管理》,《政治与法律》2008年第3期。

[73] 肖玉明:《社会组织:构建和谐社会不可或缺的角色》,《理论学习与探索》2006年第1期。

[74] 谢海定:《中国民间组织的合法性困境》,《法学研究》2004年第2期。

[75] 谢舜:《从当代中国社会转型的视角分析非政府组织的社会功能》,《江汉论坛》2005年第1期。

[76] 许耀桐:《习近平的国家治理现代化思想析论》,《上海行政学院学报》2014年第4期。

[77] 徐国普:《二十世纪五十年代江苏红十字会的两次组织整顿》,《中共党史研究》2012年第2期。

[78] 徐秀丽:《中国传统社会的社团及其与现代社团的区别》,《文史哲》2009年第2期。

[79] 薛暮桥:《建立和发展行业民间自治团体》,《中国工商》1988年第11期。

[80] 杨道波:《公益性社会组织营利活动的法律规制》,《政法论坛》2011年第4期。

[81] 杨正喜、唐鸣:《非政府组织兴起与我国非法人社团制度变

革》,《学术界》2007 年第 5 期。

[82] 于海:《志愿运动、志愿行为和志愿组织》,《学术月刊》1998 年第 11 期。

[83] 俞可平:《中国公民社会:概念、分类与制度环境》,《中国社会科学》2006 年第 1 期。

[84] 俞可平:《中国公民社会研究的若干问题》,《中共中央党校学报》2007 年第 6 期。

[85] 郁建兴:《从政治解放到人类解放》,《中国社会科学》2000 年第 2 期。

[86] 郁建兴、吴宇:《中国民间组织的兴起与国家—社会关系理论的转型》,《人文杂志》2003 年第 4 期。

[87] 战建华:《我国社会组织管理体制改革的实践分析——基于北京、上海、深圳等地社会组织体制改革的思考》,《学会》2009 年第 7 期。

[88] 张旭昆:《制度的定义与分类》,《浙江社会科学》2002 年第 6 期。

[89] 赵秀梅:《中国 NGO 对政府的策略:一个初步考察》,《开放时代》2004 年第 6 期。

[90] 赵子陆:《论非政府组织与政治稳定的关系:基于国家与社会关系的分析》,《德宏师范高等专科学校学报》2007 年第 4 期。

[91] 郑琦:《完善党对社会组织的领导》,《中国党政干部论坛》2015 年第 2 期。

[92] 周红云:《中国社会组织管理体制改革:基于治理与善治的视角》,《马克思主义与现实》2010 年第 5 期。

[93] 周雪光:《西方社会学关于中国组织与制度变迁研究状况述评》,《社会学研究》1999 年第 4 期。

[94] 朱健刚:《社区组织化参与中的公民性养成:以上海一个社区为个案》,《思想战线》2010 年第 2 期。

[95] Lucian W. Pye, "The State and the Individual: An Overview Inter-

pretation", *China Quarterly*, No. 127, September 1991.

[96] Gordon White, "Prospects for Civil Society in China: A Case Study of Xiaoshan City", *Australian Journal of Chinese Affairs*, No. 29, January 1993.

[97] Minxin Pei, "Chinese Civic Associations: An Empirical Analysis", *Modern China*, Vol. 24, No. 3, July 1998.

[98] Henry B. Hansmann, "The Role of Non-profit Enterprise", *Yale Law Journal*, Vol. 89, No. 5, 1980.

[99] Lester M. Salamon, "Rethinking Public Management: Third Party Government Changing Forms Government Action", *Public Policy*, Vol. 29, No. 3, 1981.

[100] Lester M. Salamon and Stefan Toepler, "Government – Nonprofit Cooperation: Anomaly or Necessity?" *Voluntas International Journal of Voluntary & Nonprofit Organizations*, Vol. 26, No. 6, 2015.

三 报纸

[1] 胡锦涛:《坚定不移沿着中国特色社会主义道路前进 为全面建成小康社会而奋斗——在中国共产党第十八次全国代表大会上的报告》,《人民日报》2012年11月9日。

[2]《中华人民共和国执行〈提高妇女地位内罗毕前瞻性战略〉国家报告》,《人民日报》1994年10月11日。

[3] 董必武:《新中国的救济福利事业——一九五〇年四月二十六日在中国人民救济代表会议上的报告》,《人民日报》1950年5月5日。

[4] 胡守钧、刘畅:《社会组织的经济政治文化功能》,《深圳特区报》2010年12月21日。

[5] 黄晓春:《重视民间组织发育的制度环境》,《文汇报》2010年1月12日。

[6] 雷颐:《工会角色的历史追溯》,《经济观察报》2010年6月

28日。

[7] 李德全：《新中国红十字会的工作方向与发展步骤》，《人民日报》1951年2月1日。

[8] 陶文昭：《要正确使用"中国特色"这个概念》，《北京日报》2011年7月4日。

[9] 谢雪琳：《改变"依附式发展"社会组织亟待增强自主性》，《第一财经日报》2011年3月23日。

[10] 余翔、陈金龙：《中国特色社会主义：概念演变与内涵升化》，《光明日报》2013年1月16日。

[11] 郑杭生、陆益龙：《更好地发挥社会组织的功能》，《人民日报》2012年4月25日。

[12] 诸彦含：《建立健全现代社会组织体制》，《光明日报》2014年3月1日。

四 网络

[1] 中国知网：http://www.cnki.net。

[2] 中山大学图书馆网：http://library.sysu.edu.cn。

[3] 中国社会组织网：http://www.chinanpo.gov.cn。

[4] 中华人民共和国民政部网：http://www.mca.gov.cn。

[5] 中国政府网：http://www.gov.cn。

[6] 读秀网：http://www.duxiu.com。

后　　记

　　本书是在我同题博士学位论文的基础上修订而成的。所幸的是，本书的出版，得到江西理工大学优秀学术著作出版基金、江西省高校人文社会科学研究项目的资助。

　　于我而言，开启本书的写作，这既是一项全新的工作，又是一件几乎不可能完成的事情。当初兴致勃勃地确定这一选题，还窃以为这是一条"捷径"，写起来会得心应手，而真正拿起笔后，才发现自己并无多少涉猎，更谈不上有多少积累了，由此才突然发现最初的那份初生牛犊般的"勇敢"。

　　多少次望而却步，打起"退堂鼓"。在这茫茫无际的学海当中，既时常感觉到自己才疏学浅，又时常感觉茫然失措。阅读量的增加，不是感觉到自己知识的日渐丰富，而是深感自己学识的贫乏肤浅，所以在我的QQ签名中，使用的中大校训——"博学审问慎思明辨笃行"，即便是用来励志，却也独独不敢妄用"博学"二字。加之因为忙于工作，间歇性地写作，进入写作状态与退出写作状态，都是一件极其痛苦的事情，所以经常因畏难情绪而选择逃避研究相关的阅读与写作，以至于偶有十分短暂的假期，家事与自己突然想起的写作之事不可避免地发生冲突时，家人竟然也更为习惯于我"逃避"时的状态，争执后得到的是家人"不情愿"的理解，但由此自己内心倍增的焦虑，恐是唯有自知。

　　在我的设定中，自我创作，无论字数多少，或是六七千字的期刊论文，或是三五万字的硕士学位论文，或是十来二十来万字的博士学位论文，循其根本，要想给自己点32个赞，就必须对自己的论文有生动的"画面感"。这样的设定，自然也就养成了自己两个非常不好的习惯：要么有时循着观点接触了一本新的著作，即便也就是引证其中一两句话，但我却总是生怕因自己的草率带来的是断章取义，所以往往是"饶有兴致"地去翻阅全书，而这种阅读也只能是满足于浅尝辄止，因而对相关内容的了解程度、对相关理论的掌握深度都是十分有限的，最终的结果有可能仍是一知半解，甚至可能造成一定程度的误解；要么一次又一次地自我否定，经常在对论文框架结构大动"外科"手术后，又不断连带地大动"内科"手术，似乎一次又一次地对自己"整容"不满意而内心彷徨，但这样耗费的时间常常让自己"自责"。

感谢我的导师——中山大学郭文亮教授。每每在我松懈或是迷茫之际主动来电过问写作情况，给予悉心指导和许多鼓励，甚至不厌其烦地"陪着"我反反复复地修改研究基本框架。郭文亮老师细心严谨、睿智博学、宽厚慈爱，让我倍加收获和倍为感动。尤其是"论从史出，史论结合"避免主观判断的要求，时刻提醒我尽可能地在历史素材整理过程中，力求素材的精准性，且在写作过程中，尽可能地忠实于原始素材，让观点以更为自然的方式呈现出来，以避免因为自己刻意的"理论建树"而画蛇添足。而且，自己虽为学生，同时亦为人师，郭文亮老师德高为师身正为范的高尚风格及恪尽职守甘为人梯的无私大爱让我在景仰的同时，也激励我要以老师为榜样，在自己从教的过程中点点滴滴地去践行。

感谢中山大学李萍教授、钟明华教授、周全华教授、叶启绩教授、李辉教授、王丽荣教授、吴育林教授、杨菲蓉教授、詹小美教授、吴炜教授、罗嗣亮副教授，华南师范大学陈金龙教授，广东外语外贸大学谢迪斌教授……是你们，让我见证了学者的严谨与不懈的追求，领略了"独立之精神，自由之思想"的学术风骨。而且，开题时，钟明华教授提出的理论阐释及国际比较避免为形式而形式、周全华教授提出的价值倾向问题等诸多富有建议性的中肯评价，成为我写作过程中时刻铭记的法则。

感谢中山大学姜建华老师、陈海华老师、李健飞老师、黄晨老师，你们不厌其烦的辛勤工作，让我真正感受到了高校管理"春风化雨、润物无声"的人文关怀。

感谢各位师兄师姐与师弟师妹：王经北博士、孙晓晖博士、王高贺博士、邓先珍博士、赵虎博士、柳琼友博士、林双凤博士、胡梅花博士、陈联俊博士、许冲博士、甘政博士、陈丕武博士、张居永、项赠、张仙凤、杨成、洪讯、李金哲、何旗、唐景成……；感谢我的同学们：单文龙、陈峻、黄聘、曾楠、齐久恒、计琳、孟令蓉、杨杰、邓欣欣、侯红莲、李雪如、汪利平、王小卫、宋文俊、罗远航、林瀚……虽然在一起相处时日不多，但共同学习、共同交流、共同聚餐，还有共同玩耍的那些欢乐时光，历历在目。每每想起，心底就泛起丝丝温暖涟漪。

感谢江西省教育厅叶仁荪教授、肇庆学院蔡益群副教授、江西理工大学罗嗣海教授、杨斌教授、张建中教授、龚姚腾教授、徐忠麟教授、魏建克副教授、廖列法副教授、张修志副教授、严九发博士……你们对我书稿撰写的关心与鼓励，增添了我不少坚持的勇气；还有候会、早餐等场合那片刻时光的闲谈，总是激发我不少写作的灵感。本书撰写过程中，我也曾就一些疑难问题或专业问题，求教于项波副教授、刘素兰老师、马俊洁老师。当然还要感谢我的同事伍建军博士，即便远在多伦多，也经常关心我的书稿进展，而且还为本书的撰写协助查阅了一些外文资料。

感谢我的家人，少了许多关心和问候，少了每年寒暑假和节假日的陪伴。我总是任性、自私地选择自己最为习惯的方式调适自我。即便在一起，我也总是沉浸在自我的世界中，少言寡语。我的妻子汪淼，更是协助我将书桌、参考书等在这房间那房间、楼上楼下到处折腾。我的亲友们，如外甥赖东东、外甥女曾海浩先后成家立业，即便假期，我却没能分别花上一天的时间赶赴婚宴。

我的女儿邓钰涵，曾经懵懂的她，经常"羡慕"我可以总是"玩电脑"；如今，她已聪慧可爱，知书达礼。

本书写作的过程，在自我表达的同时，其实也是一个学习消化的过程。所以，这个过程尽管艰苦，但也不时能从中找到愉悦。

书稿的完成，可算是自己开启一扇学术殿堂大门的一块"敲门砖"。就此而言，它虽然汲取了不少前辈之甘露，采撷了不少他人之鲜花，以此来掩饰自己内心的惶惑与忐忑，但即便如此，仍有许多的生涩与粗糙显而易见。恰若我对本书"画面感"的设定，本想成就的是一幅浓彩重墨的油画，费尽心机却不过是一幅轻描淡写的素描。油画也好，素描也罢，我唯愿经由此，能够走近甚至走进学术殿堂之大门，哪怕只是作为一名微不足道的过客或是旁观者，但能够浸染其间，感受大师之无限光辉与学术之无穷魅力，便已足矣。

邓亦林

2016 年 3 月 19 日完稿于江西赣州·百合苑

2016 年 5 月 28 日修改于中山大学·紫荆园

2017 年 2 月 28 日再改于江西理工大学·稀土大楼